JN025509

入門日本書紀事典

瀧音能之 ●監修

尾池佑斗
長田雄次
坂口舞
佐藤雄一
鈴木織恵
瀧音大
八馬朱代
舟久保大輔 ●編著

東京堂出版

はじめに

『日本書紀』は『古事記』と並んで、古代の日本の歴史を知る際の基本史料です。『古事記』は天皇家の歴史を記すことに重点が置かれているのに対して、『日本書紀』は日本という国家の歴史を叙述していると言われます。ですから、『日本書紀』は正史の初めと位置づけられています。事実、『日本書紀』のあと、全部で五つの正史が編まれ、合わせて「六国史《りっこくし》」と総称されます。それ以後、正史は作られなくなります。

『日本書紀』には、神代《じんだい》から持統《じとう》天皇までのことが記載されていて、特に最後の部分にあたる天武《てんむ》天皇と持統天皇の記述に関しては、歴史事実という点で信頼度が高いと言われています。そうした重要な歴史書であるにもかかわらず、『古事記』と比べると、『日本書紀』の人気は今一つのようです。とっつきにくい点がその原因の一つかと思われます。例えば、神代を読み進めると、本文のあとに「一書《あるふみ》」として別伝承が盛り込まれていて、この別伝承が、多い時には九つも十も入っていることがあります。読んでいる内に、前後の内容がわからなくなってくるような気がします。

また、『古事記』と比べて長いという点も、敬遠される理由の一つかと思います。『古事記』は推古《すいこ》天皇までの歴史を扱い、『日本書紀』は持統天皇までを扱っていますから、長いのは当然のことですが、それにしても余り長いと根気が続かなくなるのも事実です。しかし、我慢して読み続けるならば、次第に興味が湧いてくるのも事実です。

本書は、『日本書紀』を読む際、気になる重要人物や事柄などを百に絞り、それぞれを簡潔にわかりやすく解説したものです。本書によって『日本書紀』への興味を持つ方が一人でも増えていただければ嬉しい限りです。

最後に、本書の刊行にあたって、いかにしたら読みやすくわかりやすくなるかと配慮してくださった東京堂出版の小代渉編集部長、酒井香奈さんに、執筆者一同を代表して心より御礼申し上げます。

二〇二一年神有月

瀧音能之

入門 日本書紀事典◆目次

Ⅳ 神社と寺院

V 歴代の天皇たち……91

I 日本書紀の基礎知識

『日本書紀《にほんしょき》』とはどんな古典《こてん》

初めての正史

最古の歴史書である『古事記』と共に、日本の古代史を研究する際の基本史料であり、養老四年（七二〇）に舎人親王《とねりしんのう》らによってまとめられました。構成は全三十巻・系図一巻からなりますが、系図は現存していません。

神代《じんだい》から始まり持統《じとう》までを叙述しています。女帝で叙述が終わっている点は推古《すいこ》までの『古事記』と共通しています。その一方で、両書には相違も多く見られます。まず、叙述形式について指摘するならば、『古事記』が紀伝体《きでんたい》なのに対して、『日本書紀』は編年体《へんねんたい》を採用しています。紀伝体とは、大王《おおきみ》（天皇）を中心にした人物本位の様式ですが、編年体とは、年代を追って順に書き記すもので、いわば時間軸を重視した様式です。

ちなみに、正史の初めである『日本書紀』以降、『続日本紀《しょくにほんぎ》』、『日本後紀《こうき》』、『続日本後紀《しょくにほんこうき》』、『日本文徳《にほんもんとく》天皇実録《てんのうじつろく》』、『日本三代実録《にほんさんだいじつろく》』と続く六国史《りっこくし》と称される正史は、すべて編年体で叙述されています。

また、神話の扱いにも『日本書紀』と『古事記』とでは明らかな相違が見られます。『日本書紀』の場合、全三十巻の内、巻一と巻二とが神代です。しかし、『古事記』は上・中・下巻の内、上巻はすべてが神代に充てられているのです。つまり、全体のバランスという視点で見るならば、『日本書紀』は十五分の一が神話なのに対して、『古事記』は三分の一が神話に充てられていることになり、神代がより重視されていることがわかります。

さらに、興味深い特徴としては、『日本書紀』には本文と共に、異伝を「一書《あるふみ》」として採用していることです。これは、『古事記』には見られないものです。例えば、『日本書紀』の冒頭部、すなわち、第一段を例にすると、「古に天地未だ剖《わか》れず」で始まる本文のあとに、全部で六つの一書が加えられています。一書が付けられている理由については、様々な角度からの検討が必要ですが、その一つとして『日本書紀』の性格という点に注目してみます。すなわち、『古事記』が天皇家の歴史という性格が強いのに対して、『日本書紀』は国家の歴史書としての役割をより強く担っています。そのために、諸氏族が持っている種々の伝承などについても配慮が必要となり、それが複数の一書を付ける形になっているのではないかと考えられるのです。

史料としての信頼性

『日本書紀』を使って古代史を述べる際、いつの時代から歴史的事実としてよいのか、また、内容的にどこまで信用してよいのかは重要な問題です。この点については従来、最後の部分の天武《てんむ》紀と持統紀とについては史実を反映しているとしてよいが、それ以外の部分の記述については慎重な史料吟味が必要とされています。

しかし、近年の発掘成果は、『日本書紀』の信頼性についても一石を投じるようになりました。例えば、奈良県明日香村で斉明《さいめい》朝の頃のものと推測される亀形《かめがた》石《いし》が見つかったことで、状況が変わる余地が出てきたのです。

亀形石については、神仙《しんせん》思想、ひいては道教《どうきょう》の影響などが指摘されており、今後さらに検討される必要があると思われます。『日本書紀』の斉明二年（六五六）是歳《このとし》条に、土木工事を好んだという記事があります。具体的には、水工《みずたくみ》に命じて香具《かぐ》山《やま》の西から石上山《いそのかみのやま》まで水路を掘らせ、舟二百隻に石上山の石を積んでそれを運び、宮の東の山に重ねて垣《かき》としたとされます。当時の人々は、これを非難して、狂心渠《たぶれごころのみぞ》といった、とされます。亀形石は、大がかりな庭園遺跡の一部といわれています。

そこから斉明天皇が、土木工事などを好んだという『日本書紀』のこの記事に対応するものではないかともいわれています。もし、このことが正しいとされるならば、それはとりもなおさず、斉明紀の記事の信憑性が高まったことを示し、ひいては『日本書紀』の史料としての信頼性を高めることにも繋がってくるのです。

『日本書紀《にほんしょき》』の編纂者《へんさんしゃ》

編纂の出発点の謎

『日本書紀』が養老《ようろう》四年（七二〇）に舎人親王《とねりしんのう》らによってまとめられたことは、『続日本紀《しょくにほんぎ》』によって明らかですが、その編纂がいつ頃に開始されたかについては記録されていません。そのため、編纂開始の時期については諸説があるわけですが、それらの中で『日本書紀』の天武《てんむ》十年（六八一）三月十七日条をどのように解釈するかについては重要な論点とされてきました。

　その内容ですが、天武が大極殿《だいごくでん》に出御《しゅつぎょ》して、川島《かわしまの》皇子《みこ》・忍壁《おさかべ》皇子・広瀬王《ひろせおう》・竹田《たけだ》王・桑田《くわた》王・三野《みの》王・上毛野三千《かみつけののみちぢ》・忌部首《いみべのおびと》・阿曇稲敷《あずみのいなしき》・難波大形《なにわのおおかた》・中臣大島《なかとみのおおしま》・平群子首《へぐりのこおびと》らに詔して、帝紀《ていき》および上古の諸事を記録・校定させたとあります。さらに、中臣大島と平群子首が自ら筆をとって記録にあたったともあります。

　すなわち、この記事をどのように読み取るかで見解が分かれるのですが、一般的には、ここに見られる帝紀とは歴代天皇の系譜であり、上古の諸事とはいわゆる旧辞《きゅうじ》に相当するものであるとしています。そして、この記事をもって『日本書紀』の編纂の開始としているのです。

　さらに、編纂者としては、『続日本紀』の和銅七年（七一四）二月の段階で、詔《みことのり》によって紀清人《きのきよひと》と三宅藤《みやけのふじ》麻呂《まろ》の二名に国史の編纂が命じられました。この詔に見られる国史についてもいくつかの説がのべられますが、これは『日本書紀』のことで、紀清人と三宅藤麻呂の二名が編纂者として追加任命されたと考えられています。

編纂者たちのプロフィール

　それぞれの編纂者たちについて略歴を見るならば、まず、川島皇子は天武八年（六七九）、天皇の呼びかけに応じて諸皇子とともに吉野の盟約に参加しています。『懐風藻《かいふうそう》』の伝によると、温和で度量が広いとあるのですが、その一方で大津《おおつ》皇子の謀反の密告者でもあります。

また、忍壁皇子は天武元年（六七二）、壬申《じんしん》の乱に際して父の天武に従って戦いました。持統《じとう》朝では姿が見えませんが、大宝《たいほう》元年（七〇一）の大宝律令制定に際しては総裁を務め、同三年に初の知太政官事《ちだいじょうかんじ》になりました。

広瀬王は天武十三年（六八四）、都の造営地を求めて畿内を視察しています。翌年には竹田王・三野王らと京・畿内の武器を校閲しました。持統六年（六九二）、都の留守官となり、大宝二年、持統が崩じた際には造大殿垣司を務めました。和銅元年に大蔵卿となっています。

竹田王は天武十四年（六八五）、広瀬王らと京・畿内の武器の校閲にあたり、持統三年に判事、和銅元年（七〇八）に刑部《ぎょうぶ》卿になりました。桑田王については、他の史料に姿を見せません。

三野王は、妻だった橘三千代《たちばなのみちよ》がのちに藤原不比等《ふじわらのふひと》の室となりました。天武の即位以前から親交があったようです。壬申の乱の際、父の栗隈王《くりくまおう》が筑紫大宰《つくしのおおみこともち》だった関係で三野王も筑紫におり、そこで近江朝廷側からの出兵依頼を拒否しています。天武十四年（六八五）、広瀬王らと京・畿内の武器を校閲、大宝元年（七〇一）に造大幣司《ぞうだいへいし》の長官、同二年に左京大夫、慶雲《けいうん》二年（七〇五）に摂津大夫、和銅元年（七〇八）に治部《じぶ》卿を歴任しました。

上毛野三千・阿曇稲敷・難波大形・平群子首は、ほかに業績は見られません。

忌部首は壬申の乱の際に大伴吹負《ふけい》に属し倭古京を守備、慶雲元年に伊勢奉幣使《いせほうべいし》、和銅元年（七〇八）に出雲守になりました。

次いで、紀清人は文人として名高く、しばしば賜物に与かっています。三宅藤麻呂には、ほかの業績は特に見られません。

このように見ていくならば、天武十年（六八一）に任じられた十二名には格別に史書編纂の能力があったようには思えず、天武との人的な信頼関係が重視されたと推測されます。それに対して、和銅七年（七一四）の二名の場合、紀清人は明らかに高名な文人であり、三宅藤麻呂も同様だった可能性が高いと考えられます。

『日本書紀《にほんしょき》』と『古事記《こじき》』、『風土記《ふどき》』

『古事記』との関係

『古事記』も『日本書紀』と同様に天武《てんむ》朝に編纂が始められましたが、『古事記』は『日本書紀』より八年前の和銅《わどう》五年（七一二）に完成しました。その叙述形式も、『日本書紀』が編年体なのに対して、『古事記』は紀伝体をとっています。

両書の叙述範囲を見てみると、『日本書紀』は神代《じんだい》から持統《じとう》までを対象としていますが、一方、『古事記』は神代から推古《すいこ》までを記しています。両書とも女帝で叙述を終えていますが、これは故意ではないでしょう。

また、神代の扱いにも『日本書紀』と『古事記』とでは違っています。『日本書紀』は全三十巻のうち巻一と巻二の二つの巻が神代ですが、『古事記』は上・中・下のうち上巻のすべてが神に充てられています。

つまり、全体のバランスという点から見るならば、『日本書紀』は十五分の一が神代なのに対して、『古事記』は三分の一が神代に充てられているということになり、神代についての扱いに相違があることは明白です。

このように、『日本書紀』は『古事記』に比べて神代の叙述の割合が少ないといえますが、さらに興味深い特徴が見られます。それは、本文のあとに異伝を「一書《あるふみ》」として取り入れていることで、これは『古事記』には見られないものです。例えば、『日本書紀』の冒頭の部分、すなわち第一段を例にするならば、「古に天地未だ剖《わか》れず」で始まる本文のあとに、全部で六つの「一書」が付けられています。こうした多くの「一書」が付いている理由については、様々な角度からの検討が必要と考えられますが、その一つとして、『日本書紀』が持っている性格という点に注目してみます。

そもそも『古事記』ができて八年後に『日本書紀』ができているということを、どのように捉えるかという問題があります。同じ歴史書を、しかも、国家的大事業を八年の間に二つも行うということは、普通では考えられないことです。このような観点から「一書」の存在意味を考えるならば、『古事記』が天皇家の歴史書という性格が強いのに対して、『日本書紀』は国家の歴史書としての役割を、より強く担っているということができます。そのために、諸氏族の伝承などについても配慮が必要となり、そのことが本文に加えて、複数の「一書」を加えるというかたちになったと考えられるのです。

『風土記』との関係

和銅六年（七一三）、全国に対して『風土記』撰進の官命が出されました。『日本書紀』が完成する七年前のことです。その要求は、

①郡や郷の名称に好い字を付けること。
②郡内の産物についてその品目を記録すること。
③土地の状態を報告すること。
④山川原野の名称の由来を記すこと。
⑤古老の伝承を記すこと。

という五点でした。『風土記』と『日本書紀』との関係を推察するならば、『日本書紀』が神代から持統朝までの時間軸による日本列島の支配の正統性を述べるのに対して、『風土記』は地域支配、すなわち水平軸による列島支配の正統性を述べるものであり、両者によって、天皇による日本列島の支配は完全なものになると考えられます。また、中国の正史に見られる地理部門の叙述である「志」の役割が『風土記』にあるということもいえるでしょう。

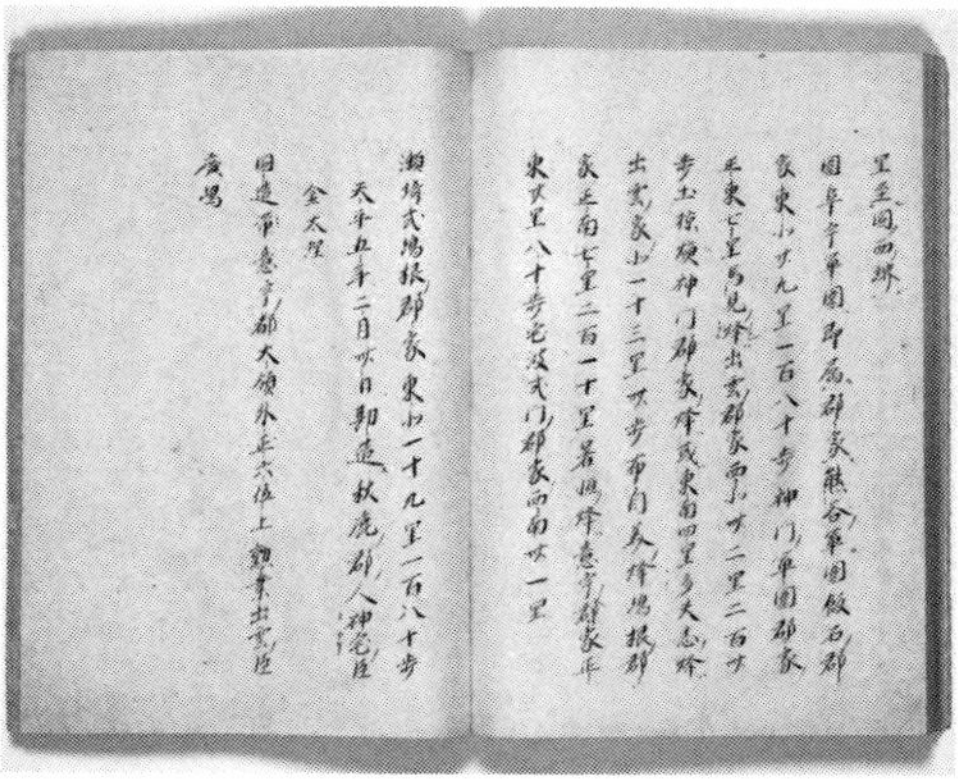
『出雲国風土記』奥書部分（日御碕本）末尾（日御碕神社蔵、島根県古代文化センター提供）

『日本書紀《にほんしょき》』の受容《じゅよう》と写本《しゃほん》

日本紀講筵《にほんぎこうえん》

『日本書紀』は正史として、六国史《りっこくし》の最初のものだったことからか、養老四年（七二〇）に成立したその翌年、すなわち養老五年（七二一）から朝廷によって講義が行われました。これを日本紀講筵といいます。全部で七回行われており、この点は『古事記』と全く異なっています。

日本紀講筵に際しては、紀伝道などの専門家が博士・都講《とこう》・尚復《しょうふく》などに任命され、『日本書紀』全三十巻を数年がかりで講義しました。講義を担当するに際しては、テキストに相当する『日本紀私記《にほんぎしき》』が作成されています。現在、甲《こう》・乙《おつ》・丙《へい》・丁《てい》の四種の私記が残されていて、そこから講筵の内容を知ることができます。それによると、『日本書紀』の漢語の訓読が主要なテーマでしたが、中には語句の疑義など内容にまで及んでいました。

七回の講筵を順を追って見るならば、まず、一回目の養老五年（七二一）の時は太安万侶《おおのやすまろ》が博士《はかせ》となり、その内容は私記としては残っていませんが、『弘仁《こうにん》私記』と写本に「養老説」として、その一部を見ることができます。

次いで、二回目は弘仁四年（八一三）の講筵で、最初の時から約百年後になります。ほかの講筵の間隔が約三十年だったことを考えると、少し間が空きすぎているといえるでしょう。この時の博士は多人長《おおのひとなが》で、その内容については私記甲本（『弘仁私記』）が現存しています。

三回目は承和《じょうわ》六年（八三九）に開講されており、博士は菅野高平とも滋野貞主《しげののさだぬし》ともされます。この時の私記は現存していません。

四回目は元慶《がんぎょう》二年（八七八）で、博士は善淵愛成《よしぶちのちかなり》が務めました。この時の私記は矢田部名実《やたべのなざね》が作成したとされますが、現存していません。しかし、『釈日本《しゃくにほん》紀《ぎ》』の中に「私記」として引用されているものが、この時の私記とされています。

五回目は延喜《えんぎ》四年（九〇四）で、博士は藤原春海です。矢田部公望《きんもち》によって私記が作られましたが現存しておらず、『釈日本紀《しゃくにほんぎ》』に「公望私記《きんもちのしき》」とか、『和名《わみょう》類聚抄《るいじゅしょう》』に『日本紀私記《にほんぎしき》』とかとして引用が見られます。

六回目は承平《じょうへい》六年（九三六）で、博士は再び矢田部公望が務めました。私記は私記丁本がこの時のものとされ、『釈日本紀』にも引用が見られます。

最後の講筵は康保《こうほう》二年（九六五）で、博士をつとめたのは橘仲遠《たちばなのなかとお》でしたが、この時の私記は残されていません。

このように、十世紀をもって『日本書紀』の講筵は終わりを告げました。これは、六国史の最後を飾る『日本三代実録《にほんさんだいじつろく》』が延喜元年（九〇一）に成立したことと軌を一にしています。すなわち、正史の編纂が続けられている間は、『日本書紀』はその一番目のものとして特別視され、その重要性は格別のものだったのです。

写本とその系統

『日本書紀』が日本紀講筵などで受容されるに従い、写本も多く作られるようになりました。特に神社などでの受容は、神話が重んじられ神代《じんだい》巻のみの写本が多くなされたとされます。

現在、写本の系統は①神代巻の一書《あるふみ》が割注二行扱いになっている古本系統と、②神代巻の一書が一字下げの大字になっている卜部《うらべ》家本との二系統に大別されます。

①の系統としては、最古の写本とされる田中家本や四天王寺《してんのうじ》本・佐々木信綱《ささきのぶつな》旧蔵本・猪熊本（奈良時代末期から平安時代初期の書写）、岩崎本（平安時代中期）、前田本（平安時代後期）、宮内庁本・北野本（院政期）、鴨脚《いちょう》本（一二三六年）、丹鶴《たんかく》本（一三〇六年）などがあります。

②の系統としては、兼方《かねかた》本（一二八六年以前）、乾元《けんげん》本（一三〇三年）、彰考館《しょうこうかん》本（一三二八年）、兼右《かねすけ》本（一五四〇年）、内閣文庫本（一五一三年）、熱田《あつた》本（一三七五年頃に熱田神宮へ奉納）、北野本（各時代にまたがる）、伊勢本（一四二三年頃）などがあります。

『日本書紀《にほんしょき》』の注釈書《ちゅうしゃくしょ》

中世の注釈書

八世紀初期から十世紀後期にかけて、七回にわたって行われた『日本書紀』についての講義、すなわち日《に》本紀講筵《ほんぎこうえん》は、『日本書紀』の受容への意識を大いに高めることになり、『古事記』や『先代旧事本紀《せんだいくじほんぎ》』と共に「神書三大部《しんしょさんだいぶ》」と称せられるようになりました。

中世における『日本書紀』の読解は、様々なジャンルに影響を与えましたが、特に、神話や寺社縁起などに多様な解釈を生み出すに至りました。しかしながら、こうした傾向は、ともすれば本来の『日本書紀』とは異なった解釈に至ることも多々あったのです。

そうした中にあって、『釈日本紀《しゃくにほんぎ》』は中世を代表する『日本書紀』の注釈書の一つとして注目されます。卜部兼方《うらべのかねかた》によってまとめられた『釈日本紀』は、成立年は未詳ですが、正安《しょうあん》三年（一三〇一）には写本の存在が確認できることから、鎌倉時代後期の編纂と考えられます。兼方の父である兼文《かねふみ》が、文永《ぶんえい》元年（一二六四）もしくは建治《けんじ》元年（一二七五）に、前関白《かんぱく》の一条《いちじょう》実経《さねつね》らに行った講義に『日本書紀』の注釈に関係する史料を加えて編集されています。『日本紀私記』に関しても、元慶《がんぎょう》期（八七七～八八五）のものや承平《じょうへい》期（九三一～九三八）のもの（私記丁《てい》本）が引用されました。

『釈日本紀』は全体を解題《かいだい》・注音《ちゅういん》・乱脱《らんだつ》・帝王系図・述義《じゅつぎ》・秘訓《ひくん》・和歌の七部門に分類し、卜部家の家学の集大成としました。史料としては、『上宮記《じょうぐうき》』、『風土記《ふどき》』、『先代旧事本紀』、『古語拾遺《こごしゅうい》』など、現在では散逸しているものを逸文として残しており、この点においても評価が高いものです。

『日本書紀』の神代《じんだい》巻の注釈書として注目すべきものとして、『神代巻口訣《くけつ》』が挙げられます。これは忌《いん》部正通《べのまさみち》がまとめたもので『神代口訣』ともいわれ、全五巻からなります。成立は南北朝時代の貞治《じょうじ》六年（正平《しょうへい》二十二年、一三六七）とされますが、江戸時代の偽作という説もあります。神代紀の上巻を六節、下巻を三節に分けて注釈を施しています。漢籍や仏典を使用し、造化《ぞうか》の三神（アメノミナカヌシ神・タカミムスヒ神・カミムスヒ神）を包括したものがクニノトコタチ神であると説くなど、独自性が見られるものです。

中世のものとしては、一条兼良《かねよし》の『日本書紀纂疏《さんそ》』も挙げられます。『日本書紀』の神代巻を注釈したもので、全六巻からなります。成立は康正期《こうしょう》（一四五五〜五七）とされ、神代巻の注釈書としては室町時代を代表するものです。当代きっての学者とされる兼良は、日本の古典籍・漢籍・仏典などを駆使し、神・儒・仏の三教一致を説きました。

近世以降の注釈書

江戸時代の注釈書としては、谷川士清《たにがわことすが》の『日本書紀通証《つうしょう》』が挙げられます。宝暦《ほうれき》元年（一七五一）に完成し、同十二年に刊行されました。全三十五巻からなり、『日本書紀』全巻の注釈書としては最初のものとして注目されます。神代巻には中世の神道《しんとう》の影響や垂加《すいか》神道の要素が強く見られますが、神武《じんむ》紀以降の注釈には字訓や語義などに士清の創見が多く見られ、近世の『日本書紀』研究の先駆をなすものと評価されています。

また、江戸時代における代表的な注釈書として『書紀集解《しっかい》』も挙げられます。尾張《おわり》藩士の河村秀根《かわむらひでね》の著書ですが、完成は秀根の歿後で、子の殷根《しげね》・益根《ますね》の協力によって天明《てんめい》五年（一七八五）から約二十年かかって刊行されました。全部で三十一巻二十冊からなり、『日本書紀』の最初の本格的出典研究として注目されます。

幕末のものとしては、鈴木重胤《すずきしげたね》の『日本書紀伝』があります。文久《ぶんきゅう》二年（一八六二）に三十巻までまとめられていましたが、翌年、重胤が暗殺されたため、天《てん》孫降臨《そんこうりん》までの注釈で未完に終わりました。しかしながら、神代巻の詳細な注釈は評価に値するものとされています。

明治時代のものとしては、飯田武郷《いいだたけさと》の『日本書紀通釈』が江戸時代の諸説を集大成したものとして知られています。明治三十二年（一八九九）に成立し、同三十五年から四十二年にかけて刊行されました。全七十巻からなり、本居宣長《もとおりのりなが》・伴信友《ばんのぶとも》・鈴木重胤・栗田寛《くりたひろし》などによる注釈についてもまとめられています。

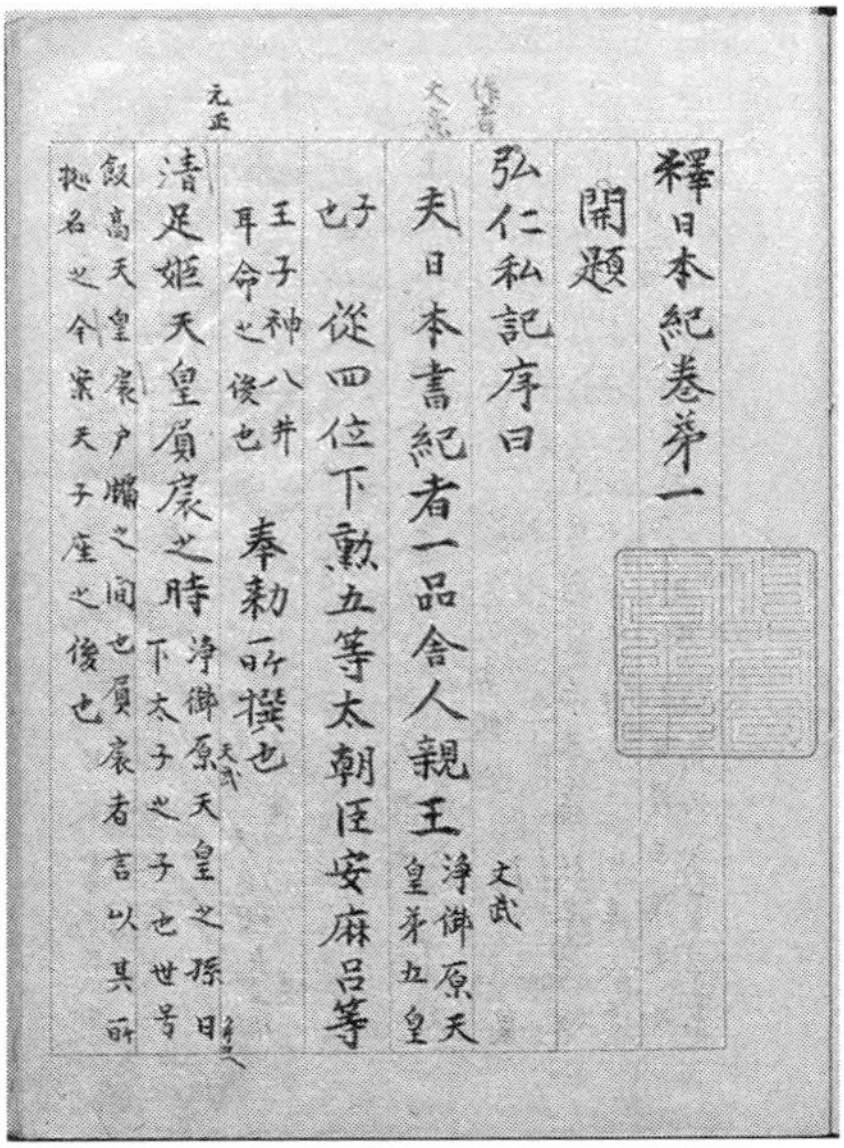
釋日本紀巻第一
開題
弘仁私記序曰
夫日本書紀者一品舎人親王淨御原天皇第五皇子也從四位下勲五等太朝臣安麻呂等王子神八井耳命之後也奉勅所撰也
清足姫天皇負扆之時淨御原天皇之孫日並皇子之子也世号飯高天皇扆戸牖之間也負扆者言以其所拠名之今案天子座之後也

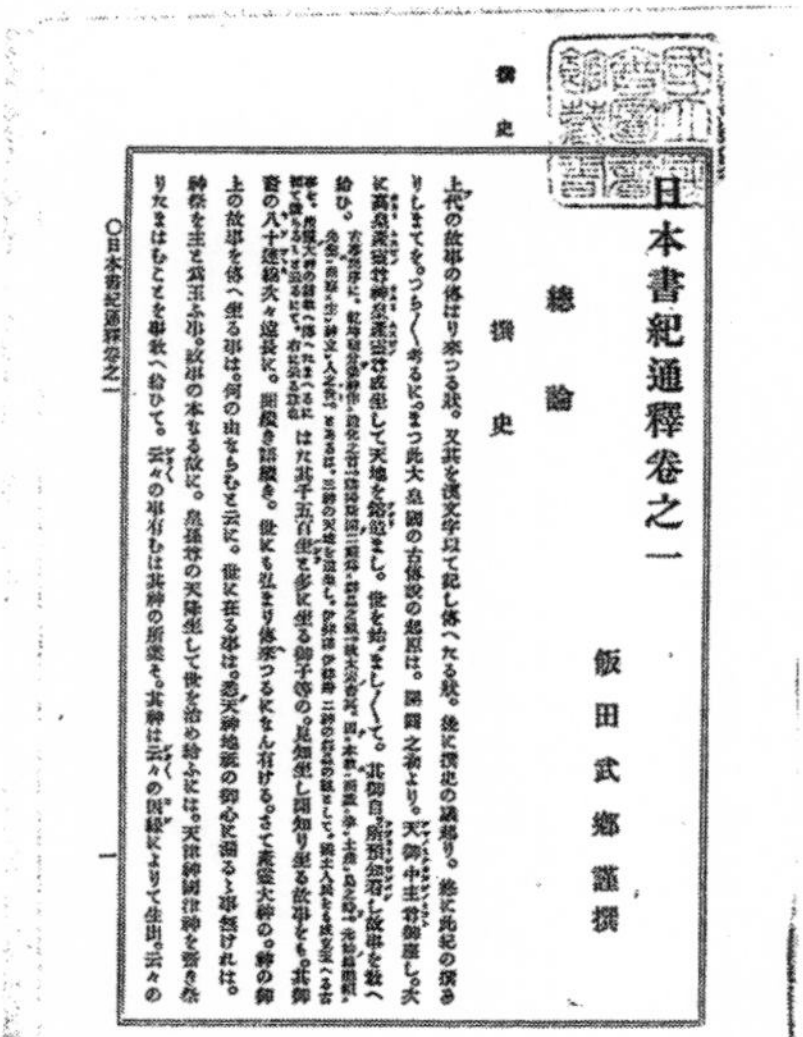
日本書紀通釋巻之一
飯田武郷謹撰
総論
撰史

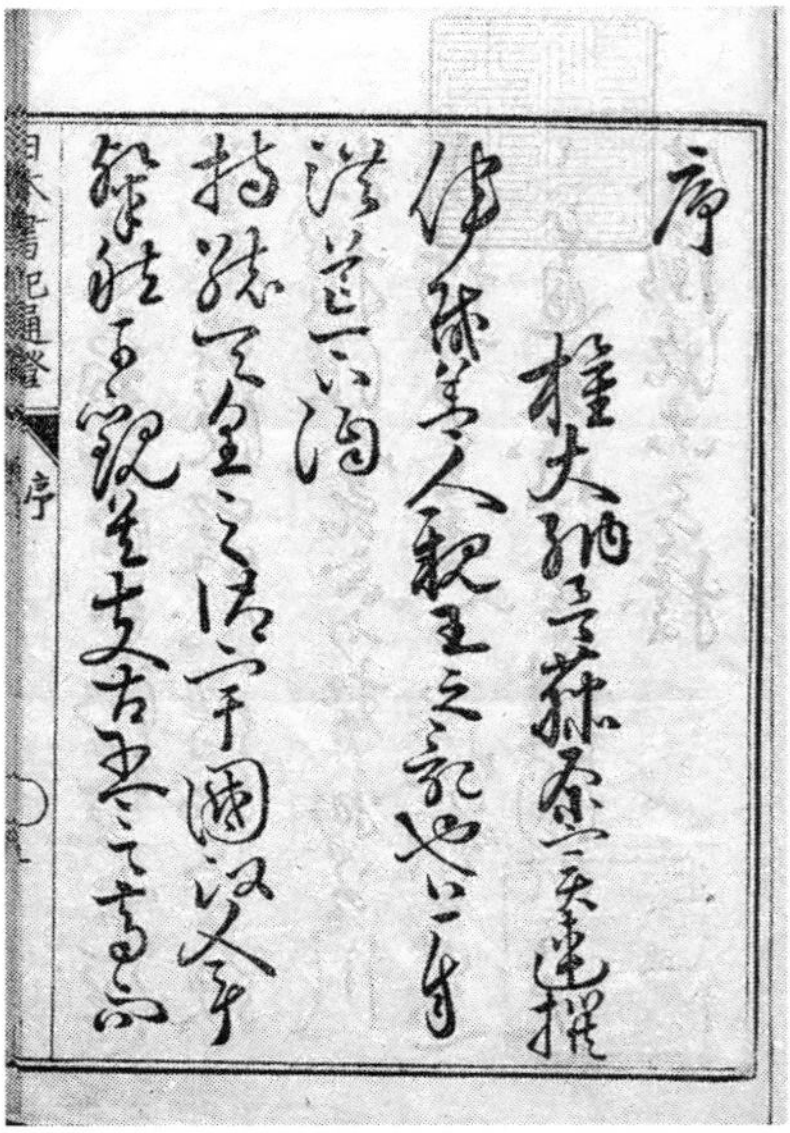
序

『日本書紀』の注釈書
(上)『釈日本紀』(写本、慶長19年、国立公文書館蔵)
(下右)『日本書紀通証』(刊本、宝暦12年、国立公文書館蔵)
(下左)『日本書紀通釈』(明治35年、国立国会図書館蔵)

Ⅱ

神々の世界

アマテラス

天下の主者、アマテラス

アマテラスは日本で最も知られている神の一柱といっても過言ではありません。アマテラスは『古事記』と『日本書紀』では高天原《たかまのはら》を主宰する神であり、天皇家の祖神とされています。また、同時に誕生したツキヨミやスサノオと共に「三貴子《みはしらのうずのみこ》」と称されます。三貴子誕生については主に二説あり、イザナキとイザナミが生んだとする伝承（『日本書紀』神代上・第五段本文）と、黄泉国《よみのくに》から戻ってきたイザナキが禊《みそぎ》をした際に生まれたという伝承（『古事記』、『日本書紀』第五段一《ある》書《ふみ》第六）があります。

アマテラスに関する『日本書紀』の記述を追うと、誕生の場面において「天下の主者」と位置づけられています（第五段本文）。また、高天原からの天孫降臨《てんそんこうりん》に際しても、アマテラスの命を受けて孫神であるホノニニギが日向の高千穂《たかちほ》に天降ります（神代下・第九段一書第一、第二）。このホノニニギの子孫が神武《じんむ》天皇であり、それゆえアマテラスが皇祖神《こうそしん》とされるのです。

なお、天孫降臨の伝承地としては、宮崎県高千穂町や鹿児島県霧島山系の高千穂峰が特に知られています。

アマテラスのモデル

『日本書紀』の神話は、古くから伝承された神々の物語をそのまま記したようなものではなく、天皇による国土支配の正当性を述べる側面が随所に見られます。特に天孫降臨は、その性格が色濃く見える場面です。

『日本書紀』の編纂は、天武《てんむ》天皇の命によって始まったと考えられています（『日本書紀』天武十年〔六八一〕三月条）。しかし、そののち天武天皇が死亡したため、妻の鸕野讃良皇女《うののさららのひめみこ》が皇位を継ぎ、持統《じとう》天皇として即位しました（天武十五年〔六八六〕）。持統天皇は息子の草壁皇子《くさかべのみこ》を後継者に据えたものの、彼は即位を迎えることなく早世します。この時、草壁皇子が遺した子の軽《かる》皇子はまだ幼年でした。そのため、持統天皇は孫の軽皇子を後継者とすべく、彼の成長を待つことにします。そして、軽皇子は無事に成長し、ついに六九七年には、文武《もんむ》天皇として即位することとなるのです（『続日本紀』文武元年八月条）。

さて、アマテラスを持統天皇に、ホノニニギを軽皇子に置き換えてみると、気づかされることがあります。すなわち、祖母から孫という皇位継承と、天孫降臨神話との構造的な類似です。

このため、天孫降臨神話は、持統から文武への皇位継承を正当化、保証するための大きな拠りどころとして形成されたものと考える説もあります。

月岡芳年「大日本名将鑑　天照皇大神」
（東京都立中央図書館特別文庫室蔵）

三代歌川豊国「岩戸神楽ノ起顕」（島根県立古代出雲歴史博物館蔵）

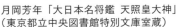

タカミムスヒ

もう一柱の最高神

タカミムスヒは『古事記』と『日本書紀』の冒頭、天地が初めて分かれた時に生まれた神の一柱です。『日本書紀』では、神代上・第一段一書《あるふみ》第四に見えます。ムスは「生成」、ヒは「霊力」を意味していて、神名からは万物生成の霊力を持つ神という性格が窺えます。『古事記』では、別天神《ことあまつかみ》（本文）に位置づけられており、世界を造化（創造）した参神《さんじん》（序文、俗に造化三神）の一柱とされています。

さて、高天原《たかまのはら》の主宰神というと、一般的にはアマテラスがイメージされますが、実は天孫降臨《てんそんこうりん》神話を注意深く読むと、タカミムスヒが随所に登場しており、むしろ、アマテラスに比べてタカミムスヒのほうに、より存在感があることに気づきます。

『日本書紀』神代下・第九段の天孫降臨神話においては、本文、一書第四・第六ではタカミムスヒが、一書第一・第二ではアマテラスが降臨を司令する神とされています。ちなみに『古事記』では、アマテラスと高木神《たかぎのかみ》（タカミムスヒの別名）の両神が司令神とされています。このようなタカミムスヒの位置づけから、その神格は極めて高いことがわかるのです。

皇祖神《こうそしん》の転換

『古事記』『日本書紀』の神話におけるタカミムスヒは、アマテラスと一体的に語られる場面が多いですが、本来、高天原の主宰神として位置づけられていたのはタカミムスヒだったと考えられています。そうすると、いったいどの段階でアマテラスとの転換が生じたのかが問題となってきます。

前項では、皇祖神・アマテラスのモデルが持統《じとう》天皇だった可能性について触れました。かつて津田左右吉氏は、「祖先神《そせんしん》」という観念が生まれたのは、比較的新しい段階であると主張しました。また、それを批判的に継承した直木孝次郎氏は、天皇家において氏祖神の観念が生まれてきたのは、七世紀後半の天武《てんむ》・持統朝頃のことであると述べました。

律令の制定に代表される諸制度や諸官司の整備が進められた七世紀後半から八世紀初頭は、一方では天皇を頂点とする中央集権国家の基盤が築かれた時期でもあります。現実世界の統治機構が整ってくるこの時期に、期を同じくして古代日本の成り立ちと天皇家による国土支配の正当性を語る神話も形作られたと考えられます。

タカミムスヒからアマテラスへの皇祖神の転換は、『古事記』『日本書紀』に採録された神話の記述に関する整理がなされた時期、概ね七世紀後半から八世紀初頭頃に求められるものと思われます。

十返舎一九『地神五代記』に描かれたタカミムスヒ（国立国会図書館蔵）

イザナキ・イザナミ

国生み神話の主題

イザナキ・イザナミによる「国生み」は、日本の創世神話として知られています。しかし、国生み神話の描かれ方は、『古事記』と『日本書紀』とでは大きく異なっています。これは、両書がそれぞれ異なった構想のもとに成立したためだと考えられています。

『日本書紀』では天地が渾沌《こんとん》として漂う中、クニトコタチという神が最初に誕生します。この神は、天地・陽陰・男女といった対立関係を生んで身を隠しました。そののちイザナキ・イザナミが陽神・陰神として誕生し、夫婦神として大八洲国《おおやしまぐに》（日本列島）や山川草木を生んでいきます。『日本書紀』の国生みは、『老子』などの中国古典から影響を受けていることが指摘されており、陰陽二気が合体・調和することで万物が生まれるという二元論的に展開しています。

一方、『古事記』で最初に誕生するのはアメノミナカヌシ・タカミムスヒ・カミムスヒの三神で、クニトコタチの誕生はそのあとになります。『古事記』でもイザナキ・イザナミは男女対偶神として誕生しますが、国生みに関してはムスヒ二神の神格を引き受ける形で展開しており、こちらは「生成」の側面がより強いといえます。

二神をめぐる信仰

「建国の父母」として描かれているイザナキ・イザナミですが、二神が最初に国生みをしたのは淡路島《あわじしま》（兵庫県）でした。『日本書紀』では、国生み・神生みを終えたイザナキは淡路に幽宮《かくりのみや》を構え、隠れたとされます（神代上・第六段本文）。また、履中《りちゅう》天皇五年九月条では、「嶋（淡路島）に居《おわ》します伊弉諾神《いざなきのかみ》」とあります。

平安時代に編纂された『延喜式《えんぎしき》』には、「神名帳」と呼ばれる当時の朝廷が把握していた神社の一覧が収められています。その「神名帳」の淡路国神社一覧には「淡路伊佐奈伎神社」の名がみえますが、これは現在の伊弉諾神宮（兵庫県淡路市）にあたる神社のこととされています。このように、イザナキ・イザナミ二神と淡路島との繋がりが窺えることから、二神はもともと淡路島の海人《あま》集団によって信仰された神だったという岡田精司氏の説があります。

王宮が営まれていた大和から大和川を下り、大阪湾に出ると、淡路島はほどなく見えてきます。距離的な近さもあり、淡路島と王権との間には古くからの結びつきも指摘されています。岡田氏の説によれば、国生み神話は、海人集団の「島生み」伝承が宮廷内部に取り入れられ、七世紀後半以降、国家的な神話へと再編成されたものであると考えられます。

遊佐誠甫『歴史修身談』表紙
（国立国会図書館蔵）

イザナキとイザナミ（西川祐信筆、メトロポリタン美術館蔵）

スサノオ

スサノオの二面性

『古事記』や『日本書紀』の神話に登場するスサノオは荒ぶる神として知られています。オロチ退治などは神楽《かぐら》の演目としても人気で、「八百万《やおよろず》」の神の中でも人気の高い神です。

スサノオは三貴子《みはしらのうずのみこ》の一柱として誕生しますが、アマテラスが支配する高天原《たかまのはら》において乱暴の限りを尽くし、出雲《いずも》国（島根県東部）へと追放されました。出雲ではヤマタノオロチを退治し、クシイナダヒメと結ばれます。そして、出雲の清地《すが》（須賀）に宮を建てたと記されています。このような荒ぶる神としての側面は『古事記』と『日本書紀』で描かれ方に細かい違いはあるものの、大筋では共通しています。また、『日本書紀』においては、出雲へ行く前に新羅《しらぎ》へ渡り、自らの体毛を抜き取って、それを植物に変えたという話も記されています（神代上・第八段一書第五）。

一見すると、スサノオは高天原からの追放後に英雄神へと変化しているようにも見えますが、荒ぶる神としての性格は一貫しています。天皇の出自を天津神《あまつかみ》に求め、支配の正当性を語る『古事記』『日本書紀』の神話においては、高天原での荒ぶる行為は悪とされ、支配すべき地上世界での荒ぶる行為は善とされると解釈できます。

スサノオの本拠をめぐる二説

スサノオは、奈良時代の出雲国の地誌『出雲国風土《ふど》記《き》』にも須佐能袁命《すさのおのみこと》として活動が記されています。『出雲国風土記』では山間部の記述に多く登場しますが、特に飯石《いいし》郡須佐郷（島根県出雲市須佐周辺）は自らの御魂《みたま》を鎮めた地であり、大須佐田《おおすさだ》・小須佐田《おすさだ》という神領を定めたとされています。また、郷名にスサの神名が用いられていることからも、この地がスサノオ信仰の中心であったという説が有力です。

一方、『古事記』『日本書紀』のスサノオの活動は紀《き》伊《い》国（和歌山県）や朝鮮半島など遠隔地にも及んでいます。また、須佐地名は紀伊国にも見え、平安時代の史料には紀伊国在田《ありた》郡にスサノオを祀る須佐神社が確認できます。これらのことから、スサノオは、広汎な活動域を有していた紀伊の海人《あま》集団が信仰した神であるとする説もあります。

『古事記』『日本書紀』では、スサノオはオオナムチ（オオクニヌシ）の祖先神とされていますが、『出雲国風土記』ではそのような系譜関係は記されていません。

スサノオ信仰の本拠が紀伊にあるという説を唱えた松前健氏は、紀伊の海人集団に母体を持つ広汎な信仰圏を持っていたスサノオ信仰が出雲にも伝播し、オオナムチ信仰と結びついた結果、スサノオがオオナムチの祖神、ひいては出雲の祖神と位置づけられたとしています。

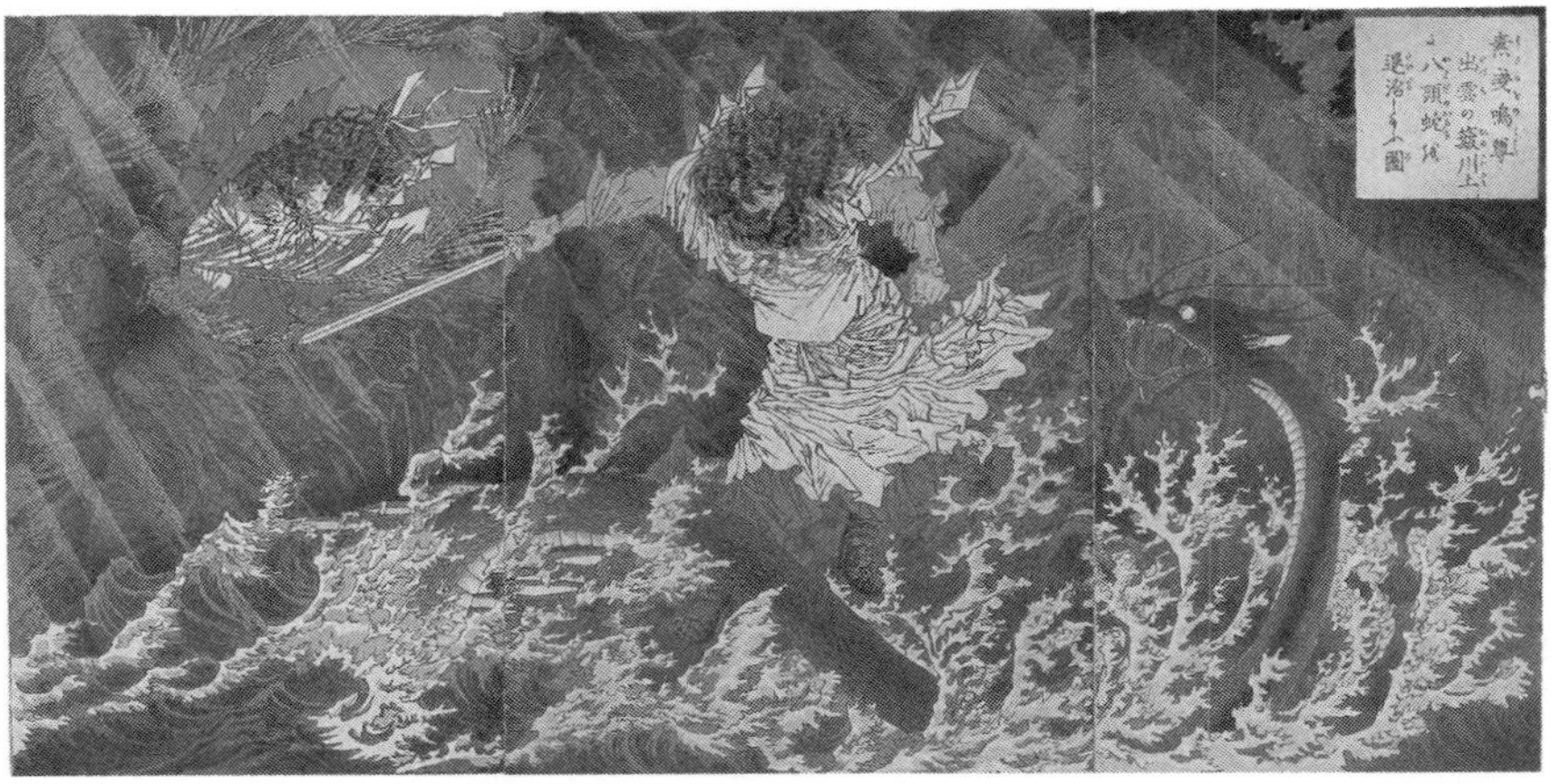

月岡芳年「日本略史之内　素戔嗚尊出雲の簸川上に八頭蛇を退治したまふ図」（島根県立古代出雲歴史博物館蔵）

オオクニヌシ

多くの顔を持つ神

オオクニヌシは縁結びの神として知られていますが、そのほかにも福神・農耕神・漁業神・増殖神・医療神など、実に多様な信仰を受けています。このことは、とりもなおさず『古事記』『日本書紀』の神話において、様々な別名を持っていること、地上世界の開拓(国作り)を行ったという事蹟の記述に由来します。

オオクニヌシの別名について『日本書紀』では、大《おお》物主神《ものぬしのかみ》・国作大己貴命《くにつくらししおおなむちのみこと》・葦原醜男《あしはらのしこお》・八千戈神《やちほこのかみ》・大国玉神《おおくにたまのかみ》・顕国玉神《うつしくにたまのかみ》と六つの名を挙げています。一方『古事記』では、大《おお》穴《な》牟《む》遅神《ちのかみ》・葦原色許男神《あしはらのしこおのかみ》・八千矛神《やちほこのかみ》・宇都志国玉神《うつしくにたまのかみ》と四つの別名が記されています。

これほど多くの別名を有するのは、複数の神話・神格を「大国主」として統合したからだと考えられますが、その中でもオオナムチに注目してみたいと思います。神名の意味としては、偉大な(オオ)、土地(ナ)、貴人(ムチ)であり、これらをまとめると「偉大な地上世界の主」と解釈できます。これは「大国主」の漢字が持つ意味とも繋がります。オオナムチは出雲《いずも》国(島根県)・播磨《はりま》国(兵庫県)・伊予《いよ》国(愛媛県)・土左《とさ》国(高知県)の風土記《ふどき》や『万葉集』といった史料に多く見え、これらの史料がまとめられた八世紀・奈良時代には広く知られた神であったことが分かります。

『古事記』『日本書紀』で描かれているオオクニヌシは、複数の神を結集した存在であると思われますが、その軸となったのがオオナムチであったと考えられます。

幽事を治める神

国譲り神話は記紀の中でも重要な場面ですが、とりわけ『日本書紀』神代下・第九段一書《あるふみ》第二の記述は歴史的に注目されてきました。

そこでは国譲りにあたって、顕露事《あらわごと》は皇孫が治め、幽事《かくりごと》はオオクニヌシが治めること、オオクニヌシが住む高く立派な宮（天日隅宮《あめのひすみのみや》）を造ること、アメノホヒがオオクニヌシへの祭祀を司ることなどが、タカミムスヒとオオクニヌシとの間で確認されています。これは、出雲大社の創建とアメノホヒの子孫とされる出雲国造《くにのみやつこ》によるオオクニヌシ祭祀の起源伝承です。

また、天皇は大和の地において「顕露事」、すなわち政治の世界を司り、出雲大社に鎮座するオオクニヌシは「幽事」、すなわち神々や祭祀の世界を司ることが記されています。この幽顕分治の記述が、目に見えない「むすび」を取りなすという、現在のオオクニヌシへの信仰にも繋がるのです。

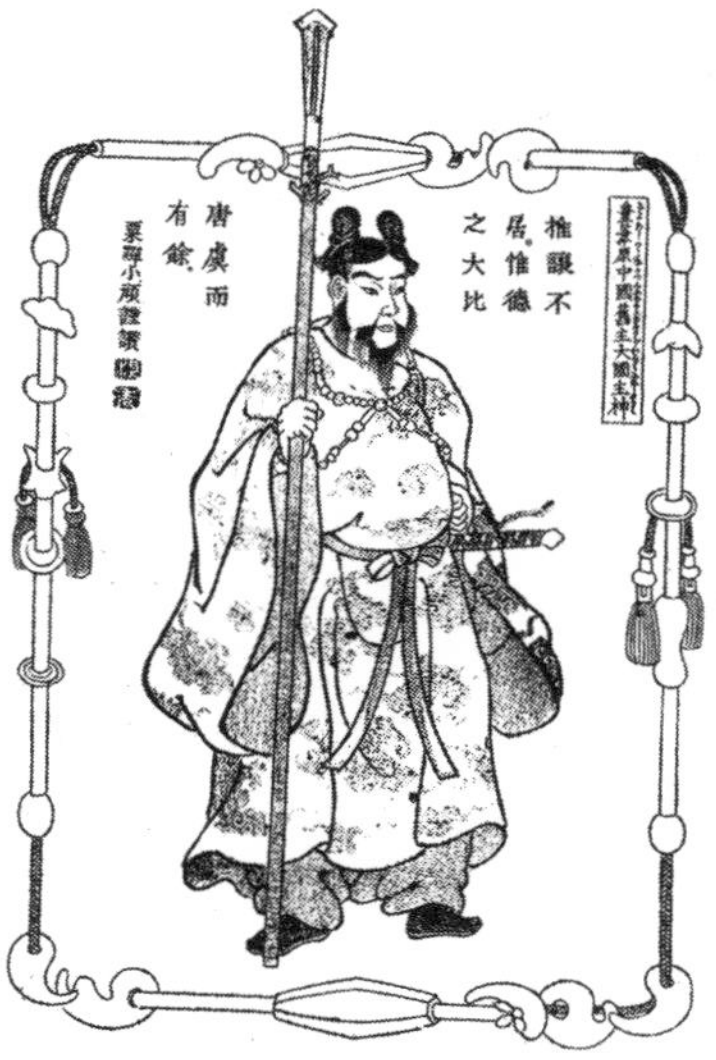

歌川国芳『大日本国開闢由来記』より
オオクニヌシ（国文学研究資料館蔵）

小林永濯『鮮斎永濯画譜』よりオオクニヌシ（国立国会図書館蔵）

タケミカヅチ

皇孫を守護する神

タケミカヅチは、『日本書紀』では武甕槌神・武甕雷神、『古事記』では建御雷神の名で登場します。武神として信仰され、武芸・武術の神として道場などに祀られている鹿島《かしま》大明神としても知られています。

『古事記』『日本書紀』に記されたタケミカヅチにまつわる物語のなかでも、特に国譲り神話が著名でしょう。タケミカヅチは、天孫降臨《てんそんこうりん》に先立ち、葦原中国《あしはらのなかつくに》（高天原《たかまのはら》と黄泉国《よみのくに》の中間にある地上世界）を平定するためにアマテラスの命によって派遣されました。タケミカヅチは出雲《いずも》国（島根県東部）に天降ると、剣を逆さに突き立て、その切っ先に胡座《あぐら》を組んで座るという厳《いか》めしい姿でオオクニヌシへ国譲りを迫りました。オオクニヌシの御子神《みこがみ》らは国譲りを承諾し、葦原中国は皇孫が統治する地として譲渡されることになります。以上が国譲り神話の大筋です。『古事記』と『日本書紀』との記述の間には異同も多く、特に『古事記』では、よりタケミカヅチの活躍が強調されていますが、話の筋は概ね同様です。タケミカヅチは、高天原の神々の中でも多大な功績を収めた神であるといえるでしょう。

また、いわゆる神武東征《じんむとうせい》の際には、神武天皇一行が熊野《くまの》において土地の神の毒気にあてられ、兵士が倒れてしまうなど難渋していたところ、タケミカヅチが葦原中国平定の際に用いた霊剣・韴霊《ふたつのみたま》を与えています。この剣の霊力によって兵士は快復し、東征は再開されました。

このように、タケミカヅチは一貫して皇孫を助け、守護する働きを見せているのです。

タケミカヅチ活躍の背景

タケミカヅチを奉祭していたのは藤原《ふじわら》（中臣《なかとみ》）氏でした。国譲り神話や神武東征におけるタケミカヅチの活動・功績には、『古事記』や『日本書紀』が編纂された当時の政界における藤原氏の位置づけも影響している可能性があります。とりわけ、藤原不比等《ふひと》の存在は注目に値するのではないでしょうか。

中臣鎌足《かまたり》の第二子である藤原不比等は、持統《じとう》天皇の末年頃から史料上で確認でき（『日本書紀』）、持統天皇の孫である軽皇子《かるのみこ》（のちの文武《もんむ》天皇）の擁立に功績があったことにより、政治の表舞台に登場します。また、文武夫人の宮子《みやこ》は不比等の娘でした。そのため、八世紀初めの藤原氏と天皇家との間に強い結びつきがあったことは想像に難くありません。皇孫を守護し、地上世界の統治を支えたタケミカヅチの活躍の背景には、『古事記』『日本書紀』編纂当時の政治的状況が反映されていると見られるのです。

タケミカヅチ（岳亭春信『葛飾廿四将』）

鹿島神宮にはタケミカヅチが要石で大鯰を押さえつけているという伝説があり、この絵では要石に扮した役者がタケミカヅチの威光を受けている（「安政大地震絵」国立国会図書館蔵）

フツヌシ

『古事記』には登場しない神

フツヌシは、タケミカヅチと共に武芸の神として信仰されていることもあるためか、『古事記』『日本書紀』両書で登場すると誤解されていることが多々あります。しかし、実際のところフツヌシは『古事記』には見られず、『日本書紀』にのみ登場する神です。別名は斎主神《いわいぬしのかみ》・伊波比主神《いはひぬしのかみ》と記されています。

『日本書紀』神代上・第五段一書《あるふみ》第六では、イザナキがカグツチを斬った際、刃から滴る血が固まってできた岩（五百箇磐石《いおついわむら》）がフツヌシの祖であると記されています。また、同段一書第七や第九段本文では、磐筒男神《いわつつのおのかみ》・磐筒女神《いわつつのめのかみ》の子であるとされています。

フツヌシの活動は国譲り（神代下・第九段）のうち、本文および一書第一・第二において見られ、タケミカヅチと共に高天原《たかまのはら》から派遣されています。この際の活動は二神セットであり、フツヌシ独自の活動としては記されていません。

また、『古事記』では、神武《じんむ》天皇段においてタケミカヅチが神武天皇へ授けた霊剣は韴霊《ふつのみたま》と記されており、この名がフツヌシと通じるところからも、両神のセット関係が窺えます。

東国鎮護の神

この両神を対とする見方には、ヤマト王権による東国支配が背景にあります。フツヌシは香取《かとり》神宮（千葉県香取市）の祭神であり、古代には流海《ながれうみ》と呼ばれた霞ケ浦《かすみがうら》を挟んだ対岸に、タケミカヅチを祀る鹿島《かしま》神宮（茨城県鹿嶋市）が鎮座していました。香取神宮のあった下総《しもうさ》国香取郡は、七世紀中頃に設置された神郡《しんぐん》（国家に重視された特定神社への奉仕のために設定された郡）でした。

鹿島神宮がある常陸《ひたち》国鹿島郡も神郡に設定されていますが、これら神郡の地周辺で発見されている祭祀遺跡の調査から、神郡の神に対する祭祀は五世紀頃に基礎が確立したと見られています。また、八世紀初頭に編纂された『常陸国風土記』には流海（霞ヶ浦）の周辺に津（船着き場）が存在していたことを示す記載が確認できます。古代の流海（霞ヶ浦）、特に香取・鹿島周辺では水上交通網が発展していたものと思われます。

東国の神郡神の祭祀とは、ヤマト王権にとって重要な水上交通の要衝の祭祀として始まり、それが大化改新以後の律令国家形成期に、王権の全国支配に必要な祭祀対象・祭祀拠点として位置づけられ、発展したものと考えられているのです。

フツヌシ（岳亭春信『葛飾廿四将』）

香取神宮拝殿（香取神宮提供）

III

神話と伝説

天地開闢《てんちかいびゃく》

神話の始まり

『古事記』と『日本書紀』の神話は、どちらも天と地の生成、つまり天上世界と地上世界の成立から語り始めます。これは、『古事記』と『日本書紀』の神話が天皇の地上世界の支配の正統性を語るものであり、また、その正統性は天上世界とその神に求められているからでしょう。

しかし、両書の天地の誕生は異なる様相を示しています。また、『日本書紀』も本文の他に「一書《あるふみ》」という形で別伝承を収載しており、「一書」間でも記載内容は異なっています。つまり、『日本書紀』内であっても所伝ごとに神話の内容は異なるということです。たとえば、『日本書紀』本文は、天地は未分離で陰《いん》と陽《よう》の気も混沌《こんとん》としていたが、その後、澄んで明るい気が天となり、重く濁った気が地となったとあります。

しかし、『日本書紀』第一の一書では、「天地初めて判れしとき」と書き始めており、天地が分離した状態から神話がスタートします。

一方、『古事記』では、「天地初めて発れし時」とあり、最初から天地が成立した状態から語り始めています。しかし、『古事記』の序文では天地が混沌としているいう記述から神話が始まります。

つまり、『日本書紀』では、天地は未分離というカオスな状態から天と地に分かれる神話と、天地が分れるところから始まる神話の二種類が存在し、『古事記』も天地が未分離ではなく両者が別々に発生するところから神話が始まるという本文と、天地が混沌状態から始まるという序文の二種類が存在するのです。言い換えると天地開闢神話は天地が混沌状態から開闢するという天地の生成過程をきちんと記述する神話と、そうではなく生成過程をぼかす神話の二種類があるとも言えるでしょう。

では、このような相違はどのような背景から生まれるのでしょうか。それは神話を実際に文字で記述する際にどのような中国の漢籍に依拠したかと関わると考えられています。たとえば、『日本書紀』本文の天地開闢神話は『淮南子《えなんじ》』・『三五暦記《さんごれっき》』を引用していることが、『古事記』序文では「進五《しんご》経正義表《きょうせいぎひょう》」が引用されていることが指摘されています。つまり、天地がカオスの状態から書き始める神話、言い換えると天地の生成過程を詳しく書いている神話は、中国の漢籍を基にしているといえるでしょう。しかし、一方の『古事記』本文は中国の漢籍の利用はありません。つまり、天地未分離から始める神話は、漢籍などを利用し文字化する段階で構想された新しいものであり、天地生成後から始まる神話は文字化される前の古い神話であるとも考えることができるでしょう。

始まりの神

『古事記』と『日本書紀』では、最初に現れる神も異なっています。『古事記』ではアメノミナカヌシが生まれるのに対して、『日本書紀』本文ではクニノトコタチが生まれています。アメノミナカヌシとは、アメが高天原《たかまのはら》、ミナカが神々の中央、ヌシは主人、という意味なので、「高天原の神々の中心にいる主人」という意味を持つ神のことです。一方、クニノトコタチとは、クニが国土、トコタチは常に立ち続けるという意味なので、「国土が永久に立ち続ける」という意味を持つ神のことです。ただし、この場合の国土とは、国家行政地域のことではなく、実際に人が住んでいる土地のことを指しています。

ここから両書の冒頭神話の性格の違いが読み取れます。つまり『古事記』は天皇の支配の正統性に関わる高天原を重視しているのに対して、『日本書紀』は天皇が現実に支配する国土やそこで生活する人を重視しているといえるのです。

国《くに》生《う》み

大八洲国《おおやしまぐに》の誕生

国生み神話とは大八洲国、つまり日本列島の形成過程を語った神話のことです。『日本書紀』本文によると、イザナキとイザナミがオノゴロ島で聖婚します。その様子は次のようなものでした。オノゴロ島を柱とし、その周りをイザナキが左から、イザナミが右から廻ります。出会ったところで、イザナミが声を掛けます。すると、イザナキは「男の私が先に声をかけるのが道理であるのに、女のイザナミから声をかけるのは良くないことだ」と言います。そして、イザナキから声をかける形で柱の周りを巡る儀式を再度執り行うこととしました。

こうして二神は、まず淡路洲《あわじのしま》（兵庫県）を生みます。しかし、この洲は生み損ないで大八洲国には含まれませんでした。続いて、大日本豊秋津洲《おおやまととよあきつしま》、伊予二名洲《いよのふたなのしま》、筑紫洲《つくしのしま》、隠岐洲《おきのしま》と佐渡洲《さどのしま》を双子に、越洲《こしのしま》（北陸道）、大洲《おおしま》、吉備子洲《きびのこしま》を生みました。大日本豊秋津洲から吉備子洲までを大八洲国と呼びます。その後、大八洲国に付属する対馬洲《つしま》・壱岐洲《いきのしま》と処々の小島を生み、国生み神話は終了します。

この神話の核心は大八洲国を生むことにありますが、公式令には「大八洲御天皇」とあるように、古代日本の君主号に大八洲が使われています。つまり、大八洲国という表記には天皇が支配する国であるという思想が表れているのです。

ところで『古事記』では、国が生まれる順に相違があるものの、神話の骨格はほとんど変わりません。ただし、次の二点は『日本書紀』とは異なる重要な相違点でしょう。第一は、『古事記』の国生みは天神諸の「是のただよへる国を修理ひ固め成せ」という命を受けて行われており、その後の国作り神話と連続性を持たせている点です。

第二は、ヒルコと淡島を生んだ後、イザナキ・イザナミはこれらの子は良くないとし、子の数に入れるべきではないと考え、高天原の天神のところに参上し、今後どうすべきか処遇を伺います。結果、天神の命令で柱を廻る聖婚をもう一度やりなおすこととなりました。

このように、『古事記』では、国生みにおいてイザナキ・イザナミは自身の意志よりも高天原の天神の意志・命令に基づいて常に行動しているという点が『日本書紀』の国生みと異なる点であるといえるでしょう。

垂直的構造と水平的構造

国生み神話は国土を生むという国土形成神話ですが、その視点で考えると、『出雲国風土記《ふどき》』にも島根半島を形成するという国土形成神話があります。『出雲国風土記』によれば、ヤツカミズオミズヌが四ヶ所の地域からそれぞれ余った土地を引いてきて、島根半島を形成するという国引き神話が語られています。

この二つの神話を比較すると、国生み神話はイザナキとイザナミが天降って国を生むという垂直的構造の神話であるのに対し、国引き神話は国を引くという水平的構造の神話であるという相違があります。このような相違が見られる理由は、国引き神話が出雲国と他地域の現実の地域間交流を基盤としているのに対し、国生み神話は天皇が支配する国土を形成するという思想を基盤としているからでしょう。

つまり、天皇は天上世界の神に自身の出自を求め、天神の子孫であるとしていますが、それゆえに天皇が支配する世界を天上から見て、下の地上というように位置づけ、垂直的な構造の国生み神話が形成されたのだと考えられます。

細田富延『神代正語常磐草』に描かれた国生みのようす（国立国会図書館蔵）

三貴子《みはしらのうずのみこ》の誕生《たんじょう》

誕生の様子

三貴子とは、偉大な三柱の神々で、アマテラス・ツキヨミ・スサノオの三神を指します。この神々の誕生の様子は『日本書紀』の各異伝によって、随分と相違が見られます。例えば、本文の伝承によると、国生みを終えたイザナキ・イザナミが共に天下の主宰者を生もうとして、日神《ひのかみ》であるアマテラスを生みました。次に月神《つきのかみ》であるツキヨミを生みます。次はヒルコを生みますが、この神は三歳になっても足が立たないということで、棄てられてしまいました。最後にスサノオを生んで三貴子の誕生神話は終了します。

ところが、『日本書紀』第一の一書《あるふみ》では、イザナキが天下の統治者を生もうとして左手に白銅鏡《まそかがみ》を持つとアマテラスが生まれ、右手に同じく白銅鏡を持つとツキヨミが生まれ、最後に首をめぐらして顧みるとスサノオが誕生した、と語られています。ここでは、本文と異なり、イザナミは登場せず、アマテラスとツキヨミの誕生が鏡との関係で説かれています。

第六の一書では、カグツチを生んで死んだイザナミを追って、黄泉国《よみ》へ行ったイザナキがそこでの穢《けが》れを祓うために、筑紫《つくし》の日向《ひゅうが》（宮崎県）の小戸《おど》の橘《たちばな》の檍原《あわきはら》で禊《みそぎ》をした際にイザナキの目・鼻から生まれたのが三貴子であると語られています。

このように、イザナキの黄泉国逃走神話と禊との関係で三貴子が誕生したとする神話は『古事記』と同型の神話です。

ところで、『古事記』や『日本書紀』第六の一書で語られているように、両目から日神と月神が生まれるという思想は中国の思想と共通する部分があります。例えば、古代中国の『五運暦年紀』には盤古《ばんこ》という神による天地開闢《てんちかいびゃく》神話がありますが、盤古が死ぬと、その呼気は風雲となり、その声が雷霆《らいてい》となり、その左目は太陽となり、その右目は月になった、とあります。『古事記』や『日本書紀』第六の一書の三貴子の誕生の神話は、中国の神話と同一の基盤にあるといえるでしょう。

三貴の分治

アマテラス・ツキヨミ・スサノオは、生まれたのち、それぞれ統治すべき領域がイザナミキ・イザナミによって決定されました。『日本書紀』本文によると、イザナキとイザナミは天下の主宰者となるべき神を生もうとしてアマテラスを生みますが、この神は輝くこと明るく美しく、天地四方の隅々まで照り輝かせていました。二神はアマテラスのような霊妙な子は地上世界に長くとどめるべきではなく、速やかに天上に送って天上世界を支配すべきだとし、アマテラスとツキヨミを天上世界に送りました。スサノオは勇ましく強く、残忍な性格で、常に大声で泣き、人々を早死にさせ山を枯らせました。そこで二神はスサノオに、「お前は天下に君臨してはならない、根国《ねのくに》へ行ってしまえ」と言って追放してしまった、とあります。

ところが、第十一の一書では、イザナキによって、アマテラスとツキヨミは高天原を治めさせられ、スサノオは青海原を治めさせられた、とあります。

一方、『古事記』はどうかというと、イザナキは、アマテラスに高天原を、ツキヨミには夜の食国《おすくに》を、スサノオには海原を治めるよう命じました。しかし、スサノオについては、成人して髭が伸びるまで泣きわめき、青山を枯らせ、あらゆる妖が起こったので地上を追放されたとあります。

ツキヨミと五穀起源神話

三貴子といっても、アマテラス・スサノオとツキヨミでは神話上の役割が随分と異なっています。ツキヨミは、そもそも『古事記』では三貴子誕生と分治の段以外には一切登場しませんし、『日本書紀』本文も同様です。しかし、『日本書紀』は三貴子誕生神話の第十一の一書にツキヨミに関する独自の伝承を収めています。これによると、アマテラスは、葦原中国《あしはらのなかつくに》にウケモチがいることを聞いて、ツキヨミに様子を探ってくるよう命じました。ツキヨミが葦原中国に天降り、ウケモチのところへ行くと、ウケモチは陸に向かって口から飯を出し、海に向かって口から魚を出し、山に向かって口から獣や鳥を出し、それらを備えてツキヨミを饗応しました。このウケモチの行為に対して、ツキヨミは「口から吐き出したもので馳走するなど、穢しいことだ、卑しいことだ」と言って斬ってしまい、アマテラスにそのことを報告しました。すると、アマテラスは立腹し、ツキヨミに対して「お前は悪神だ、顔も見たくない」と言ってツキヨミと昼夜の距離を隔てて離れて住むことにしたのです。その後、アマテラスは、ウケモチの様子を伺おうと天熊人《あまのくまひと》を派遣しますが、ウケモチはすでに死んでいました。しかし、その神の頭には牛馬が、額には粟《あわ》が、眉の上には繭《まゆ》が、目の中には稗《ひえ》が、腹の中に稲が、陰部には麦と大豆・小豆が生えていたのです。天熊人が残らず持参してアマテラスに献上すると、アマテラスは喜び、これらの物の内、粟・稗・麦・豆を畑の種とし、稲を水田の種とした、とあります。

この神話は、太陽と月が昼夜を隔ててしまったことを語る神話ですが、それと同時に五穀の起源を語る神話であることがわかります。しかし、この神話について、『古事記』の五穀起源神話と比較すると相違が見られます。『古事記』の五穀起源神話はスサノオの追放の段に語られますが、これによると、スサノオが追放される際、オオゲツヒメが鼻と口と尻から様々な美味なるものを取り出し、料理して差し上げようとした時、スサノオはその様子を見て、汚して献上しようとしていると思い、オオゲツヒメを殺してしまいます。すると、オオゲツヒメの頭に蚕《かいこ》、二つの眼には稲種、二つの耳に粟、鼻に小豆、陰部に麦、尻に大豆が成った、とあります。五穀の品目について、『日本書紀』と異なる部分もありますが、その起源を語っていることに変わりはありません。しかし、『古事記』では、スサノオが五穀の起源と関わるのに対し、『日本書紀』はツキヨミとアマテラスというように、月神と日神と関係で五穀の起源が語られていることは見逃すことのできない相違点でしょう。

屯田《みた》の設定

『日本書紀』の三貴子誕生神話の第十一の一書には、屯田の設定に関する伝承が語られています。これによると、ツキヨミによって天上世界に献上された稲種をアマテラスは天狭田《あまのさなだ》と長田《ながだ》に植えた、とあります。この天狭田・長田は神稲を植える田という意味ですが、『日本書紀』の天岩戸隠れ神話本文では、アマテラスが両田を御田《みた》とした、とあります。この御田とは、屯田のことです。

　では、この屯田とはどのような性格の田なのでしょうか。まず、律令の規定を見ると、屯田は令制下の官《かん》田《でん》に引き継がれていますが、官田とは不輸租田《ふゆそでん》であり、天皇に供されるための田、つまり天皇に直属する田であると規定されています。また、『日本書紀』の仁徳《にんとく》天皇即位前紀には、屯田は天皇の屯田であり、たとえ皇子であっても管掌することはできない田である、とされています。

　この伝承から屯田とは、天皇に直属する、さらにいえば皇位そのものに関わる特殊な田のことなのです。それゆえに、皇子であっても管掌することは許されないことなのであり、天皇以外の者が屯田を管掌しようとする行為は皇位を得ようとしていることに他ならないのです。このように、『日本書紀』の三貴子誕生神話の第十一の一書は三貴子の誕生を語るだけでなく、皇位に直属する田である屯田の起源を語る神話でもあり、そのような田の設定がアマテラスとツキヨミとの関係で説明されていることは注目すべき伝承だといえるでしょう。

三貴子の描かれた絵馬（下立松原神社蔵）

天《あまの》岩《いわ》戸《と》隠《かく》れ

スサノオとアマテラスのウケイ

イザナキから根国に追放の命令を受けたスサノオはその前に姉のアマテラスに会いたいと言い高天原《たかまのはら》へ昇っていきます。ところが、アマテラスはスサノオには邪心があり、自分の国を奪おうとして高天原に登ってきたのだと考え、武装してスサノオを待ち受けました。

これに対してスサノオは自分には邪心はないと言い、その証明としてウケイ（誓約）を行うこととなります。その様子は次のようなものでした。

まずスサノオはアマテラスに、「ウケイで子を生みましょう。そして私の生む子が女であれば、邪心が有り、男であれば邪心が無かったと思ってください」と言います。そこでアマテラスはスサノオの持っていた十握剣《とつかのつるぎ》を取って、そこから三柱の女神を生みました。続いてスサノオはアマテラスの髻《みずら》・鬘《かずら》・玉を取って、そこから五柱の男神を生みました。

この結果に対し、アマテラスは「男神を生むもととなった玉は私のものですから、男神はすべて私の子です。そして、十握剣はスサノオの物ですから女神はすべてスサノオの子です」と勅を下しました。

『日本書紀』本文のウケイはここで終わります。ここで疑問なのは、結局このウケイでスサノオは邪心が有りとされたのでしょうか、それとも無しとされたのでしょうか。アマテラスの勅の限りでは前者であるようにも思われますが、はっきりと書かれてはいないので不明としか言いようがありません。これではウケイの意味は無いようにも思いますが、いずれにせよ、この後スサノオは高天原で乱行を行います。

スサノオの乱行とアマテラス

アマテラスとのウケイを終えたスサノオは、高天原で様々な乱行を行いました。例えば、アマテラスの神聖な田に重ねて種を播いたり、田の畔《あぜ》を壊したり、あるいはアマテラスの新嘗《にいなめ》の宮に大便をするなどです。これらの行為に対して、アマテラスは当初、静観の態度をとっていましたが、アマテラスが神衣を織っていた斎服殿《いみはたどの》に、スサノオが天斑駒《あまのふちこま》を逆剝《さかは》ぎにして投げ入れたのを見て、ついに天岩戸に隠れてしまいます。

　これにより、天上も地上も暗闇になってしまったので、オモイカネが深謀遠慮をめぐらせ、アマノコヤネらの神に祈禱させ、アメノウズメに乱舞させました。この状況を不審に思ったアマテラスが天岩戸を開けて外を覗いた瞬間、タジカラオがすかさずアマテラスの手を取って引き出しました。その後、アマテラスが天岩戸に隠れてしまった原因を作ったスサノオは、その罪を背負って天上世界から追放されたのです。

天岩戸隠れ神話の意義

　この神話は一体、何を意味しているのでしょうか。これについては様々な説が提唱されています。例えば、日蝕《にっしょく》現象を示しているという説や、大祓《おおはらえ》であるとする説、暴風を払う祭りであるとする説、冬至《とうじ》の時期に行われる太陽の力を再生・復活させようとする鎮魂祭《ちんこんさい》がもとになっているとする説など、百家争鳴の観があります。

　これらの説に共通しているのは、現実の自然現象やそれに関わる実際の祭儀と関連させて解釈している点です。しかし、この神話を体系的な神話である『古事記』と『日本書紀』の中に位置づけて考えることも可能でしょう。『日本書紀』の神話は上下に分かれていますが、天岩戸隠れ神話が上巻で、アマテラスが登場する最後です。下巻から再びアマテラスは登場しますが、そこでは常に高天原の支配者として振る舞い続けます。つまり、天岩戸隠れ神話はアマテラスが高天原の最高神となることを語る神話なのです。

春齋年昌「岩戸神楽之起顕」（部分）

ヤマタノオロチ退治《たいじ》

英雄スサノオの活躍

天上世界を追放されたスサノオは、出雲《いずも》国斐伊川《ひいかわ》(島根県)の川上に天降ります。するとスサノオは、一人の老人と老婆に出会います。彼らはその間に少女を座らせ泣いていました。そこでスサノオは老人と老婆に向かって、「あなたたちはどなたですか。なぜ泣いているのですか」と問いかけます。すると老人が「私は国神でアシナヅチといいます。私の妻はテナヅチといいます。この少女は私たちの娘でクシイナダヒメといいます。もともと私たちには八人の娘がおりましたが、毎年、ヤマタノオロチに呑まれてしまっています。今またこの娘が呑まれようとしており、逃げる術《すべ》が無く泣いているのです」と答えました。

そこでスサノオはクシイナダヒメを妻とし、彼女を櫛に変身させ、髪に挿し、ヤマタノオロチと戦う決意をします。その戦いとは、アシナヅチとテナヅチに八塩折《やしおり》の酒を造らせ、それをヤマタノオロチに飲ませ、酔わせて眠らせ、その隙に帯びていた十握剣《とつかのつるぎ》で切り殺すというものでした。

スサノオは、切り殺したヤマタノオロチの尾の部分に一つの剣を発見しました。これが、いわゆる「三種の神器」の一つ、草薙剣《くさなぎのつるぎ》です。

ただし、『日本書紀』本文の記述を読むと、注釈の形で、「草薙剣は、もともとは天叢雲剣《あまのむらくものつるぎ》といい、大蛇の上に雲の気が漂っていたので、そのように名づけられた。ヤマトタケルの時代になって名を改めて草薙剣と呼ばれるようになった」と書かれています。

これは、『日本書紀』の景行紀の記述と関係があります。その内容は次のようなものです。ヤマトタケルは景行天皇の命令で東国の賊の討伐に向かいますが、駿河の賊に騙され、辺りを火で覆われてしまいます。すると、ヤマトタケルが帯びていた天叢雲剣がひとりで抜けて辺りの草を薙ぎ祓い、難を逃れることができたのです。その結果、天叢雲剣は草薙剣と呼ばれるようになりました。

スサノオはこの剣は霊剣であるとし、天神に献上しました。その後、スサノオはクシイナダヒメと共に清地《すが》へ赴き、宮を建ててオオナムチを生みました。

ヤマタノオロチ退治の神話は『古事記』にもほぼ同様の神話が語られていますが、このように、女性を生《いけ》贄《にえ》に要求する蛇を英雄が倒し、その女性と結ばれるという型の神話は世界各地で見られ、ペルセウス＝アンドロメダ型神話と呼ばれています。

ヤマタノオロチ退治神話の意味するもの

この神話は何を言わんとしているのでしょうか。例えば、ヤマタノオロチを氾濫する斐伊川そのものであると捉え、スサノオがこれを退治することは、斐伊川の治水を意味するとする説があります。ほかにも、稲作豊穣を祈った蛇神祭祀や儀礼を反映したものと見る説、ヤマト王権による斐伊川流域の山間部の開発を示すとする説もあります。

ただ、『古事記』と『日本書紀』の神話が、天皇の支配の正統性を語る体系的な神話であるという視点からヤマタノオロチ退治神話を考えることもできるでしょう。その視点に立つならば、ヤマタノオロチは出雲国そのものであり、高天原の最高神アマテラスの弟であるスサノオが出雲国を象徴するヤマタノオロチを退治し、そこから出てきた剣をアマテラスに献上することは、まさに出雲国がヤマト王権に服属することを意味しているると言えるのです。

ヤマタノオロチを退治するスサノオ。喜田貞吉『日本歴史物語 上』より（国立国会図書館蔵）

根国《ねのくに》での試練《しれん》

「大国主神《おおくにぬしのかみ》」への成長

オオナムチの兄弟神である八十神《やそがみ》たちに騙された稲葉の素兎《しろうさぎ》を助けたオオナムチは、素兎からヤカミヒメを得ることができると告げられました。すると、本当にヤカミヒメはオオナムチと結婚すると宣言します。これに怒った八十神たちは計略をめぐらせオオナムチを殺そうとしました。

まず、八十神たちは山の上から焼いた大きな石をオオナムチに向かって転がして落としました。オオナムチはその石に焼き付けられて殺されてしまいます。すると、高天原《たかまのはら》のカミムスヒがサキガイヒメとウムガイヒメを派遣してオオナムチを蘇生すると、立派な青年となって立ち歩きだしました。

次に八十神たちは、オオナムチを騙して山に連れていき、オオナムチを殺害します。しかし、オオナムチの母神がオオナムチを見つけ、よみがえらせました。

このように、八十神たちに二度にわたって殺されたオオナムチは、カミムスヒや母神の活躍によって助けられます。そして母神から紀伊国（和歌山県）のオオヤビコのもとに行くように言われ、オオヤビコからはスサノオのいる根国に行くよう提案されます。言われるまま根国に行ったオオナムチは、スサノオの娘であるスセリビメと結婚します。スセリビメは父のスサノオに「大変立派な神が来ました」と言います。すると、スサノオは「この神はアシハラシコオ（オオナムチのこと）である」と言って、家に呼び入れます。そこでスサノオから多くの試練を受けることになりました。

まず、オオナムチは蛇がいる部屋に寝かされますが、スセリビメは蛇の領巾《ひれ》をオオナムチに与え、それを振ることで難を逃れました。次にスサノオはオオナムチを百足《むかで》と蜂《はち》の部屋に入れますが、オオナムチはスセリビメから百足と蜂の領巾を授かることで無事に部屋を出ることができました。さらにスサノオは野原にオオナムチを行かせ、そこに火を放ちましたが、鼠の助けを得て無事に脱出します。最後はスサノオを騙して、眠っている隙にスセリビメと共に根国を脱出しました。スサノオは黄泉比良《よみひら》坂まで追いかけてきましたが、そこでオオナムチに「お前の持っている生大刀《いくたち》・生弓矢《いくゆみや》で八十神を追い払い、オオクニヌシとなり、私の娘であるスセリビメを正妻としなさい」と呼びかけました。かくしてオオナムチは、葦原中国《あしはらのなかつくに》の支配者たる「大国主神」へと成長しました。

試練と成年儀礼

スサノオによる数々の試練は何を意味しているのでしょうか。これは、一般的にはいわゆる通過儀礼、特に、成年儀礼を意味すると考えられています。通過儀礼とは、人がある段階から別の段階へ進む時に行われる儀礼で、成年儀礼は子供が成年へと成長する時に行われる儀礼です。そこでは、例えば崖から飛び降りるなど、多くの試練が与えられます。根国での試練とは、まさにこの成年儀礼を神話的に語ったものなのです。

ただし、根国での試練は単純な成年儀礼というわけではありません。オオナムチは、ただ単に試練によって成年になったのではなく、葦原中国の王として生まれ変わったのです。つまり、成年儀礼という意味だけでなく、そこには即位式のような意味が含まれていました。即位式では祖霊の世界へ行き、祖霊から承認を得る必要がありますが、そのためにオオナムチは根国へ行き、スサノオから承認を得たのです。このようにして、根国での試練を乗り越えたオオクニヌシは、葦原中国の王として国作りを行うことになりました。

黄泉比良坂（島根県観光連盟提供）

国譲《くにゆず》り

国譲りの交渉

国譲り神話とは、オオクニヌシが作った葦原中国《あしはらのなかつくに》を天上世界の最高神が譲るように要求するという神話です。しかし、その交渉は一筋縄ではいきませんでした。『日本書紀』の交渉過程を見ると、次のようになっています。

タカミムスヒはホノニニギを葦原中国の主にするため天降らせようとしましたが、葦原中国は邪神が跋扈《ばっこ》している状態でした。そこで、タカミムスヒは葦原中国の邪神を排除し平定するために、アメノホヒを派遣しましたが、アメノホヒはオオクニヌシに媚びて天上世界に報告しませんでした。次にタカミムスヒは、アメワカヒコに天鹿児弓《あまのかごゆみ》と天羽羽矢《あまのはばや》を賜い葦原中国へ派遣しますが、この神も誠実ではありませんでした。アメワカヒコは葦原中国のシタテルヒメを娶《めと》り、葦原中国を統治しようとして、天上世界へ報告しませんでした。タカミムスヒは不審に思って雉を派遣し様子を窺わせました。アメワカヒコはタカミムスヒから賜った弓と矢で雉を射殺しましたが、その血が付いた矢がタカミムスヒまで届いてしまいます。タカミムスヒはアメワカヒコが国神と戦って矢に血が付いたのかと思って投げ返すと、アメワカヒコに命中して絶命してしまいました。

タカミムスヒが最後に派遣したのがフツヌシとタケミカヅチです。この二神は出雲国の五十田狭《いたさ》の小汀《おはま》に降り、十握剣《とつかのつるぎ》を抜いて地面に刺して、その剣先に胡坐《あぐら》で座り、オオクニヌシに国を譲るか否かを迫りました。非常に緊迫した場面ですが、オオクニヌシはその決定を子の神に任せます。すると、美保《みほ》にいた子神のコトシロヌシは、あっさりと国譲りを承諾してしまうのです。その報告を聞いたオオクニヌシも、葦原中国を天上世界へ譲ってしまうのです。

『古事記』の国譲り

一方、『古事記』の国譲り神話ですが、『日本書紀』

とは随分異なります。まず『日本書紀』本文では、タカミムスヒがホノニニギを葦原中国の主にしようとしていましたが、『古事記』では、アマテラスが子のオシホミミに葦原中国を統治させようとし、実際に天降らせようとしました。オシホミミが葦原中国の様子を見ると、そこは非常に騒がしい国であることを確認し、そのことをアマテラスに報告しました。このように『古事記』では、オシホミミが国譲りにおいて一定の関与が見られるのに対し、『日本書紀』本文では全く見られません。

また、『古事記』ではオオクニヌシの御子神が登場し、タケミカヅチと力比べをするのです。結果は、タケミカヅチがタケミナカタの手を取り、投げ飛ばしてしまったので、タケミナカタはすぐに逃げてしまいます。タケミカヅチが信濃国（長野県）の諏訪湖《すわこ》まで追いかけて殺そうとすると、タケミナカタは助命を懇願し、「この場所以外はどこにも行かない」と言って、国譲りを承諾するのです。こうしてオオクニヌシの国譲りは成功に終わりました。

この、タケミナカタに関する神話は、『日本書紀』の本文だけでなく、一書《あるふみ》にも見られません。それどころか、出雲国の在地の神話が描かれる『出雲国風土《ふど》記《き》』、出雲国造《くにのみやつこ》が天皇に奏上する「出雲国造神賀《かんよ》詞《ごと》」にも登場しません。では、このタケミナカタとはどのような神なのでしょうか。

タケミナカタは現在、長野県の諏訪大社で祀られ、いわゆる諏訪信仰の祭神です。しかし、古代では出雲国で信仰されていた形跡は見られず、むしろこの神は、本来は諏訪の地域神であったと考えられます。また、タケミナカタが信濃で国譲りを承諾したことから、『古事記』の編纂者にとって、信濃は葦原中国の東端であると位置づけられており、そのような観念は天武《てんむ》朝《ちょう》において、信濃に陪都《ばいと》（国都に準じる扱いを受けた都）を造ろうと計画していた事実を反映したものだとする説があります。

「出雲国造神賀詞《いずものくにのみやつこかんよごと》」とアメノホヒ

出雲国造の祖先神であるアメノホヒは『古事記』と『日本書紀』では、国譲りで葦原中国に派遣された際、オオクニヌシに媚びて高天原に報告することはなかったと語られています。しかし、「出雲国造神賀詞」を見ると、そこでのアメノホヒはしっかりと役割を果たしています。

具体的にその内容を示すと、タカミムスヒは、皇御孫《すめみま》（ホノニニギのこと）に地上世界の統治を委任するために、アメノホヒに国土の形勢を見てくるよう天降りを命じました。アメノホヒは天下を見廻して、地上世界は荒ぶる国であると報告します。そして自分の子であるアメノヒナトリにフツヌシを副えて地上世界へ派遣し、荒ぶる神々を退け、国譲りを成功に導いた、とあります。

このように、『古事記』『日本書紀』と「出雲国造神賀詞」ではアメノホヒの国譲りでの役割に相違が見られるのです。「出雲国造神賀詞」とは、出雲国造が代替わりごとに入朝して、天皇の御代を寿《ことほ》ぐために奏上されたものであり、これは出雲国造側が働きかけて行ったものと考えられています。つまり、「出雲国造神賀詞」の神話部分は、いかに自身の子孫が天皇に功績があるかを語る部分であるため、出雲国造の祖先神であるアメノホヒの活躍を描いたのでしょう。

しかし、だからと言って、王権が編纂した『古事記』と『日本書紀』とは異なる神話を語ることなど許されたのでしょうか。そのような視点で再度、「出雲国造神賀詞」の神話を見ると、アメノホヒは国譲りの交渉を行っていないことに気づきます。アメノホヒはタカミムスヒに命じられて地上世界の様子を確認し、それを天上世界に報告した神なのであって、実際に国譲りの交渉をしたわけではないのです。その点に着目すると、『古事記』のオシホミミとの共通性が浮かび上がります。『古事記』のオシホミミもアマテラスから天降りを命じられ、地上世界が騒がしい状態であることを確認し、天上世界にそのことを報告しています。このように、「出雲国造神賀詞」のアメノホヒと『古事記』のオシホミミは国譲り神話におけるその役割に着目すると重なり合う部分が多いのです。また、両神の関係については、どちらもアマテラスとスサノオとのウケイ神話において誕生した兄弟神です。

つまり、「出雲国造神賀詞」におけるアメノホヒは、出雲国造としては、自身の祖先神なのでその活躍を強調したかったのですが、『古事記』と『日本書紀』とは全く異なる神話を描くことも困難でした。そこで、『古事記』に登場し、母親が同じ神であるオシホミミを参考にして「出雲国造神賀詞」におけるアメノホヒを描き出したと考えられています。

なぜ出雲なのか

『古事記』と『日本書紀』において、出雲という地域は非常に重要視されていますが、そのことは特に国譲り神話の舞台が出雲に設定されていることからも明らかでしょう。その点から見て、出雲は葦原中国を象徴する地域であったと言えます。では、どうして国譲り神話において出雲がその舞台となったのでしょうか。

この問題については、出雲地方には、かつて政治的あるいは宗教的な勢力が存在し、ヤマト王権に制圧されたことが反映されているという説がありました。しかし、ある時期に出雲と大和には政治的緊張があったとしても、それは出雲に限ったことではないはずです。

たとえば、『日本書紀』雄略天皇の条によると吉備氏がヤマト王権に対して反乱を起こしたとする伝承もあります。伝承ですのでどこまで事実かは不明ですが、五世紀に吉備の豪族とヤマト王権との間でなんらかの政治的対立があったことは確かでしょう。その結果、吉備の豪族はヤマト王権に服属したものと思われます。

そこで、そのような征服・被征服の関係で考えるのではなく、例えばヤマト王権を中心とする神話的世界観の中で戌亥（西北）に位置する出雲は黄泉国《よみ》への入り口と見なされたことが国譲り神話と結びついたという説、国譲りの地である「多芸志《たぎし》の小浜」においてヤマト王権の山野河海支配に関わる儀礼が行われていたことが国譲り神話の歴史的前提であったという説もあります。ただ一つの説に限定はできませんが、出雲が根国《ねのくに》や黄泉国《よみのくに》の結節地域であるという点を重視すべきです。

天孫降臨《てんそんこうりん》

神話のハイライトシーン

『古事記』と『日本書紀』の神話は、天皇の日本列島支配の正統性を語るという体系的な神話です。その視点から考えると、天皇家の子孫である皇孫ホノニニギが地上世界の主として天降る天孫降臨神話こそが、『古事記』と『日本書紀』が最も語りたいシーン、まさにハイライトシーンであると言えるのです。

降臨の様子については、『日本書紀』によると、タカミムスヒが真床追衾《まとこおうふすま》という寝具でホノニニギを覆い、葦原中国《あしはらのなかつくに》に天降らせました。そしてホノニニギは天磐座《あまのいわくら》を押し離し、天八重雲《あめのやえぐも》を押し分けて、威風堂々と日向《ひゅうが》の襲《そ》（大隅国贈於郡《おおすみのくにそおぐん》と考えられる）の高千穂峰《たかちほのみね》に天降ったといいます。

ところが、『日本書紀』本文と一書《あるふみ》を比較すると多くの相違点が見られます。例えば、第一の一書では、降臨を司令する神がタカミムスヒではなく、アマテラスとなっており、降臨する神も当初はアマテラスの子であるオシホミミとなっています。さらに、ホノニニギの降臨時には、勾玉《まがたま》・鏡・剣のいわゆる「三種の神器」がアマテラスから与えられていたり、中臣《なかとみ》氏の祖先神ら、五部神が随伴するなど、本文にはない要素が追加されているのです。

一方、『古事記』はどうかというと、降臨を司令する神がタカミムスヒとアマテラスの二神であるなど、『日本書紀』の各伝承をまとめて、統合した内容という特徴があります。このように考えると、一般に『古事記』は「フルコトフミ」と言われるように、『日本書紀』よりも古い伝承が語られていると考えられていますが、天孫降臨神話に着目するならば、むしろその逆で、『日本書紀』にこそ、より古い、原型となるような伝承が収載されていると考えることができるのです。

皇祖神《こうそしん》の転換

天孫降臨神話は、天皇の祖先神である天上最高神が地上世界の統治を命じて降臨させる神話ですので、降臨を命じる司令神はまさに皇祖神です。しかし、皇祖神はタカミムスヒとアマテラスの二神いることになっています。これについては、タカミムスヒを皇祖神とする伝承が古く、アマテラスを皇祖神とする伝承のほうが新しいと考えられています。つまり、皇祖神はある時期に転換されたのです。

では、このような皇祖神の転換が行われた時期や歴史的背景はいかなるものだったのでしょうか。この問題については、持統《じとう》天皇が自身の皇位継承を正統化するためにアマテラスを皇祖神として位置づけたという説があります。持統は孫の軽皇子《かるのみこ》（のちの文武《もんむ》天皇）への即位という祖母から孫への皇位継承を正統化するために、女神であるアマテラスが孫のホノニニギを降臨させるという神話を創作し、アマテラスを皇祖神にしたというのです。つまり、天孫降臨神話のアマテラスを持統天皇に、ホノニニギを軽皇子に見立てるという考え方です。しかし、この説には系譜上に齟齬《そご》が生じるという問題もあります。というのも、軽皇子をホノニニギに見立てるならば、タカミムスヒは軽皇子の母方の祖父ということで天智《てんじ》天皇となります。そうなると、天智天皇と持統天皇は親子なのでタカミムスヒとアマテラスは親子ということになりますが、神話上、この二神が親子であると語られることはありません。

これに対して、天武天皇とアマテラスの関係の深さから天武朝を重視する見解があります。例えば、天武は壬申《じんしん》の乱の際に、必勝祈願のためにアマテラスを遥《よう》拝《はい》しました。また、『扶桑略記《ふそうりゃくき》』によれば、伊勢神宮の斎王《さいおう》の制度が確立したことが記されており、それは、天武がアマテラスを遥拝したことに関連するとあります。

では、この時期に皇祖神の転換が行われた背景は何なのでしょうか。それは、天武朝において、中央集権国家の建設が重視されていたことと関連します。天武朝では、そのような政策の一環として天皇の神格化や神祇《じんぎ》・神社管理に関する制度改革を行っていますが、それを実現するためにはタカミムスヒが皇祖神では不都合でした。なぜならば、タカミムスヒは大伴《おおとも》氏などの天皇家以外の他氏族の祖先神だったからです。つまり、天武は天皇家独自の神であるアマテラスを皇祖神とすることで祖先神の観点から他氏族との差別化を図り、天皇家の権威づけを行うことで上記のような政策を可能にしようとしたのです。

降臨する神の変更

天孫降臨神話は、降臨する神もその所伝によって相違が見られます。しかも、その相違は皇祖神と対応しているという特徴を持っているのです。というのは、司令神がタカミムスヒのみ場合は降臨する神はホノニニギのみですが、司令神にアマテラスが加わると、アマテラスの子であるオシホミミから孫のホノニニギへ降臨する神が変更されるのです。天孫降臨神話の本来の形だったタカミムスヒのみを司令神とする伝承では、タカミムスヒの孫ではなく、子のホノニニギが降臨するという内容であり、アマテラスが司令神に加わる新しい伝承では降臨神の変更の要素が加えられ、孫のホノニニギが降臨する神話となっています。つまり、天孫降臨神話は、本来はタカミムスヒ―ホノニニギという親子二代の系譜だったものが、天武朝以降にアマテラスを司令神とする神話が成立すると、アマテラス・タカミムスヒ―オシホミミ―ホノニニギという祖父母・親・子の三代の系譜へと世代が一つ増えたのです。

では、このような降臨する神の変更にはどのような歴史的背景があるのでしょうか。この問題について従来は、持統天皇の皇位継承との関係が説かれていましたが、天孫降臨神話から初代の天皇とされる神武《じんむ》天皇の誕生までの系譜から考えることができます。

天孫降臨以降の神話の内容を見ると、ホノニニギが降臨したあと、系譜を追うと、ヒコホホデミ（山幸《やまさち》）、ウガヤフキアエズ、カムヤマトイハレビコホホデミ（のちの神武天皇）というように直系子孫の神話が続きます。ここからわかるように、天孫降臨神話から神武天皇誕生までの神話は、ウガヤフキアエズを除き、その名に「ホ」（稲穂）があるように、すべて穀霊《こくれい》であると観想されており、穀霊の誕生という一連の神話であると言えます。そのように考えた時に興味深いことは、系譜に着目すると、アマテラス―オシホミミ―ホノニニギ―ヒコホホデミ―ウガヤフキアエズ―神武天皇となるように、神武天皇がアマテラスの五世になることなのです。

「養老継嗣令《ようろうけいしりょう》・皇兄弟子条」によると、皇親《こうしん》（天皇の親族）の範囲について規定がなされています。それによると、親王から四世までを皇親とすると規定されています。この規定は、『令集解《りょうのしゅうげ》』の古記の存在から大宝令段階まで遡らせることが可能です。ただし、慶《けい》雲《うん》三年（七〇六）二月十六日の詔《みことのり》で皇親は五世までというように変更されています。この変更については、令文規定は有名無実で実態を伴っておらず、実際は天武朝から皇親は五世までと考えられていたとされます。つまり、神武天皇はアマテラスの五世となっていますが、このことは皇親の範囲の規定と一致するのです。

以上のような点から、降臨する神の変更が行われた背景は次のように考えることができるでしょう。天孫降臨神話は本来、タカミムスヒが子のホノニニギを降臨させる神話でしたが、アマテラスを司令神とする神話が成立することで、孫が降臨する神話となりました。このような世代を増やすことで、天皇の支配の起源をなるべく古くまで遡らせ、その尊貴性を高めようとしましたが、無制限にどこまでも拡大させるというものではなく、皇祖神であるアマテラスから初代の神武天皇までの系譜を実際の皇親の範囲内に収めようとしたのです。

狩野探道「天孫降臨」（神宮司庁提供）

IV

神社と寺院

21

伊勢神宮《いせじんぐう》

王権を守護する神社

三重県伊勢市に鎮座する「伊勢神宮」は、古代以来「神宮」「大（太）神宮」などと称されてきました。現在の正式名称は「神宮」ですが、ここでは便宜的に伊勢神宮と表すこととします。

伊勢神宮は、天照大神《あまてらすおおみかみ》を祀る皇大神宮《こうたいじんぐう》（内宮《ないくう》）と、豊受大御神《とようけのおおみかみ》を祀る豊受大神宮《だいじんぐう》（外宮《げくう》）、およびそれぞれの別宮《べつぐう》・摂社《せっしゃ》・末社《まっしゃ》・所管社《しょかんしゃ》といった様々な宮や社から構成されています。別宮以下の構成数について、現在では別宮十四、摂社四十三、末社二十四、所管社四十二があり、これら百二五の宮や社を総称として神宮と呼んでいます。

現在、伊勢神宮には全国各地から年間八百万人を超える参拝者が訪れています。しかし、古代の伊勢神宮は一般に開かれたものではありませんでした。古代の伊勢神宮は、天皇家の氏神（皇祖神《こうそしん》）であるアマテラスを祭神としていることから、天皇ひいては王権・朝廷を守護する社であり、天皇以外が個人的に幣帛《へいはく》を供えることは禁じられていた（私幣禁断）のです。

『日本書紀』に記された伊勢神宮

伊勢神宮のはじまりはいつ頃のことなのか、まずは文献史料を頼りに見ていきたいと思います。

伊勢神宮のうち内宮の起源は『日本書紀』に記されています。ここでは、『日本書紀』の記述によりながら、内宮の起源伝承を紹介していきましょう。

『日本書紀』神代下・第九段一書《あるふみ》第二では、国譲りのあと、ホノニニギによる地上世界への降臨《こうりん》が企図されます。その際、高天原《たかまのはら》の主宰神であるアマテラスは、孫にあたるホノニニギへ宝鏡を授け、「この鏡を見る時は自分を思い出すように」と述べ、「床を同じくし殿を共にして、斎鏡《いわいのかがみ》としなさい」と指示しました。ここでは、宮中にアマテラスと見なされる鏡が祀られたことの起源が語られています。

崇神《すじん》天皇の時代には、疫病の流行や反乱の勃発など不安定な世を迎えました。そのため、それまで宮中殿内に祀られていた鏡を、豊鍬入姫命《とよすきいりひめのみこと》に託して大和の笠縫邑《かさぬいのむら》に祀らせました（崇神六年条）。続く垂仁《すいにん》天皇の二十五年三月には、改めて鎮祭すべきところが求められ、倭姫命《やまとひめのみこと》に託されます。倭姫命は各地を転々としたあとで伊勢国へ到りました。その際、アマテラスの託宣《たくせん》が下り、伊勢の五十鈴川《いすずがわ》のほとりに斎宮《いつきのみや》を建てて祀ったとされます。これが『日本書紀』が記す内宮の起源です。

なお、外宮の起源は『日本書紀』や『古事記』には記されていません。外宮の起源伝承を記すのは、延暦二十三年（八〇四）に成立した『止由気宮儀式帳《とゆけぐうぎしきちょう》』という史料です。

この史料によれば、雄略《ゆうりゃく》天皇の世、天皇の夢にアマテラスからのお告げがあり、御饌都神《みけつかみ》である等由気《とゆけ》大神《おおかみ》を、丹羽《たんば》国から伊勢国山田原の地に遷座したとされています。御饌とは、神へ捧げられる食物のことです。そのため、等由気大神は食物に関わる神であると考えられています。

現在の外宮御饌殿《げくうみけでん》は、雄略朝に等由気大神が祀られたという山田原の宮を継承するものとされており、この伝承が外宮祭神の豊受大神がアマテラスへの毎日朝夕の御饌（食物）供進を掌る神となったことの起源であると言われています。

伊勢神宮の起源をめぐる謎

伊勢神宮の創祀《そうし》については、これまで様々な説が出されていますが、いずれの説にしても、先ほど紹介した史料の記載にどこまで史実性を認めるかが焦点となっています。以下、これまでに出されたもののうち主要な説について紹介しましょう。

まず、津田左右吉氏は、『日本書紀』にみえる伊勢神宮の創祀伝承について、時代を遡らせて書かれたものであるとし、伊勢神宮の成立を六世紀後半に求めました。そして、伊勢神宮の伊勢鎮座の物語は、推古朝に語られ始めたものであるとしました。また、伊勢を日神祭祀の場としたのは、大和からみて日が昇る海辺の土地であることによるとしました。ヤマト王権の東方に対する意識の問題は、のちの研究にも継承されていきます。

直木孝次郎氏は『日本書紀』垂仁天皇二十五年三月の鎮座伝承をそのまま史実とは認めず、元来伊勢神宮は太陽神を祀る地方有力社であったものの、五世紀後半の雄略朝以降、ヤマト王権の東国進出に伴って伊勢の地域首長と王権とが関係を有するようになったとし、特に六世紀後半の欽明朝に王権の守護神として重視されるようになったと述べました。また、本来の性格であった地域的太陽神としての性格は、八世紀に「太神宮」としての地位が確立するまで続いたと指摘しました。

それに対して田中卓氏は、崇神・垂仁天皇を三世紀後半の人物としたうえで、伊勢神宮の成立についてその時期の東国支配の進展と関連付け、畿内から東国へ進出する王権の「皇威の宣布」であったとしました。

また、岡田精司氏は、ヤマト王権が伸張した五世紀段階に王権内部で祀られていた太陽神を伊勢に移したと述べています。その背景としては、伊勢神宮が置かれることになる度会《わたらい》地域がもともと太陽神を祀る地であったこと、東国へ至る交通の要衝であったことなどを指摘しています。内宮境内の荒祭宮《あらまつりのみや》付近では五〜六世紀の祭祀遺物が採集されており、この頃に何らかの祭祀が行われていたことは確実視されています。そのため、五世紀代のヤマト王権の諸政策に画期を求める岡田説は、現在でも有力視されているのです。

しかし、そうした祭祀の在り方は、遷宮によって常設の建物が維持されていくという伊勢神宮の在り方とは異なるため、これが現在我々の認識している「伊勢神宮」に直接結びつけられるかどうかは、慎重に検討すべきでしょう。

近年では、榎村寛之氏によって天武《てんむ》・持統《じとう》朝の段階的な祭祀制度の整備を経て、八世紀初頭までに国家的な神社である「伊勢太神宮」が成立したとする見解も出されています。

以上のように、伊勢神宮の成立史は一神社の起源の問題ではありません。古代国家の成立過程における、王権の精神的基盤に関わる問題として、政治や社会的側面も含めて捉える必要があるといえるでしょう。

神明造建築はいつまで遡れるのか

伊勢神宮の正殿は茅葺きで簡素な造りをしています。

柱はすべて掘立柱《ほったてばしら》で、切妻《きりつま》造りの平入《ひらいり》、つまり切妻屋根の勾配のある面に入り口が設けられています。また、両側には独立した棟持柱があり、屋根の上には千木と鰹木が施されています。この様式は神明造といわれ、最も古い神社建築の一つとして知られています。また、弥生時代の高床式建物をルーツにもつ様式とする見解も多く見られます。

　この神明造の様式を持った社殿建造はいつ頃まで遡って確認できるのでしょうか。残念ながら文献史料の残っていない奈良時代以前については、不明と言わざるを得ません。

　しかしながら、延暦二十三年（八〇四）に伊勢神宮の儀式や年中行事についてまとめられた『儀式帳』には、社殿の様子が詳細に記されています。それによると、古代の神宮は現代とほぼ同様の建築様式であったようです。また、社殿立て替えに伴い、およそ二〇年に一度行われる式年遷宮は、『日本書紀』によると内宮は持統四年（六九〇）、外宮は同六年に始まったとされています。

『伊勢参宮名所図会』五より「内宮宮中図」（国立国会図書館蔵）

出雲大社《いずもたいしゃ》

出雲大社の創建伝承

現在、大国主大神《おおくにぬしのおおかみ》を祭神として祀る島根県出雲市の出雲大社（近代以前の史料では、基本的に杵築《きつき》大社）の創建にまつわる伝承は、いわゆる国譲りの場面にあります。しかし、『古事記』や『日本書紀』神代下・第九段の本文は、オオクニヌシが鎮まる宮を明確に示しておらず、このことについては『日本書紀』神代下・第九段一書《あるふみ》第二に記されています。

一書第二の国譲りでは、顕露事《あらわごと》（現実世界）は皇孫《すめみま》が治め、幽事《かくりごと》（目に見えない神々の世界）はオオクニヌシが治めること、オオクニヌシが住む高く立派な宮として「天日隅宮《あめのひすみのみや》」を造ること、アメノホヒがオオクニヌシに対する祭祀を司ることなどが、タカミムスヒとオオクニヌシとの間で確認されています。

オオクニヌシの祭祀を司るとされたアメノホヒは出雲国造《くにのみやつこ》である出雲臣《おみ》の祖先神であり、これが出雲大社の創建と出雲国造によるオオクニヌシ祭祀の起源伝承として位置づけられています。出雲大社の創建は、国譲り神話と密接に関わる形で語られていますが、このように創始が神話の中で直接的に語られる神社は他にあまりなく、稀な例であるといえるでしょう。

また『日本書紀』の崇神《すじん》天皇六十年七月条には、武日照命《たけひなてるのみこと》が天から将来した神宝《しんぽう》が「出雲大神宮」に蔵されているとあります。神宝の管理は出雲国造の遠祖である出雲振根《いずものふるね》が司っており、この宮は出雲大社を指していると思われます。

一方『古事記』では、垂仁《すいにん》天皇段にみえる本牟智和《ほむちわ》気《け》王の伝承に、宮の造営と関わる伝承が見出せます。ここでは、出雲国造の祖による出雲大神への祭祀や、葦原色許男大神《あしはらしこをのおおかみ》（オオクニヌシ）の鎮まる出雲石硐曽《いわくまのその》宮《みや》に対して言及されています。

さらに、出雲国でまとめられた『出雲国風土記《ふどき》』でも、楯縫《たてぬい》郡と出雲郡において出雲大社の創建が語られています。例えば、出雲郡杵築《きつき》郷の記載では、オオクニヌシの宮を造るために多くの皇神《すめがみ》が集まり、その宮を築いたことが、郷名の由来とされています。

これらのことは、出雲大社創建に関する神話や伝承としての記載ですが、歴史的事実としての造営に関する記載としては、『日本書紀』の斉明《さいめい》天皇五年（六五九）是歳条が注目されています。ここでは、出雲国造に対して「神宮」の修造が命じられています。

出雲大社の祭祀を司る出雲国造・出雲臣氏は、中世以降千家・北島の二家に分かれ、現在に至っていますが、古代において出雲臣氏は国造として出雲大社の祭祀を執り行う傍ら、国府が置かれた出雲東部の意宇郡（松江市南部）の郡司長官である大領も兼ねていました。また、『日本書紀』仁徳《にんとく》天皇即位前紀には、出雲臣の祖として淤宇宿禰《おうのすくね》という人物の名がみえます。これらのことから、出雲国造の本拠は、もともと意宇郡にあったと考えられています。以上のことから、先ほどの斉明天皇是歳条にみえる「神宮」については、出雲国造と関係の深い意宇《おう》郡の熊野大社（松江市八雲町）を指すとする説もありますが、王権にとっての重要性から出雲大社（もしくは両社）を指すとする見解も多く見られます。

考古学から見た出雲大社

平成十二年（二〇〇〇）から十三年にかけて、出雲大社境内遺跡の発掘調査が実施されました。それにより、四世紀後半の瑪瑙《めのう》製勾玉《まがたま》・滑石製臼玉《かっせきせいうすだま》などからなる祭祀遺物や、三本の杉の巨木をまとめ赤彩した、十三世紀頃のものとみられる巨大な柱が発見されたのです。

巨大柱は宝治二年（一二四八）造営時の柱根とみられていますが、鎌倉時代の出雲大社とその周辺を描いた「出雲大社并神郷図《いずもたいしゃならびにしんごうず》」には、本殿の柱が朱塗りで描かれています。そのため、出雲大社を形容する「八百《やお》丹杵築宮《にきつきのみや》」といった表現は、この巨大な赤彩された柱に由来するという説もあります。

また、『日本書紀』の国譲り神話では、オオクニヌシが居住するために造られた天日隅宮は、高く立派な社殿であると形容されています。現在の出雲大社の高さは二十四メートルありますが、平安時代には十六丈（約四十八メートル）ほどあったという言い伝えもあります。巨大柱の発見によって、少なくとも鎌倉時代の出雲大社が、巨大な社殿を有していたことが確認され、古代の十六丈説が実際のことであった可能性が高まりました。

先ほど紹介したように、天平五年（七三三）にまとめられた『出雲国風土記』には、『日本書紀』とは異なる出雲大社の創建伝承が記されています。

また、『出雲国風土記』出雲郡の山野記載には、出雲御埼山《みさきやま》という山の西麓に所造天下大神《あめのしたつくらししおおかみ》＝オオクニヌシの社（出雲大社）が鎮座していると記されています。出雲御埼山とは、現在の出雲大社後方に広がる北山山系のうち、弥山《みせん》や八雲山、あるいはこれらを含む山塊の総称であるとみられており、その西麓には現在の出雲大社があります。

出雲大社境内において八世紀の神社遺構は未だ確認されていませんが、現在の拝殿の調査区では七世紀後半の須恵器《すえき》類も出土しており、この頃の出雲大社境内で何らかの活動があったことと思われます。

したがって、『出雲国風土記』が編纂された段階ですでに現在の境内地に社殿が建っていた可能性は十分にあり、『日本書紀』斉明天皇五年是歳条に見える「神宮」修造記事の蓋然性も認められるでしょう。

また、八世紀初頭に編纂された『常陸国風土記』では、斉明朝に続く天智《てんじ》朝（六六二〜六七二）の「神宮」造営に関する記載が確認できます（香島郡条）。この神の宮は鹿島《かしま》神宮（茨城県鹿嶋市）を指すと考えられます。

出雲大社境内遺跡の発掘調査の成果から、現在の出雲大社境内域での祭祀行為が四世紀代にまで遡ることは確かですが、『日本書紀』や『出雲国風土記』、『常陸国風土記』に記された出雲・鹿島両社の造営伝承に象徴されるように、『古事記』『日本書紀』神話の最終的な整理がなされた七世紀後半に、国家的に重要な神を祀るための社殿建築が整備されたものと考えられるのです。

出雲国造神賀詞奏上儀礼《いずものくにのみやつこかんよごと》

古代の出雲国造は、その代替わりに際して都へ赴き、神賀詞という天皇の治世と長寿に対する言祝ぎを奏上していました。この儀礼は出雲国造神賀詞奏上儀礼と呼ばれています。神賀詞奏上儀礼について記している『延喜式』によると、出雲国造は出雲国内一八六社に坐す出雲の神々を代表して祝詞を唱える存在であるとされています。この儀礼の史料上の初見は『続日本紀』霊亀二年（七一六）二月十日の出雲臣果安によるもので、その後九世紀に至るまで史料上に確認することができます。

新任の出雲国造が天皇に奏上するこの祝詞は、『延喜式』に全文が載せられていて、内容的には三段から成っています。第一段は、この神賀詞が出雲国造ひとりではなく、出雲の神々の総意に基づくものとされていることを述べ、続く第二段では出雲国造家の祖先神アメノホヒの国譲りに際する活躍と、そのことによりオオクニヌシとともに天皇家を守護していることを述べています。第三段では天皇に献上する神宝を一つひとつ唱え上げながら国家の平安と天皇の長寿を祈るという内容です。

神賀詞奏上は、天皇と出雲国造との関係を確認する重要な儀礼でしたが、第二段の国譲りには『日本書紀』の影響が窺えます。神賀詞奏上儀礼は、国家側からの視点で見れば国譲り神話を現実世界で再現するところに意義があり、出雲国造からの視点で見れば自らの祖先神を顕彰するところに意義があったのでしょう。

古代御本殿10分の１模型（出雲大社蔵、島根県立古代出雲歴史博物館提供）

宗像大社《むなかたたいしゃ》

宗像大社の三女神

宗像大社は福岡県宗像市に鎮座し、辺津宮《へつぐう》（市杵島《いちきしま》姫神《ひめのかみ》）、中津宮《なかつぐう》（湍津姫神《たぎつひめのかみ》）、沖津宮《おきつぐう》（田心姫神《たごりひめのかみ》）の三社から構成されています。宗像大社祭神である三女神の誕生については、『古事記』と『日本書紀』の、アマテラスとスサノオの誓約《うけい》の場面において語られていますが、両書の間では伝承に相違があることはあまり知られていません。

『古事記』では、スサノオの剣から多紀理毘売命《たきりびめのみこと》・市寸津比売命《いちきしまひめのみこと》・田寸津比売命《たきつひめのみこと》の順で生まれ、それぞれ沖津宮・中津宮・辺津宮に鎮座しており、これらの神々は胸形君《むなかたのきみ》が祀る神であると記されています。

一方『日本書紀』では、神代上・第六段の本文、一《ある》書《ふみ》第一・第二・第三に記載があります。本文では、スサノオの剣から田心姫・湍津姫・市杵島姫の順に生まれています。

一書第一では、日神《ひのかみ》（アマテラス）の剣から瀛津島《おきつしま》姫《ひめ》・湍津姫・田心姫の順に生まれたとあります。

一書第二では、スサノオの玉から市杵島姫・田心姫・湍津姫の順で生まれ、それぞれ沖津宮・中津宮・辺津宮で祀られている神であるとされています。

一書第三では、日神の剣から瀛津島姫命（またの名を市杵島姫命）・湍津姫命・田霧姫命の順で生まれたとあります。

このように、宗像三女神については、『古事記』と『日本書紀』両書のみならず、『日本書紀』の中でも親神や出生順だけでなく、三社の祭神までもが異なっています。さらには、三女神を祀る氏族についても、宗像君とする伝承（一書第一）と水沼君《みぬまのきみ》とする伝承（一書第三）があります。『古事記』『日本書紀』が編纂された八世紀初頭には、宗像三女神について様々な説のあったことがわかります。

海北道中の航海神

『日本書紀』では三女神誕生に続き、日神が三女神に対して「天孫を助けよ」と述べています（第六段一書第一）。ここでは、三女神が宗像地域を本拠とした宗像君によって祀られているとされています。

また、一書第三では、三女神について「今、海の北の道の中に坐《いま》す神であり、これらは道主貴《みちぬしのむち》という」と記載しています。「海北道」は九州北西部から朝鮮半島へ向かって広がる玄界灘《げんかいなだ》を指しており、「道主貴」は航海の安全を保障する神という意味でしょう。これらのことからは、ヤマト王権が朝鮮半島や中国大陸へと繋がる玄界灘を要地としてとらえ、その海を渡る航海技術を有す宗像氏や宗像三女神への信仰を重視していたことが窺えます。

現在、沖津宮がある沖ノ島では四世紀後半から九世紀末頃まで、国家的な祭祀が行われていました。当時のヤマト王権が半島・大陸へと繋がる玄界灘を交通の要地と捉えていたことについて、『古事記』『日本書紀』の記述と考古学的な知見が整合しているといえるでしょう。また、辺津宮や中津宮周辺では八・九世紀を中心とした祭祀遺跡が発見されており、どちらも七世紀後半から八世紀初頭には祭祀の場として機能していました。

このように、宗像三女神に関する記述の背景には、ヤマト王権主導の広域交通・祭祀と地域社会との関係があったのです。

玉蘭斎貞秀『神仏図会』に描かれた宗像三神（国立国会図書館蔵）

飛鳥寺《あすかでら》

『日本書紀』から見た飛鳥寺の建立

『日本書紀』では飛鳥寺や法興寺《ほうこうじ》の名称がよく見られますが、ほかに元興寺《がんごうじ》とも呼ばれていました。平城京へ遷都したのち、飛鳥寺も移り元興寺となったことは知られています。

用明《ようめい》二年（五八七）夏四月条には、天皇が病を患ったことから仏に帰依すると詔し、そのことを多くの臣《しん》下《か》に協議させました。この詔に反対する物部守屋大《もののべのもりやおお》連《むらじ》と賛成する蘇我馬子大臣《おおおみ》との間で争いが起こります。天皇の病が悪化すると、馬子は出家して仏道を修め、仏像と寺を建立することを発願しました。

その後、蘇我氏が物部氏に向けて軍を出したことで両者が衝突します。一時は蘇我氏側が劣勢となり、その際には、馬子とともに戦っていた厩戸皇子《うまやとのおうじ》が四天王《してんのう》寺《じ》の建立を誓い、馬子も寺を建てて仏法を広めると言って戦勝を祈願しました。そして、守屋を倒したのち、厩戸皇子は摂津《せっつ》国に四天王寺を造り、馬子も飛鳥の地に飛鳥寺（法興寺）を建てたことが記されています。

また、崇峻《すしゅん》元年（五八八）条からは、百済《くだら》から仏舎《ぶっしゃ》利《り》が贈られ、複数の僧侶や瓦博士《かわらはかせ》・露盤博士《ろばんはかせ》・画工《がこう》といった寺院建築の技術者たちがもたらされたこと、飛鳥衣縫造《あすかのきぬぬいのみやつこ》の先祖である樹葉《このは》の家を壊して飛鳥寺を造り始めたことが読み取れます。

崇峻五年（五九二）冬十月条には、金堂《こんどう》と回廊《かいろう》が完成したこと、推古《すいこ》元年（五九三）正月条には、十五日に仏舎利を塔の心礎《しんそ》の中に納め、十六日に塔の心柱《しんばしら》を建てたことが記されています。

そして、推古四年（五九六）冬十一月条によると、ついに飛鳥寺が完成し、馬子の子である善徳《ぜんとこ》が寺司《じし》となり、慧慈《えじ》と慧聡《えそう》という二人の僧が入って住みました。

さらに、推古十三年（六〇五）夏四月条には天皇が銅で一丈六尺（約四・八五メートル）の仏像を造ることを鞍作鳥《くらつくりのとり》に命じ、推古十四年（六〇六）夏四月条ではそれが完成し、金堂に安置されたことが読み取れます。ここに出てくる仏像は、現在、本堂にある飛鳥大仏の名で知られる、本尊丈六《じょうろく》金銅《こんどう》釈迦《しゃか》如来《にょらい》坐像《ざぞう》にあたると考えられています。

発掘調査でわかってきた伽藍《がらん》配置

飛鳥寺の伽藍配置は、一塔三金堂をもつ飛鳥寺式伽藍配置と呼ばれ、南から南門・中門・塔・中金堂・講堂が一直線に並び、塔の左右には西金堂・東金堂が配置されています。

また、中門から塔と三つの金堂を囲う形で回廊がめぐり、その西側には、さらに南門よりも規模の大きい西門が設置されています。

中金堂跡に建つ本堂（奈良文化財研究所提供）

銅造釈迦如来座像 飛鳥大仏（奈良文化財研究所提供）

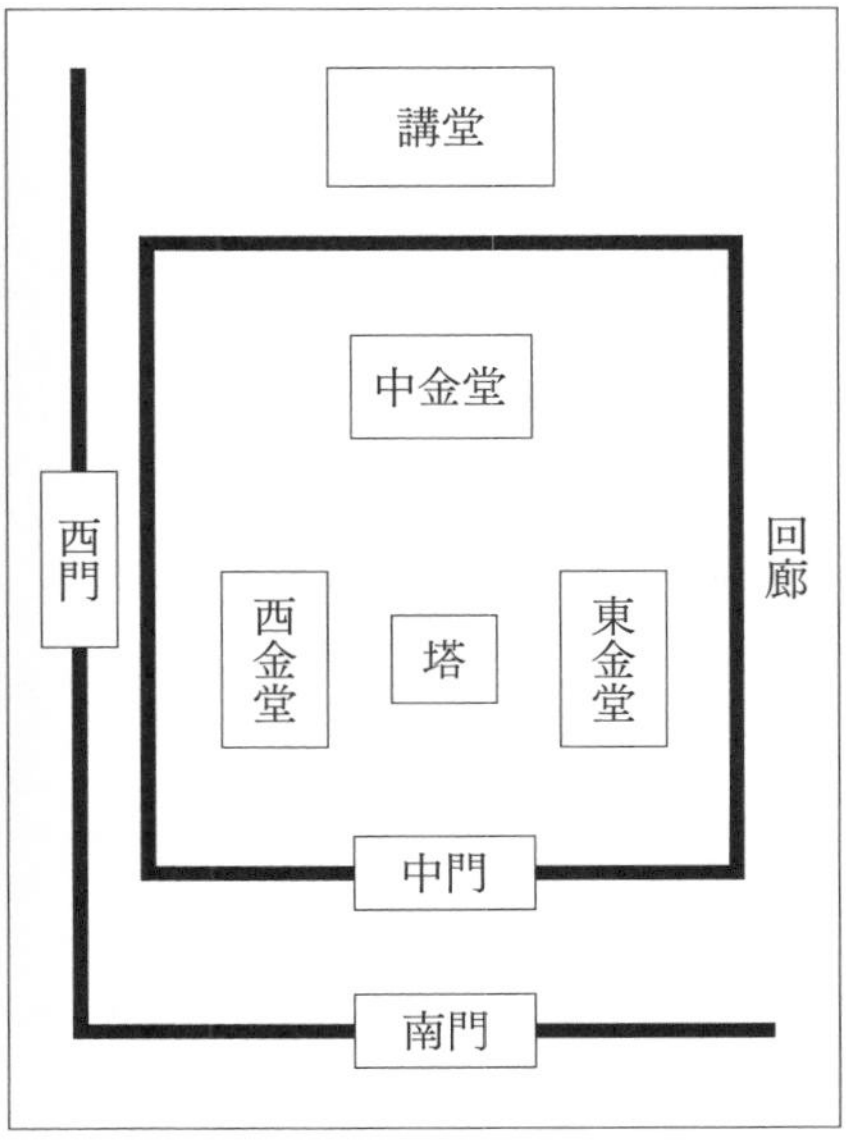

飛鳥寺式伽藍配置

山田寺《やまだでら》

山田寺創建と蘇我倉山田石川麻呂《そがのくらやまだのいしかわまろ》

山田寺は、蘇我倉山田石川麻呂の誓願によって建立された寺院で、現在の地名で言えば、奈良県桜井市山田に所在した寺院です。創建の由来については『日本書紀』には語られていませんが、平安時代に成立したと考えられる聖徳太子《しょうとくたいし》の伝記『上宮聖徳法王帝説《じょうぐうしょうとくほうおうていせつ》』の裏書に語られています。それによると、舒明《じょめい》十三年（六四一）、浄土寺（山田寺のこと）建立の地が定められて整地され、皇極《こうぎょく》二年（六四三）に金堂《こんどう》が建立され、大化《たいか》四年（六四八）には僧侶が住み始めたとあります。翌年に石川麻呂が殺害されますが、その後も造営は継続されました。石川麻呂には遠智娘《おちのいらつめ》という娘がおり、天智《てんじ》天皇に嫁いでいますので、石川麻呂死後は天智天皇が造営事業を受け継いだのでしょう。天智天皇死後は、壬申の乱を経て天武《てんむ》天皇が皇位に就きますが、彼が造営事業を引き継ぎ、完成へと導いています。天武天皇が山田寺造営を引き継いだ理由としては、天武天皇が遠智娘と天智天皇の間に生まれた持統天皇を皇后としていることに注目すべきでしょう。

では、石川麻呂死去後の造営事業は具体的にどうなったのでしょうか。天智二年（六六三）に塔の造営が開始され、天武五年（六七六）に塔が完成します。天武七年（六七八）には仏像の鋳造が開始され、天武十四年（六八五）には、仏像の開眼《かいげん》がなされました。

ところで大化五年（六四九）、石川麻呂が自害する事件ですが、それは次のようなものでした。『日本書紀』によると、異母弟である蘇我日向《ひむか》が石川麻呂に謀反の疑いありと中大兄皇子《なかのおおえのおうじ》（のちの天智天皇）に告げたのです。その結果、兵が石川麻呂邸を囲むも、石川麻呂は邸宅を脱して山田寺へ逃げ、そこで自害することとなります。この石川麻呂の変について、のちに中大兄皇子は、彼が逆臣でないことに気づいて後悔したとあります。

山田寺の伽藍《がらん》は非常に優れていたようで、『扶《ふ》桑略《そうりゃく》記《き》』によると、山田寺に立ち寄った藤原道長《ふじわらのみちなが》は、金堂や塔の内部の様子は大変素晴らしく、その様は言葉を失うばかりであると述べています。

山田寺仏頭の発見

山田寺で興味深いことは仏頭の存在です。これについては、箱崎和久『奇偉荘厳の白鳳寺院―山田寺―』（新泉社、二〇一二年）によると次のようなことが知られます。治承《じしょう》四年（一一八〇）、治承・寿永の内乱、いわゆる「源平合戦」の最中、平重衡《たいらのしげひら》が平氏に敵対する勢力の排除をめざして南都焼き討ちを行いました。その結果、東大寺・興福寺《こうふくじ》（奈良市）が焼かれてしまいます。元暦《げんりゃく》二年（一一八五）には東金堂《とうこんどう》が再建されましたが、本尊を造ることはなかったため、文治《ぶんじ》三年（一一八七）、興福寺東金堂衆が山田寺の講堂に押し入り、薬師三尊像を強奪して本尊とする事件が起こりました。

興福寺の東金堂は、応永《おうえい》十八年（一四一一）に火災で焼失しますが、火災後、堂から本尊の頭部のみを取り出すことができました。今日、興福寺に現存する国宝の旧山田寺仏頭がまさにこれです。その後、この仏頭の存在についてはあまり知られなくなりますが、昭和十二年（一九三七）、東金堂の修理の際に、須弥壇《しゅみだん》の下に置かれていたのが発見されました。康永四年（一三四五年）に成立したと考えられている護国寺本『諸寺縁起集』によれば、山田寺には他にもいくつもの仏像があったようですが、現存するのはこの仏頭のみのようです。

山田寺仏頭（レプリカ、奈良文化財研究所提供）

法隆寺《ほうりゅうじ》

太子建立の寺

　奈良県生駒《いこま》郡斑鳩《いかるが》町に所在しています。別名は斑鳩寺（鵤寺）。もとは法相《ほっそう》宗でしたが、昭和二十五年（一九五〇）に聖徳《しょうとく》宗を開き、現在は聖徳宗総本山です。

　創建は飛鳥時代に遡り、『上宮聖徳法王帝説《じょうぐうしょうとくほうおうていせつ》』や金《こん》堂《どう》に安置されている薬師如来像光背銘《やくしにょらいぞうこうはいめい》などによると、推古《すいこ》十五年（六〇七）のこととされます。その由来については、薬師如来像光背銘に、用明《ようめい》天皇が病気になった時、その平癒のために寺院の建立を発願したが、用明天皇は崩じてしまった。そこで、推古天皇と聖徳太子がその遺志を継いで、この像と寺院を造ったとあります。

創建の時期と由来の謎

　しかし、法隆寺の創建時期と由来については謎も残されています。

　まず、創建の時期ですが、推古十五年（六〇七）の出来事を『日本書紀』で見てみると、七月三日に小野《おのの》妹子《いもこ》を大唐《だいとう》に遣わしたとあります。言うまでもなく、遣隋使《けんずいし》の派遣記事です。宗教関係では、二月一日に詔が出され、政治を行うにあたっては神々を礼拝せよという神祇《じんぎ》信仰が奨励され、これを受けて十五日には皇太子と大臣とが百寮《ももつかさ》を従えて神々を祀り、礼拝しています。また、この年の冬のこととして、倭国（奈良県）に高市池や肩岡池など四つの池を造り、山背《やましろ》国の栗隈《くりくま》（京都府宇治市）に大掛かりな水路を掘り、河内国（大阪府）にも戸苅《とかり》池などを造り、さらには国ごとに屯倉《みやけ》（大和朝廷の直轄領）を置いたとあります。

　以上が、『日本書紀』の推古十五年条の記事であり、ここからもわかるように法隆寺の創建記事については何も書かれていません。もとより、『日本書紀』に記述がないからといって、この年に法隆寺ができていないということには必ずしも繋がらないわけですが、推古と聖徳太子に関することだけに、訝《いぶか》しさを感じざるを得ません。また、後述しますが、天智《てんじ》九年（六七〇）の法隆寺の火災について、『日本書紀』に記述されていることを考え合わせるならば、やはり謎が残ると言ってよいでしょう。

　これらの点に関しては、一般的には『日本書紀』に拠って、推古九年（六〇一）二月に聖徳太子は斑鳩宮《いかるがのみや》の建設に着手し、推古十三年（六〇五）十月から斑鳩宮に移り住んだとされています。この斑鳩宮がのちの東院伽藍《とういんがらん》ということになります。そして、斑鳩宮に接する西方、現在の西院《さいいん》伽藍の東南（いわゆる若草《わかくさ》伽藍跡）に建てられたのが法隆寺だとされるのです。

　また、創建の由来が述べられている金堂の薬師如来像光背銘にも謎が見られます。この薬師如来像は現在、国宝に指定されていますが、製作年代は七世紀後半と言われています。そうだとすれば、薬師如来像は法隆寺が創建された推古十五年（六〇七）当時の製作とは言えなくなります。また、金堂の本尊は釈迦三尊《しゃかさんぞん》像（国宝）であり、この像は推古三十一年（六二三）に聖徳太子の冥福を祈るために止利仏師《とりぶっし》が造ったとする光背銘を持っています。

　金堂の薬師如来像の光背銘を信頼するならば、本尊の釈迦三尊像より古い製作となり、改めてこれら二像の関係が問題になってくるでしょう。

再建・非再建論争

『日本書紀』の天智九年（六七〇）四月三十日条には、夜明け前に法隆寺で火災が起こり、一屋も残さず、とあり、さらに大雨が降り、雷が鳴ったと記されています。この記事によると、法隆寺は天智九年に一度全焼し、現在の法隆寺はその後の再建ということになります。

　しかし、『日本書紀』に見られる法隆寺全焼の記事は信用できないとして、明治時代までは法隆寺の西院伽藍は飛鳥時代に創建されたものがそのまま残っているとされてきました。

　それが、明治二十年代になると、法隆寺再建論が言われるようになりました。再建論を初めに主張したのは、旧水戸藩士で歴史家だった菅政友《すがまさとも》とされています。そのほかにも国学者の黒川真頼《くろかわまより》や小杉榲邨《こすぎすぎむら》も再建論の立場でした。

　これに対して、天智九年（六七〇）の法隆寺全焼を認めない非再建論を唱えたのは、建築士家の関野《せきの》貞《ただし》や美術史家の平子鐸嶺《ひらこたくれい》らでした。関野は、様式論や尺度論の観点から再建説を否定しました。すなわち、現存する法隆寺には他の寺院には見られない古い様式が残っているとし、また尺度という点では大化元年（六四五）から唐尺が採用されるが、西院伽藍は大化元年以前かの建築物であるというのです。

また平子は、干支一運錯簡論を唱えました。すなわち天智九年の火災記事は、実は推古十八年（六一〇）に起きた火災を誤って六十年後の天智九年の条に入れてしまったとするものです。そして推古十八年、まだ聖徳太子の存命中に発生した火災は、全焼などというような大規模なものではなく、部分的なものであり、現存する西院伽藍は推古朝の建築物であると唱えました。

こうした法隆寺をめぐる再建・非再建論争は、その後も続けられ、昭和期にまで持ち越されることになります。

昭和十四年（一九三九）、考古学者の石田茂作《いしだもさく》らによって若草伽藍の発掘調査が行われました。その結果、若草伽藍跡と現存する西院伽藍とでは伽藍配置に異なりが見られることが明らかになりました。すなわち、西院伽藍の伽藍配置は、塔と金堂とが左右に並ぶ法隆寺式と呼ばれるのに対して、若草伽藍跡は、塔と金堂とが一直線に並ぶ四天王式と称されるタイプだったのです。

また、伽藍配置の中心軸が西院伽藍の場合、南を正面としてほぼ南北に一致しているのに対して、若草伽藍のほうは伽藍配置の中心軸が南北に一直線ではなく、北西へ二十度ずれていることもわかりました。このことから、西院伽藍と若草伽藍跡が同時期に存在していたとすると、中心軸の方向が異なる伽藍が近接していたことになり不自然です。さらに瓦の面からも、若草伽藍跡から出土したものが古い様式を持っていることもわかりました。

これらのことをふまえて、若草伽藍跡が創建時の法隆寺で、これが天智九年に焼失したあとに建立されたものが現在の西院伽藍であるということが定説とされています。

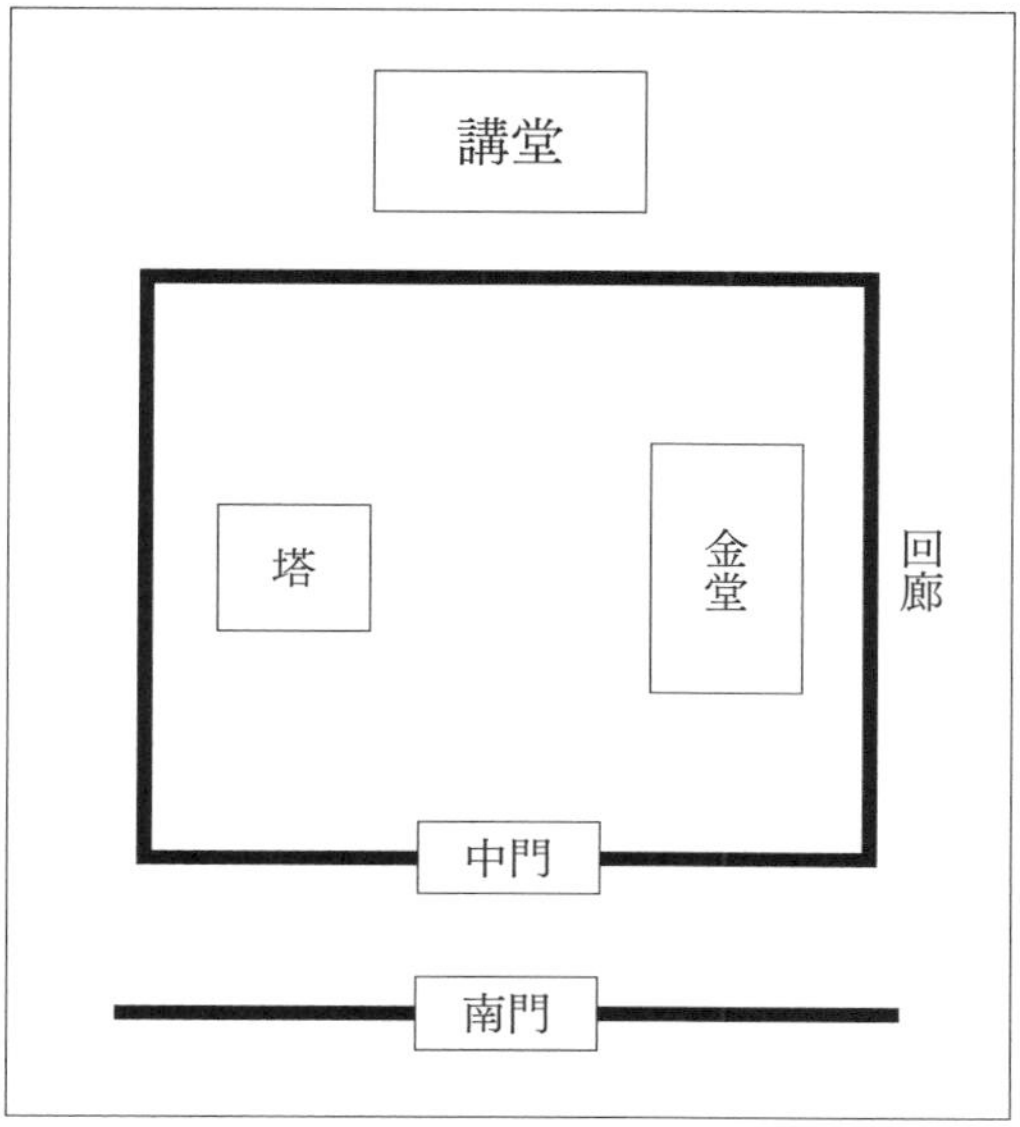

法隆寺式伽藍配置

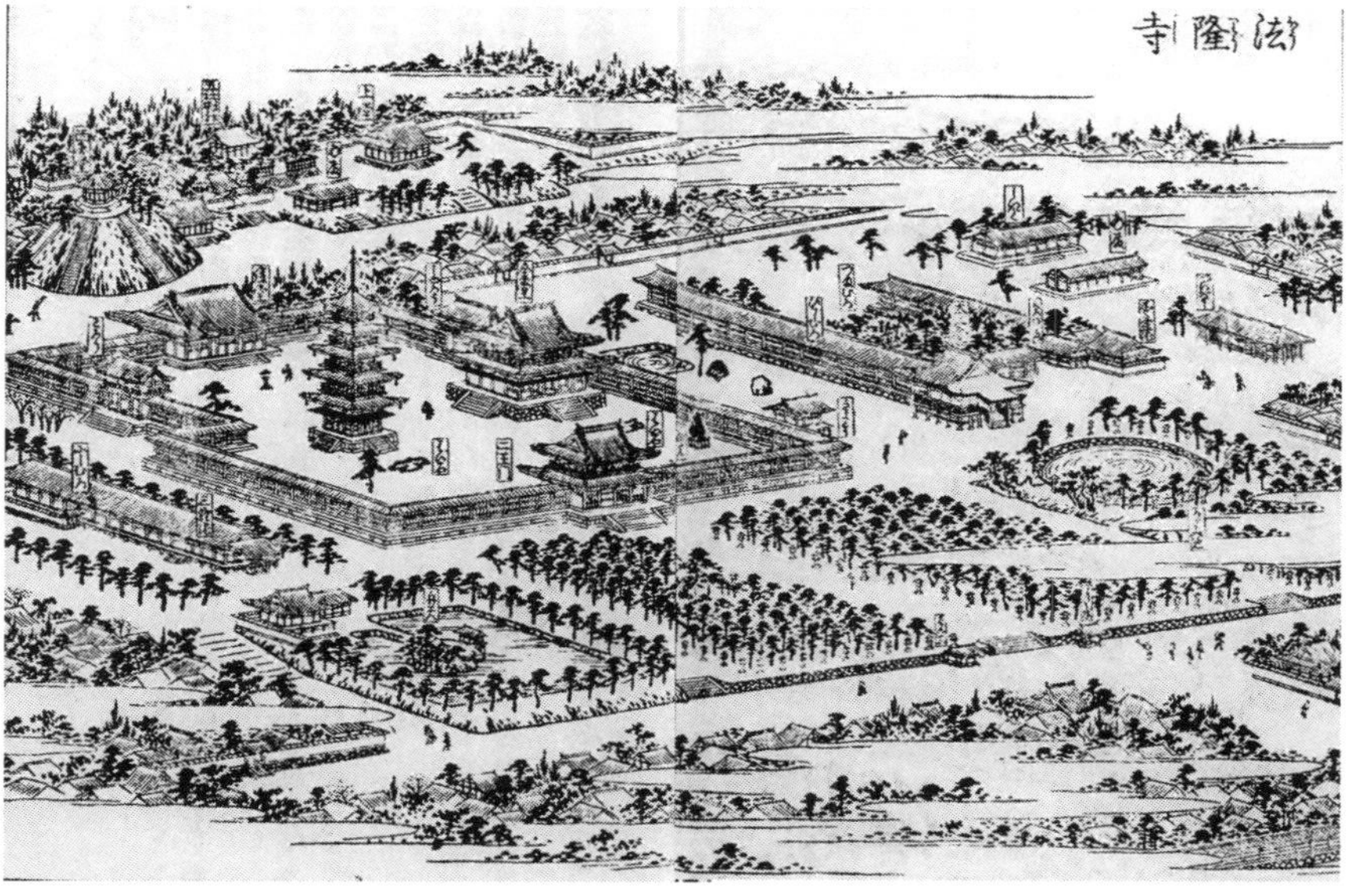

『大日本名所図会』第1輯 第3編より「法隆寺」(国立国会図書館蔵)

四天王寺《してんのうじ》

聖徳太子《しょうとくたいし》ゆかりの寺

大阪市天王寺区四天王寺に所在しています。荒陵寺《あらはかでら》、天王寺、難波大寺《なにわだいじ》、三津寺《みとでら》、敬田院《きょうでんいん》なども称されます。

創建については、『日本書紀』の崇峻《すしゅん》天皇即位前紀条に見える蘇我馬子《そがのうまこ》と物部守屋《もののべのもりや》とが争った丁未《ていび》の乱の際に、馬子側についていた聖徳太子が、四天王の像を造って頭髪に挿して、「この戦いに勝利したならば寺塔を建立しよう」と述べたことによるとされています。これによると、四天王寺の建立は丁未の乱が起きた用明二年（五八七）で、聖徳太子によって建てられたということになり、これが通説的見解となっています。確かに丁未の乱は、有力氏族の物部守屋が滅ぶという大事件でしたが、この時、聖徳太子はまだ十四歳だったことなどからして、この戦いに勝利したのちに太子が四天王寺を建立したとは考え難いとも指摘されています。

『日本書紀』には、創建に関してもう一つ興味を引かれる記事が見られます。それは、推古元年（五九三）の是歳条です。具体的にその内容を見ると、「始めて四天王寺を難波の荒陵に造る」とあります。これによると、推古元年に四天王寺ができたとも受け取れますが、「是歳」というのが、はっきりしないとも言われています。

こうしたことから、『聖徳太子伝暦』や『四天王寺御手印縁起』などは用明二年（五八七）に玉造《たまつくり》の岸上にまず建立されたものが、推古元年に現在地である荒陵に移されたとしています。しかしながら、大阪市の天王寺区から中央区にかけての地域にあたる玉造には、古代寺院が見つかっていないことなどから、四天王寺は当初から現在地に創建されたと考えられています。

聖徳太子が亡くなった翌年（六二三年＝推古三十一年）に朝鮮半島の新羅《しらぎ》と任那《みまな》の使節が来朝して、仏像一具、金の塔、舎利《しゃり》、大小の幡《ばん》を献じました。これらのうち、仏像以外の品々はすべて四天王寺に奉納したとあります。この記事に関しては、信頼がおけるとされており、そうであるならば、六二三年の段階には少なくても四天王寺がすでに存在していたと考えられます。

四天王寺の伽藍《がらん》は、塔・金堂・講堂と中門とが一直線に並ぶ独特な形式で、四天王寺式と称されます。この形式は、山田寺《やまだでら》（奈良県桜井市）や橘寺《たちばなでら》（奈良県明日香村）、百済の軍守里廃寺《ぐんしゅりはいじ》などにも見られるものです。

四天王寺と阿倍《あべ》氏

『日本書紀』の大化《たいか》四年（六四八）二月八日条には、四天王寺と阿倍氏との関係を窺わせる記事が見られます。それによると、左大臣だった阿倍内麻呂《うちまろ》が、比《び》丘《く》・比丘尼《びくに》・優婆塞《うばそく》・優婆夷《うばい》を四天王寺に招き、仏像四体を塔に納め、鼓を重ねて霊鷲山《りょうじゅせん》の像を造ったとあります。これについては、『大同縁起《だいどうえんぎ》』（九世紀初頭に成立）にも四口の小四天王と記しています。これらのことから、四天王寺は阿倍氏の氏寺だったとする見解も出されているのです。

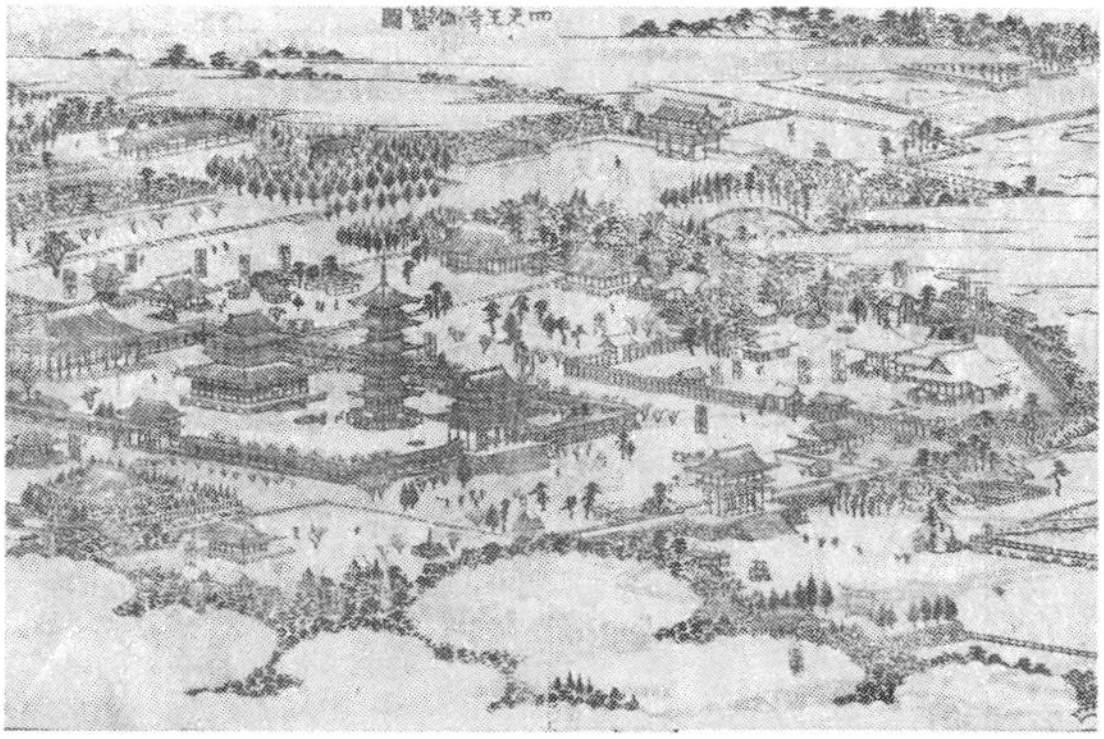

『摂津名所図会』二より「四天王寺伽藍図」（国立国会図書館蔵）

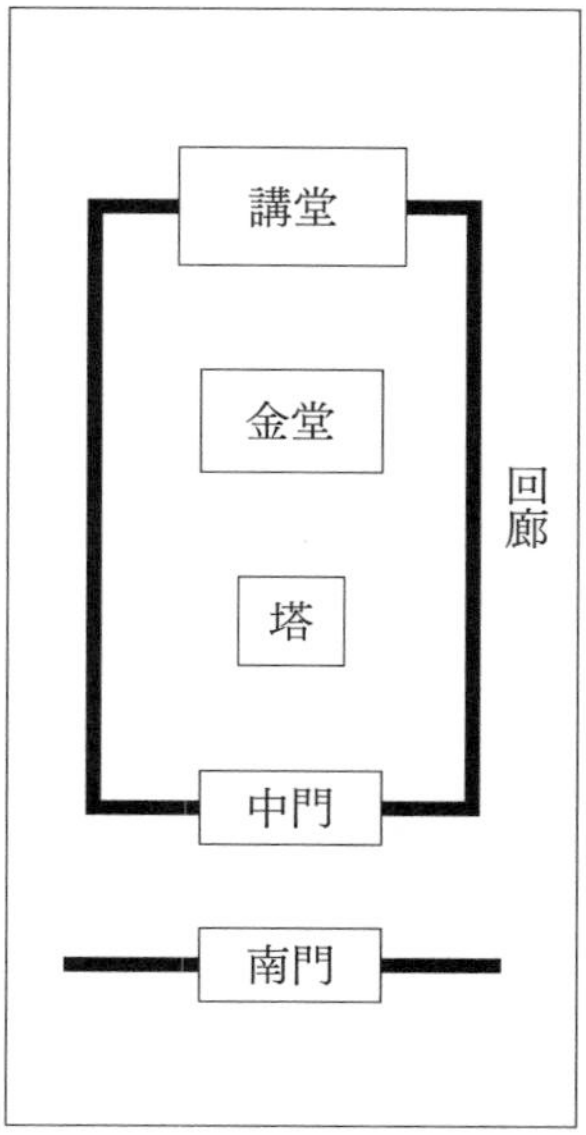

四天王寺式伽藍配置

広隆寺《こうりゅうじ》

秦《はた》氏の氏寺

京都市右京区太秦蜂岡町《うずまさはちおか》に所在しています。太秦寺、蜂岡寺《はちおかでら》、秦公寺《はたのきみでら》、桂林寺《けいりんじ》、太秦公寺、葛野寺《かどのでら》などとも言われ、山号は蜂岡山です。現在は真言宗御宝派の寺院です。

『日本書紀』によると、推古《すいこ》天皇の即位十一年目（六〇三）の十一月に秦河勝《はたのかわかつ》が聖徳太子《しょうとくたいし》から仏像を賜り、それを安置するために寺を造った、とあるのが広隆寺にほかならないとされています。秦氏は代表的な渡来系氏族の一つであり、山背《やましろ》を根拠地としていました。そこで、飛鳥から離れたこの地に自分たちの氏寺を建立したと考えられます。

『日本書紀』の推古三十一年（六二三）七月条には、朝鮮半島の新羅《しらぎ》と百済《くだら》から仏像が献上され、それを広隆寺に納めたとあります。

これらから、広隆寺の起源については推古十一年（六〇三）とされますが、一方では、推古三十年（六二二）とする説もあります。

二つの弥勒菩薩像《みろくぼさつ》

広隆寺の仏像といえば、弥勒菩薩像が有名です。その姿はというと、手を頬にあて、片足をもう一方の股の上に組み、思惟《しい》していることから半跏思惟像《はんかしい》とも言われます。これは、弥勒菩薩が衆生《しゅじょう》を救済するための方法をあれこれと思案されている姿を表していると考えられています。

この像は、聖徳太子から秦河勝が賜ったもので朝鮮半島からの伝来のものといわれ、新羅様とされています。それは、飛鳥時代の木彫像は一般に楠材を用いて造られているのに対して、この弥勒菩薩像は赤杉を材としている点などの注目すべき要素が見られるからです。

さらに、この像と類似のものが現在、ソウルにある韓国国立中央博物館にも所蔵されています。韓国のものは金銅弥勒菩薩像《こんどうみろくぼさつ》であり、広隆寺のものとは材質が異なっているものの、作風という点から見るときわめて似ていることが指摘されています。

広隆寺の弥勒菩薩像と同タイプのものが中宮寺《ちゅうぐうじ》（奈良県斑鳩町）にも残されています。中宮寺は法隆寺に隣接して建てられており、聖徳太子が母である穴穂部間人皇后《あなほべのはしひとのひめみこ》の宮跡を寺院としたとされるものです。ここに安置されている半跏思惟像は、寺伝では如意輪《にょいりん》観音《かんのん》像となっていますが、おそらくは弥勒菩薩像だろうと考えられています。

広隆寺の弥勒菩薩像は現在、国宝の指定を受けていますが、もう一体、広隆寺には国宝の弥勒菩薩像が安置されています。こちらは、楠の木による一木造りであり、七世紀に日本で製作されたものといわれています。

これらの二体の弥勒菩薩像の他に定朝の弟子の長勢作で国宝の十二神将像が伝わっています。長勢は平安時代中期の仏師で、円派の始祖とされ、法成寺金堂や法勝寺講堂などの造仏にたずさわったことでも知られます。

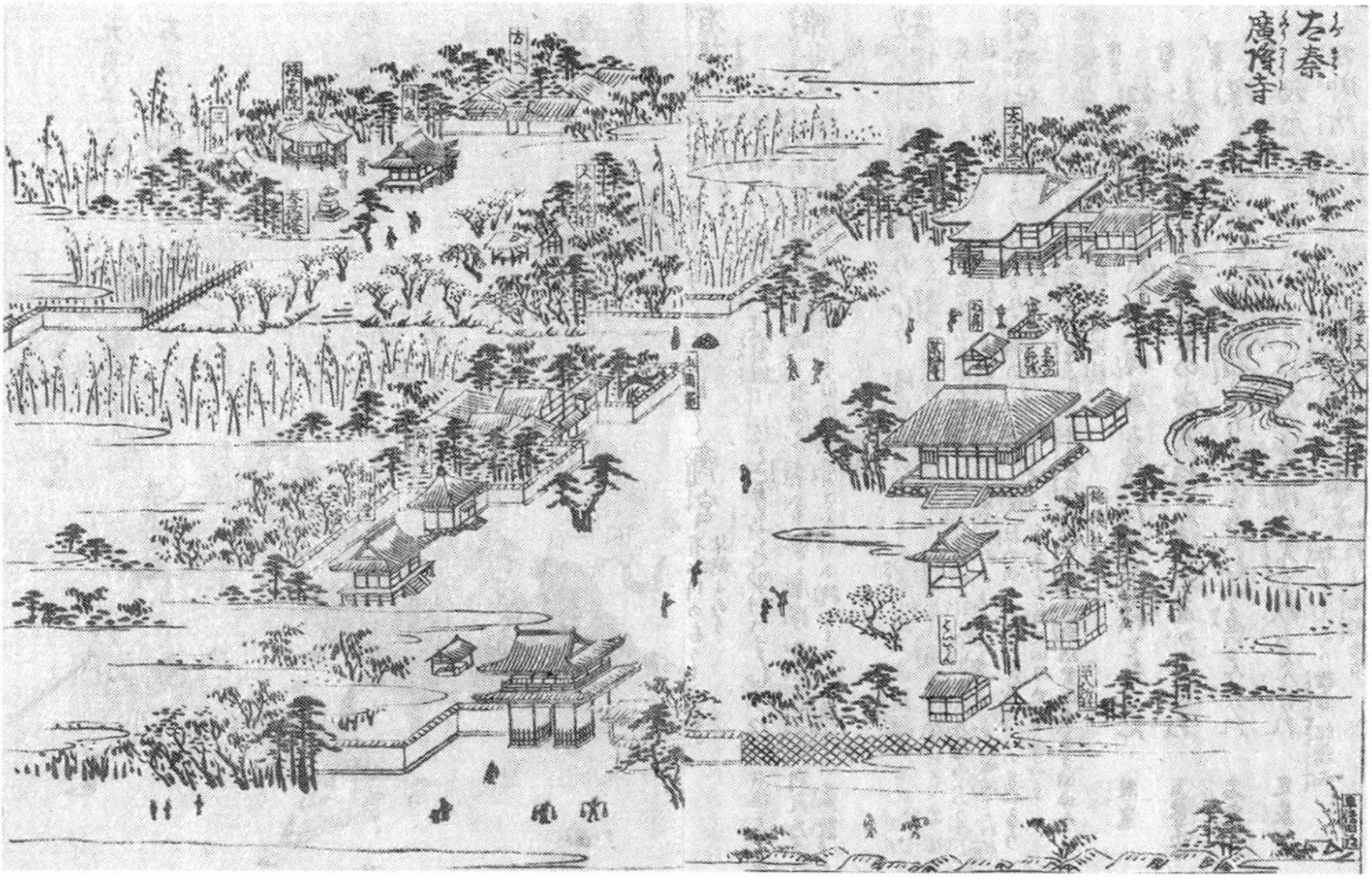

『都名所図会』四より「太秦広隆寺」（国立国会図書館蔵）

薬師寺《やくしじ》

天武《てんむ》と持統《じとう》ゆかりの寺

薬師寺は奈良県奈良市西ノ京《にしのきょう》町に所在しています。法相《ほっそう》宗大本山で、天武天皇を開基とします。当初は、現在の橿原《かしはら》市城殿《きどの》町に建立され、平城京遷都後に現在地の奈良市西ノ京町に移転し、南都七大寺のひとつに数えられました。

創建の由来については、『日本書紀』の天武九年（六八〇）十一月十二日条に、皇后である鸕野讃良《うののさらら》（のちの持統《じとう》）が病気になったため、平癒を誓願して薬師寺の建立を始めたとあります。さらに、百人の僧を得度《とくど》させたともあり、これらのことによって皇后は回復することができたと記されています。しかし、天武は薬師寺の完成を見ずして、朱鳥《しゅちょう》元年（六八六）に崩御したため、跡を受けた持統が伽藍《がらん》の整備を続けました。

『日本書紀』の持統二年（六八八）一月八日条には、無遮大会《むしゃだいえ》（貴賤の別なく、一切平等に財施と法施とを行ずる法会）を薬師寺で催したとあることから、この段階において寺院としての体裁がほぼ整っていたと考えられます。

薬師寺の造営は、持統のあと、文武《もんむ》にも引き継がれ、文武二年（六九八）に至って伽藍が大方完成したことが『続日本紀《しょくにほんぎ》』によってわかります。この薬師寺が創建時のものであり、藤原京の右京八条三坊にありました。現在は、本薬師寺《もとやくしじ》跡として特別史跡になっています。

本薬師寺と薬師寺の伽藍

この創建時の薬師寺（本薬師寺）は、薬師寺が平城京へ移転したあとも十一世紀までは存続していたとされますが、それ以後は廃寺となりました。現在、本薬師寺跡には、金堂《こんどう》と東塔《とうとう》の礎石《そせき》、および西塔《さいとう》の心礎《しんそ》が残されており、伽藍配置は中門・金堂・講堂が一直線に並び、金堂の南側に東塔と西塔を置き、中門の左右から延びた回廊《かいろう》が講堂の左右に及ぶという薬師寺式です。

この本薬師寺ですが、都が藤原京から平城京へ遷ると、平城京の右京六条二坊の地へ移転されることになります。『薬師寺縁起』によると、養老《ようろう》二年（七一八）のこととされますが、移転時期についてはもう少し早いとする見解もあります。『扶桑略記《ふそうりゃくき》』によると、天《てん》平《ぴょう》二年（七三〇）三月二十九日に東塔ができたとあることから、この時期にはまだ建立事業が続行していたと考えられます。

薬師寺はその後、幾度もの災害や火災に見舞われました。古いところでは、天延《てんえん》元年（九七三）に食殿《じきでん》から出火、永祚《えいそ》元年（九八九）に大風で金堂が被災、嘉保三年（一〇九六）に地震で回廊が倒壊、といったことが挙げられます。さらに、中世に入ると、康安《こうあん》元年（一三六一）に地震で金堂・中門が被災、享禄《きょうろく》元年（一五二八）には兵火によって多くの堂舎を焼失しました。その後、伽藍の多くは再建されて現在に至っていますが、奈良時代の建物はわずかに東塔のみです。

薬師寺の東塔

東塔は三重塔で、各層に裳階《もこし》（飾り屋根。東塔が六重塔に見える仕掛け）が付くという珍しい形であり、総高三十四・一メートルの高さをもち、国宝に指定されています。その美しさから「凍れる音楽」と表現されました。

塔の先端部分の相輪《そうりん》にある水煙《すいえん》は青銅製で、飛天像《ひてんぞう》が透かし彫りされていて、白鳳文化の工芸技術の高さをいかんなく発揮しています。東塔の相輪の檫管には、有名な「東塔檫銘《さつめい》」が刻まれています。この檫銘には薬師寺創建の由来が記されています。

東塔自体は、これまで何度か修理が行われています。主なものを挙げると、正保《しょうほう》元年（一六四四）の正保修理、天明《てんめい》三年（一七八三）の天明修理、文化五年（一八〇八）の修理が行われました。

近代以降の東塔は、明治三十一年から三十三年（一八九八〜一九〇〇）に明治の修理、昭和二十五年から二十七年（一九五〇〜五二）に昭和の修理が行われました。さらに平成二十一年（二〇〇九）の平成の修理で解体修理が行われて、令和三年（二〇二一）に竣工しました。

ちなみに、西塔に関しては、享禄元年（一五二八）の兵火によって焼失し、ようやく昭和五十六年（一九八二）に再建されました。

このように東塔は、多くの修理を経て、現在も奈良時代の姿を見せていますが、この東塔については、平城京で造られたものか、それとも本薬師寺のものを移転したものかという二説があり、明治時代以来、論争が見られます。

東塔の移建・非移建論争

東塔の創建に関しては、皇円《こうえん》が著した『扶桑略記』に天平二年（七三〇）三月に東塔を建てたと記されており、これが通説となっています。しかし、平城京の薬師寺境内から本薬師寺と同じ瓦が出土したことなどから、東塔を本薬師寺からの移建とする説が出されました。

この論争は、完全に結論が出されたとまでは言えませんが、十一世紀に成立した『薬師寺縁起』を書写した諸本には、塔が四基あることを記すものがあり、その内の二基は本寺にあるとの記述が見られます。これは、薬師寺と本薬師寺とにそれぞれ二基の塔があると解釈できることなどから、現在は、東塔については平城京での創建とされています。

ちなみに、金堂の本尊である薬師三尊像についても、その造立をめぐって『日本書紀』の持統二年（六八八）に薬師寺（本薬師寺）で行われた無遮大会までに造られたとされますが、平城京への移転後とする見解もあります。

薬師寺東塔

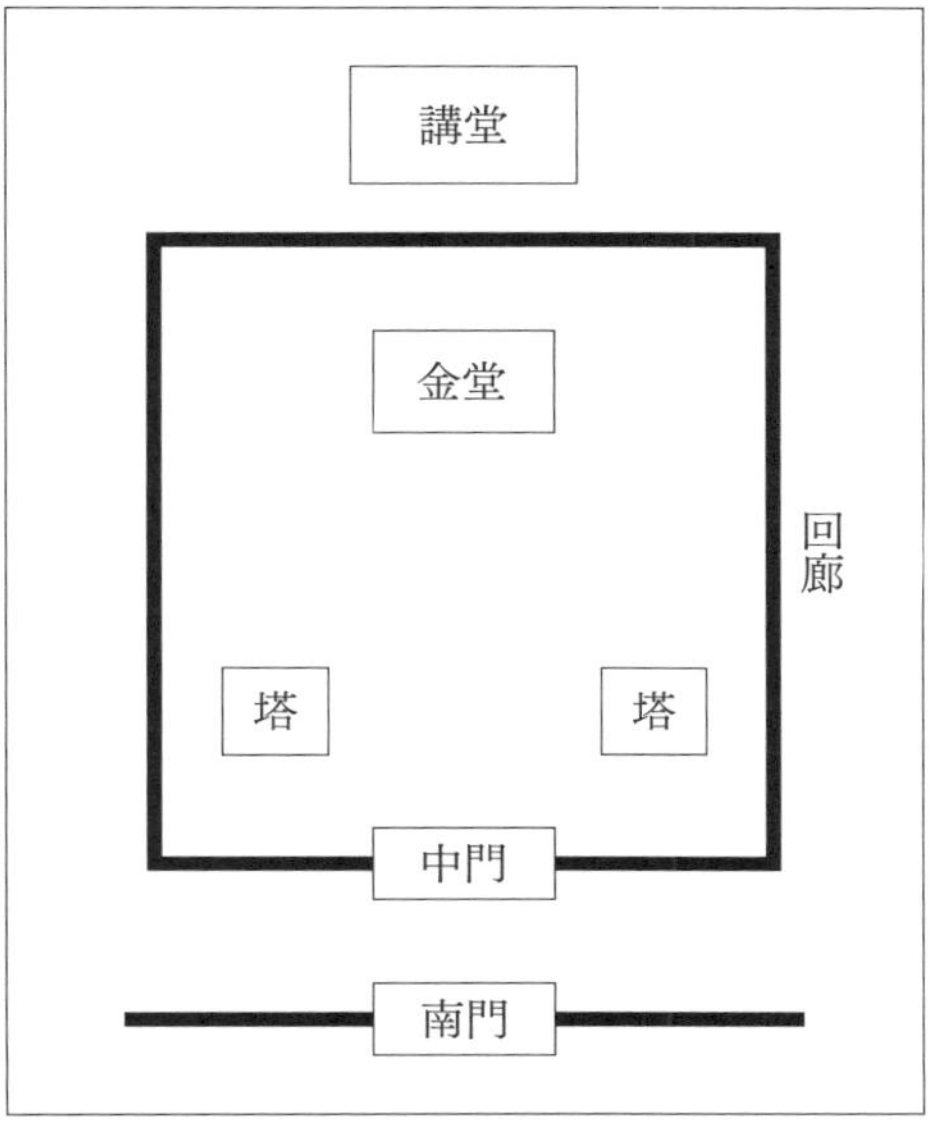

薬師寺式伽藍配置図

本薬師寺跡にのこる金堂の礎石（橿原市役所観光政策課提供）

V
歴代の天皇たち

神武《じんむ》

神代《じんだい》と人代《じんだい》を繋ぐ天皇

神武は、ウガヤフキアエズとタマヨリビメとの間の子で、名はヒコホホデミとされています。しかし、この名前には秘密が隠されているようです。そもそも、神武の両親は神話の世界に所属していますが、それに対して、神武は初代天皇とされており、人間と認識されています。端的に言うならば、神々の子が人間ということになり、内容的に少し違和感を持たざるを得ません。

つまり、『古事記』も『日本書紀』も神武天皇以降とそれ以前とでは、世界が異なるのです。そこで、この二つの世界をスムーズに結びつけるための工夫がなされました。神武の系統図を見てみると、祖父に山幸《やまさち》彦がいることに気づきます。海幸《うみさち》彦・山幸彦の山幸彦です。この山幸彦の名がヒコホホデミなのです。つまり、祖父と孫とが同じ名前ということになります。系統図の周辺を少し細かく見るならば、山幸彦が海神の娘であるトヨタマビメと結ばれてできたのがウガヤフキアエズです。そのウガヤフキアエズとトヨタマビメの妹であるタマヨリビメとの間にできたのが神武ということになります。祖父と孫、姉と妹の間に名称の類似を含めて、極めて複雑な関係性が読み取れます。

『日本書紀』は巻一と巻二とが神代で、巻三が神武となっています。こうした配置の中で、これらの系譜は何を物語っているのでしょうか。一つには、神代との継続性を強調しようとしていると見ることもできるでしょう。

神武東征伝承をめぐって

神武紀の中で、東征伝承の叙述が占める割合は大きいです。その内容を追うならば、神武が四十五歳の時、東征に出発します。速吸之門《はやすいのと》（豊予海峡）で国神の珍彦《ウズヒコ》と出会い、そこから菟狭《うさ》（大分県宇佐市）へ行き、ウサツヒコ・ウサツヒメによって、一柱騰宮《あしひとつあがりのみや》で接待を受けます。十一月に筑紫《つくし》国の岡水門《おかのみなと》（福岡県芦屋町）

に着き、十二月に安芸《あき》国の埃宮《えのみや》（広島県府中町）に到着しました。翌年、吉備《きび》国（岡山県）の高島宮《たかしまのみや》に移り、さらに東へ向かい、難波碕《なにわのみさき》（大阪府大阪市北区）に至りました。そして、そこから川を遡り、河内《かわち》国の白肩之《しらかたの》津《つ》（大阪府東大阪市に比定）にいたり、さらに竜田《たつた》を目指したのです。

しかし、道が険しかったので引き返し、生駒山《いこまやま》を越えようとして、孔舎衛坂《くさえざか》（大阪府と奈良県の境）でナガスネビコと戦い、その際に長兄のイツセが負傷しました。神武は海路で紀伊半島を迂回し、熊野《くまの》（和歌山県熊野市）から再出発しますが、地元の熊野の神の毒気にあたって士気が低下してしまいます。しかし、タカクラジが献上した剣によって士気が回復し、八咫烏《やたがらす》の先導を得て、菟田《うだ》の穿邑《うかちのむら》（奈良県宇陀市）に着くことができました。

その後、吉野へ巡幸したあとに菟田へ戻った神武は、ヤソタケルらの賊軍を倒して大和を平定することになるのです。以上が神武による東征伝承であり、辛酉《かのととり》年の一月一日に橿原宮《かしはらのみや》（奈良県橿原市）で即位して初代天皇になったとされます。これが、西暦でいうと紀元前六六〇年のことと言われています。神武はこのあと七十六年間の統治をおこない、百二十七歳で崩御しました。

『日本書紀』に見られる神武は、このように東征伝承がほとんどすべてといってもよいくらいで、即位してからの治績に関しては全くといってよいほど見ることができません。この点は『古事記』でも同様です。こうしたことからも、神武はその実在性が疑われている天皇であり、現在では架空の天皇とされるのが一般的です。

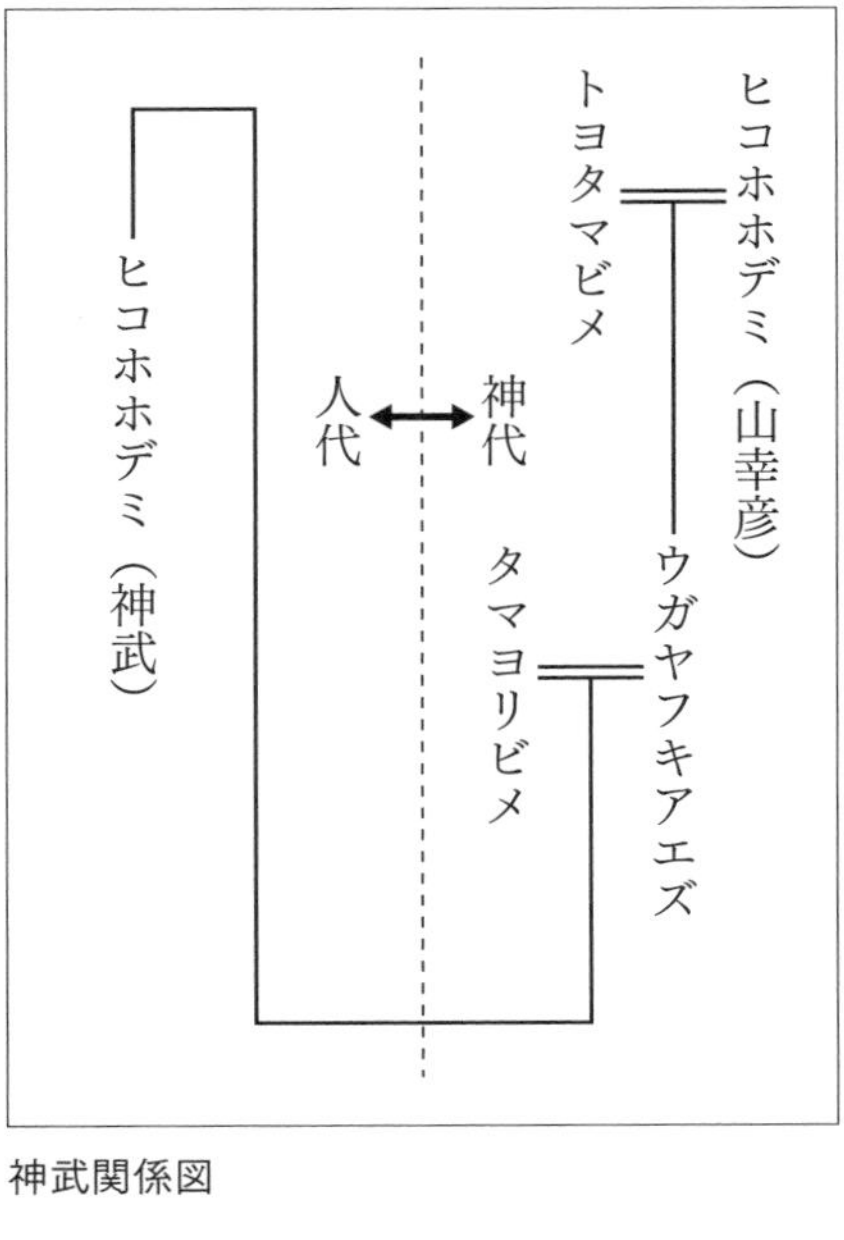

神武関係図

欠史八代《けっしはちだい》

画一的な記載

初代天皇とされる神武《じんむ》のあと、二代天皇として綏靖《すいぜい》が即位し、その後、三代安寧《あんねい》、四代懿徳《いとく》、五代孝昭《こうしょう》、六代孝安《こうあん》、七代孝霊《こうれい》、八代孝元《こうげん》、九代開化《かいか》と続きました。これら八人の天皇は『日本書紀』の巻四に一括して記載されています。『日本書紀』は通常、一人の天皇で一巻を構成していますので、この点からしても、これら八人の天皇には問題があるのです。

さらに、各々の天皇を見てみると、『日本書紀』にも『古事記』にも伝承らしい伝承はほとんど見られず、実在性に欠けており、この点から八人の天皇をひとくくりにして、欠史八代と呼んでいます。

各天皇を具体的に見てみるならば、まず、二代綏靖は神武の第三皇子で、母はヒメタタライスズヒメです。葛城高丘宮《かつらぎたかおかのみや》（奈良県御所市）を都とし、三十三年の治世ののち八十四歳で崩じたとあります。

三代安寧は、皇后のイスズヨリヒメを母とし、片塩浮孔宮《かたしおのうきあなのみや》（奈良県大和高田市）を都として、五十七歳で崩じました。

四代懿徳は安寧の第二皇子で、母は皇后のヌナソコナカツヒメです。軽曲狭宮《かるのまがりをのみや》（奈良県橿原市）を都として二十四年間在位ののち、七十七歳で崩じました。

五代孝昭は、皇后のアマトヨツヒメを母として、掖上池心宮《わきのかみのいけごころのみや》（奈良県御所市）を都として政治を行い、百十三歳で崩じました。

六代孝安は孝昭の第二皇子で、母は皇后のヨソタラシヒメです。室秋津島宮《むろのあきつしまのみや》（奈良県御所市）を都として百二年間にわたって統治し、百三十七歳で崩じました。

七代孝霊は皇后のオシヒメを母とし、黒田廬戸宮《くろだのいおとのみや》（奈良県田原本町）を都として、百二十八歳で崩じました。

八代孝元は、皇后ホソヒメを母とし、軽境原宮《かるのさかいはらのみや》（奈良県橿原市）を都として五十七年間の統治ののち、百十六歳で崩じました。

最後の九代開化は、孝元の第二皇子で、母はウツシコメです。春日率川宮《かすがのいざかわのみや》（奈良県奈良市）を都として六十年間の在位ののち、百十一歳で崩じました。

　二代から九代までの天皇について見てきましたが、各々の伝承が短く、加えてその内容が出自、立太子の時期、後継者の決定、崩御というように画一的であり、それぞれの天皇に独自性が全くといってよいほど感じられません。こうした点を踏まえると、実在性については極めて薄いと言わざるを得ません。

寿命と崩年干支《ほうねんかんし》

　欠史八代が架空の天皇と考えられる証拠として、寿命の問題が挙げられます。八人の天皇の寿命を見ると、五人が百歳を超えているのです。一般的に考えると、これは異常と言ってよいでしょう。古代の場合は現代とは異なり、一年に二歳ずつ年齢を重ねていったとする見解もあるのですが、やはり無理があるように思われます。こうした年齢から考えてみても、八人の天皇の実在性は薄いと言えるでしょう。

　また、『古事記』の崩年干支の面からも、八人の天皇の架空性が言われています。これは、水野祐《みずのゆう》博士によって提唱された説であり、『古事記』に亡くなった年の干支が記されている天皇は実在したと考えられ、干支のない天皇は架空とするものです。これに拠ってみると、欠史八代の天皇は、すべて崩年干支が見られません。つまり、八人の天皇は架空ということになるのです。

　これらのことから、二代から九代までの八天皇については、架空とするのが一般的になっています。

欠史八代の天皇像
（「大日本祖神天皇御歴世御尊影」より）

崇神《すじん》

実在した最初の天皇

崇神は『古事記』や『日本書紀』によると、十代目の天皇とされます。開化《かいか》天皇の第二皇子であり、母は皇后のイカガシコメです。開化二十八年に皇太子となりました。時に十九歳とあります。そして、開化の歿後、即位してミマキヒメを皇后とし、磯城瑞籬宮《しきのみずかきのみや》（奈良県桜井市）を都としました。

崇神の治世は六十八年に及び、内容的にも様々なことが挙げられますが、何よりもまず、「御肇国天皇（ハツクニシラススメラミコト）」と称されている点が重要です。つまり、このことを文字通り解釈するならば、初めて国を統治した天皇ということになるでしょう。さらに言えば、初代天皇ということになります。初代天皇は、言うまでもなく神武《じんむ》であり、神武も「始馭天下之天皇（ハツクニシラススメラミコト）」と称されています。これでは二人の初代天皇が存在することになります。この点については、称号の解釈を国土の創設者という意味にとり、両者に付けても構わないとする説も見られますが、やはり異和感はぬぐえません。一般的には神武を架空の天皇とし、崇神を実在した初代と見るのが定説となっています。

さらに、神武との関係については、崇神の生涯を二分して、前半部分を神武の伝承としたとも言われています。これは、神武紀を見ると東征伝承が内容のほとんどを占め、東征の年数よりも長い治世の間になされたことが全く見られないこと、逆に崇神紀を見ると、統治者としての業績は多く語られているのに対して、即位以前の事柄が欠如している点を拠り所としています。

崇神の治世

『日本書紀』によって、崇神の生涯を振り返ってみると、まず、崇神五年に疫病が流行したとあります。そこで崇神は、オオタタネコに三輪の大物主神《おおものぬしのかみ》を祀らせ、長尾市《ながおち》に倭の大国魂神《おおくにたまのかみ》を祀らせました。翌六年には天皇の居所に祀った天照大御神《あまてらすおおみかみ》を倭《やまと》の笠縫邑《かさぬいのむら》（場所は奈良県田原本町、奈良県桜井市などの説あり）に移しました。

崇神十年には、四道《しどう》将軍の派遣が見られます。これは、大彦命《おおひこのみこと》を北陸に、武渟川別《たけぬなかわわけ》を東海に、吉備津彦命《きびつひこのみこと》を西道に、丹波道主命《たんばのみちぬしのみこと》を丹波にそれぞれ派遣したというものであり、国土の拡大に努める初代の天皇の政策として、いかにも相応しいと言えるでしょう。さらに、崇神十二年には戸口調査を行っており、これもまた初代の天皇らしい政策です。この結果、男には弓弭調《ゆみはずのみつぎ》、女には手末調《たなすえのみつぎ》といった税がそれぞれ定められました。

崇神六十年には、出雲の神宝《しんぽう》の貢上を求めるという事件がおきています。これも初代天皇らしい内容です。『日本書紀』によると、七月十四日に崇神が出雲大神の神宝を見たいと言ったとされます。ここでいう「見たい」とは、単に見るということにとどまらず、「とりあげる」ということを意味していると思われます。つまり、有力な地域の宗教的権威をとりあげるということです。

この時、神宝を管理していたのは出雲臣《おみ》の遠祖である出雲振根《ふるね》でした。朝廷からの使者である武諸隅《たけもろすみ》が出雲へ行った時、振根は筑紫国《つくし》へ出かけており、会うことが叶いませんでした。そこで、振根の弟である飯入根《いいいりね》は神宝を弟の甘美韓日狭《うましからひさ》と子の鸕濡渟《うかずくぬ》に持たせて朝廷に貢上しました。筑紫国から戻った振根は、このことを知って神宝を手放したことを怒り、飯入根を責めたのです。

この振根の怒りは年月を経ても消えず、ついに飯入根を謀殺してしまいました。このことを甘美韓日狭と鸕濡渟が朝廷に訴えたところ、崇神は吉備津彦命と武渟川別を派遣して振根を殺害してしまったというのです。

この崇神紀六十年条は、大和と出雲の関係を考える上で興味深いものです。なぜなら、大和が出雲大神の神宝献上を求めたということは、出雲の服属を求めたと読み取ることができるからです。そのような緊張状態の中、出雲側の代表である振根が筑紫国へ行っていて留守にしていたというのも、単純に考えると不思議な話で納得し難いように思われます。また、振根が怒っているように、出雲大神の神宝を容易く朝廷へ献上してしまう飯入根の行動も自然ではないように思われるのです。

これらのことから、この伝承を、出雲の服属を反映したものであるとする説が見られます。例えば、先駆的な見解で今も影響力を持っているものとして、出雲を東西の二つの地域に分けてとらえるという見方があります。これは、大和の支持を受けた出雲東部（オウ）の勢力が出雲西部（キヅキ）を滅ぼして出雲を統一したというもので、出雲の大和への服属という問題を考える時、出雲の東西というテーマはいろいろな示唆を与えてくれるのです。

三輪山《みわやま》伝承

崇神は、六十八年十二月五日に百二十歳（『古事記』では百六十八歳）で崩御したとされますが、遡って十年の四道将軍の派遣に関連して興味深い伝承を見ることができます。

それは三輪山伝承といわれるものであり、大物主神とその妻ヤマトトトビモモソヒメの話です。大物主神は妻のもとへ夜だけやって来るため、妻は顔をしっかりと見たいので明朝しばらくの間はとどまってくれるように頼んだところ、大物主神は明朝、櫛箱に入っていることを約束し、ただ驚かないようにと付け加えました。妻は訝しく思ったものの、翌朝、櫛箱を見たところ、実に美しい小蛇が入っていたのです。それを見た妻は思わず叫んでしまいました。大物主神は、たちまち人間の姿になって大空を舞って三輪山へ帰ってしまったのです。妻は三輪山を仰ぎ見て、後悔してその場に座り込んでしまいました。その時、箸が陰部に突き刺さり、妻は亡くなってしまうのです。大市《おおいち》（奈良県桜井市）に葬られましたが、時の人はその墓を箸墓《はしはか》といいました。この墓は、昼は人が造り、夜は神が造ったといわれています。

以上が伝承の内容ですが、これと類似したものは日本列島の各地に見ることができ、一般に三輪山伝承と総称されます。また、伝承の後半部分は箸墓の由来にもなっています。箸墓は初期の大形の前方後円墳の一つであり、一説には卑弥呼《ひみこ》の墓かともいわれているものです。

三輪山（一般財団法人 奈良県ビジターズビューロー提供）

『大日本名所図会』第1輯 第3編より「三輪社」「大三輪寺若宮」（国立国会図書館蔵）

垂仁《すいにん》

豊富な伝承

崇神《すじん》天皇の第三皇子として生まれた垂仁は、崇神の陰に隠れて存在が薄い印象を受けます。しかし、『日本書紀』を見ると、興味を引かれる伝承を多く含んでいるのです。

例えば、垂仁七年には相撲の起源が述べられています。それによると、当麻邑《たいまむら》（奈良県葛城市）に当麻蹶《たぎまのけ》速《はや》という力自慢がいて、「自分より強い者はいないだろう」と豪語しました。この言葉を憎んだ天皇が対戦相手を求めると、出雲国に野見宿禰《のみのすくね》という豪傑がいることを知ります。早速、その日の内に野見宿禰を召し出して、当麻蹶速と相撲をとらせました。

両者は相対して立ち、それぞれが足を挙げて相手を蹴ったところ、野見宿禰が相手のあばら骨を折り、さらに腰の骨を踏み折ってしまいます。そのため、当麻蹶速は死んでしまい、野見宿禰はそのままとどまって朝廷に仕えたとされます。

相撲は現代でも人気のあるスポーツですが、古代の相撲とはずいぶんと異なることがわかります。もとより、これらはあくまで伝承ではありますが、その内容はキックボクシングや総合格闘技といった感じです。

野見宿禰については、垂仁三十二年にも伝承が見られます。それは、皇后である日葉酢媛《ひばすひめ》が亡くなった時のことです。天皇が「殉死に代えて何かよい案がないか」と言った時に、野見宿禰が出雲国の土部《はじべ》を百人召し出して、埴《はにつち》をとり、人や馬など様々な物の形を造って天皇に献上したとされます。天皇は大層喜んで、日葉酢媛の墓に立てました。

これはすなわち、埴輪《はにわ》の起源とされる伝承であり、野見宿禰は土部の管掌者となりました。このことから、野見宿禰は土師連《はじのむらじ》の始祖といわれると記されています。

タジマモリと不老不死

垂仁紀には、このほかにもホムツワケ伝承や石上《いそのかみ》神宮（奈良県天理市）に関する伝承など興味を引かれるものがたくさんありますが、タジマモリの伝承も見逃せません。

垂仁九十年を見ると、天皇がタジマモリに命じて常世国《とこよのくに》へ派遣したことが見えます。その目的は「非時《ときじく》の香菓《かくのみ》」を持ち帰ることでした。非時の香菓とは、橘《たちばな》のこととされ、これを食べると不老不死の霊力が得られるといわれています。天皇は不老不死を願ったわけですが、その九年後に崩御してしまいました。タジマモリが常世国から戻ったのは、翌年三月のことでした。非時の香菓を持ち帰ったタジマモリは、天皇がすでに亡くなったことを聞いて泣き悲しみ、自殺してしまうのです。

ここに出てくる常世国というのは、不老不死の理想郷とされ、中国から伝わった道教《どうきょう》の中心的な要素の一つである神仙《しんせん》思想の産物です。道教は、布教する人物である道士《どうし》、布教施設である道観《どうかん》、崇拝対象である道像《どうぞう》などを備えたタイプの成立道教と、それらを必要としない、より民衆的な民間（民衆）道教の二通りがあり、このうち日本に伝わったのは民間道教のほうだったといわれています。その影響はすでに『日本書紀』にも見られるので、古代から指摘することも可能ですが、仏教や儒教などと比較すると、為政者の公的な支持を受けなかったということもあって、知名度が高いとはいえません。しかし、その思想は現代にも生きています。例えば、大安《たいあん》や仏滅《ぶつめつ》といったお日柄や方角の禁忌などは道教の影響であり、日本人のタブーの意識として根づいているといえるでしょう。

垂仁天皇陵古墳（奈良県奈良市）

34

景行《けいこう》

ヤマトタケルの父

第十二代の天皇とされる景行（大足彦忍代別天皇《おほたらしひこおしろわけのすめらみこと》）は垂仁《すいにん》天皇の第三皇子にあたります。垂仁三十七年の時に二十一歳で皇太子となり、九十九年に垂仁が崩御したあと天皇として即位し、纏向日代宮《まきむくひしろのみや》（奈良県桜井市）を都としました。

景行には、多くの実子が存在したといわれていますが、その中には皇后の播磨稲日大郎姫《はりまのいなびのおほいらつめ》との間に生まれた双子の弟にあたるヤマトタケル（小碓尊《おうすのみこと》）がいます。皇后のほかにも天皇は複数の妃《ひ》を娶《めと》っていたことから、実子の数は、ヤマトタケルや、のちの成務《せいむ》天皇を含めると八十人いたようです。

また、ヤマトタケル・成務天皇・五百城入彦皇子《いほきいりびこのみこ》らを除いた七十人余りの皇子・皇女は諸国へと向かわされ、子孫たちはそれぞれ国の別《わけ》になったとされています。

征討記事の相違

景行の時代において、とりわけ有名な話は、ヤマトタケルの伝承でしょう。ヤマトタケルは国土平定に尽力した人物であり、『日本書紀』にとどまらず、『古事記』にもその伝承が描かれていますが、両書の描写はそれぞれ異なっています。

まず『古事記』では、景行の段はヤマトタケルの伝承が内容の大部分を占めており、天皇自身の活躍が薄く感じられます。それだけにヤマトタケルの活躍が目立ち、熊襲《くまそ》・出雲・東国を遠征し、それぞれの首領を討ち取ったとあります。

一方の『日本書紀』は、ヤマトタケルの伝承に一辺倒であるかというと、決してそうではありません。景行自身の活躍が見られるのです。

例えば、景行十二年では熊襲が朝貢せずに歯向かっていたため、景行が軍を率いて九州へと出向きました。九月に周芳国《すおうのくに》（山口県）を拠点とする神夏磯媛《かむなつそひめ》が率いる一族を征服し、十月に碩田国《おほきたのくに》（大分県）に着いて、天皇に従わない現地の土蜘蛛《つちぐも》を討伐します。そして、十二月には熊襲国（熊本県から鹿児島県にかけて）の首領だったクマソタケルの討伐を行い、見事に完遂したのです。

このような景行自身の征討活動が述べられたあとの景行二十七年十月になって、ようやくヤマトタケルが登場します。

以上のことからわかるように『日本書紀』では、『古事記』の中ではヤマトタケルの行動とされているものが景行に映し出され、その活躍ぶりが描かれているのです。

その後、景行は六十年間の統治ののち、『日本書紀』では百六歳、『古事記』では百三十七歳で崩御したことになっています。

鶴澤探眞画「山陵図」景行帝山辺道上陵（国立公文書館蔵）

成《せい》務《む》・仲《ちゅう》哀《あい》

地方制度を敷いた成務

成務は名前を稚足彦天皇《わかたらしひこのすめらみこと》といい、景行の第四皇子にあたります。景行四十六年の時に皇太子となり、景行が崩御したのち、第十三代の天皇として即位しました。

成務の事績を挙げるとすれば、それは地方制度の設置になります。成務は即位四年後に詔を出して、人民が未だに野蛮なのは地方にそれらを統治する官職がなかったためだと指摘しました。そして、翌年の九月、諸国に命を下し、国郡《くにこほり》に造長《みやつこおさ》、県邑《あがたむら》に稲置《いなき》をそれぞれ置きました。また、山や河を境に国や県を分け、国郡・県邑よりも下位の区分である邑里《むら》を定めるといった行政区画も行われました。

しかし、成務が行ったと伝えられる一連の行政政策は実在性が薄く、後世に行われた事績の起源を古くするために創作された見方が強いと指摘されています。例えば、行政区画が確定するのは天武朝《てんむちょう》の頃であり、造長や稲置といった地方の役職も六、七世紀頃に成立したという見方が強いため、年代に差が生じてしまうのです。

以上のような問題点から、成務自体の存在も疑わしく思われます。

神の言葉に従わなかった仲哀

仲哀（足仲彦《あしなかつひこ》天皇）はヤマトタケルの第二皇子にあたる天皇です。叔父にあたる先代の成務に子どもがいなかったため、仲哀が即位しましたが、具体的な記述が少ない天皇です。

仲哀は父であるヤマトタケルを大変慕っていたとされ、父が白鳥になったのを機に白鳥を献上させ、御陵の池で飼い、その心を慰めようとしたという記録があります。また、ヤマトタケルの熊襲《くまそ》征討の影響か、再び熊襲が敵対した時は仲哀自らが軍を率いて熊襲へ向かったとされています。

この熊襲征討を果たすため、仲哀は遠征中、博多の橿日宮《かしひのみや》（香椎宮。福岡県福岡市東区）を拠点にして群臣たちと会議を行いました。その時、同行していた皇后である気長足姫尊《おきながたらしひめのみこと》（神功皇后《じんぐう》）に神が乗り移り、富が少ない熊襲を討つよりも豊かな財を持つ新羅国《しらぎのくに》を服従させるよう神託しました。しかし、仲哀は新羅の方角の海を見てもそのような国がまったく見えないことを指摘し、再び神託があったものの、その言葉には従わずに熊襲征討を実施しました。その結果、征討は失敗し、神の言葉を信じなかった仲哀は神罰によって崩御したのです。

香椎宮本殿（香椎宮提供）

応神《おうじん》

不思議な出自

応神は仲哀《ちゅうあい》と神功《じんぐう》皇后との間の皇子ですが、その出生をめぐっては不思議な伝承を持っています。そもそも応神が生まれたのは、筑紫《つくし》、すなわち九州とされていて大和やその周辺ではないのです。それは仲哀が熊襲《くまそ》を征討するために九州へ出兵し、それに皇后の神功も同行していた時の出来事であり、神が神功にかかって神託《しんたく》を述べるのです。

その内容は、「何も得るものがない熊襲よりも新羅《しらぎ》を討つべし」というものでした。神功は仲哀に進言しますが、全く聞き入れられません。すると神は、「仲哀は新羅を得ることはできないが、懐妊した神功の子は新羅を得ることができるだろう」という神託を下すのです。

これが応神誕生譚の始まりです。仲哀は熊襲征伐を強行して失敗してしまいます。『日本書紀』には、熊襲の矢に当たって死んだという伝承が記されています。その後は神功による新羅征討になるのですが、いざ出兵という時、神功は臨月《りんげつ》を迎えてしまいます。すると、神功は腰に石をあてがって、事が終わって帰った時に「ここで生まれますように」と誓約《うけい》をして出兵するのです。そして、瞬く間に新羅をはじめとする朝鮮半島の国々を平定して戻り、応神を産んだのでした。『日本書紀』の応神天皇即位前紀条によると、筑紫の蚊田《かだ》の生まれとあり、神功摂政前紀条では宇瀰《うみ》で誕生したとあります。いずれにしても九州の生まれということになります。

天皇の出生地というと、大方は大和（奈良県）であり、九州生まれの天皇というのは極めてユニークといわざるを得ません。このことから、応神はそれまでの大和の天皇とは異なる九州王朝の王であるとする見解も出されています。

また、応神は、臨月になってもさらに神功の体内に留め置かれたわけで、誕生した時には腕の筋肉が盛り上がっていたとされ、胎中《たいちゅう》天皇などとも称されています。

朝鮮半島との関係

応神は、朝鮮半島との関わりの中で生まれた天皇であるせいか、渡来人との関係も強く見られます。古代においては、大陸からの渡来人の流入は時代を問わずにあったと思われますが、具体的に見ていくと、やはり多く押し寄せてきた時期と、そうでもない時期とがあったようです。

例えば、応神十四年二月には、弓月君《ゆづきのきみ》が百済《くだら》からやって来たとあります。弓月君は養蚕《ようさん》や機織《はたおり》を伝えたとされる伝説上の人物であり、子孫の秦《はた》氏は代表的な渡来系氏族の一つになっていきます。十五年八月には、百済王が阿直岐《あちき》を遣わして良馬二匹を献ったことが記載されています。阿直岐は経典を読む力が優れており、太子である菟道稚郎子《うじのわきいらつこ》の師になったといわれています。阿直岐の子孫が阿直岐史《あちきのふひと》です。

さらに、この阿直岐の推挙によって渡来したのが王《わ》仁《に》です。『論語』や『千字文《せんじもん》』を日本へもたらしたとされ、このことから漢字をもたらしたともいわれます。来日後は菟道稚郎子の師となりました。書首《ふみのおびと》らの始祖ともいわれています。王仁は日本では半ば伝説上の扱いですが、韓国では実在の人物と見なされ、記念館も造られているほどです。

応神二十年九月には、阿知使主《あちのおみ》と子の都加使主《つかのおみ》が一族と共に渡来したとされます。阿知使主も王仁と同様に文筆に長けていたとされ、子孫は倭漢直《やまとのあやのあたひ》氏として朝廷に仕えました。

渡来人については、かつては帰化人と称されるのが一般的でした。しかし、彼らは天皇の徳や倭国の文化の高さを慕って大陸からやって来たのではないため、これを「帰化」とするのは正しくないというので、近年は「渡来」という言葉が使われるようになりました。

しかし、彼らは日本列島にやって来て住みつき、代々、朝廷に仕え、子孫も住みついていることがほどんどであることなどから、やはり、「帰化」のほうが相応しいという見解もあります。いずれにしても、応神朝は渡来人が多く押し寄せた時期と見られているのです。

仁徳《にんとく》

典型的な聖帝

仁徳は、ひと昔前であれば日本人の誰もが知っている聖帝でした。その証しの一つとして、仁徳天皇陵古墳が挙げられるでしょう。仁徳天皇陵古墳は、墳丘全長が四百八十六メートルあり、前方後円墳として最大の大きさを誇ります。しかし現在では、この古墳は仁徳の墓とは考えられないとして、大仙陵《だいせんりょう》古墳とか大《だい》山《せん》古墳とかと呼ぶようになってきましたが、これなども偉大な仁徳の墓は巨大であるという認識に基づくものです。

聖帝伝承の内容を具体的に見るならば、『日本書紀』の仁徳四年二月に群臣へ詔《みことのり》を発して、「高台に登って民の暮らしを見たところ、飯を炊く煙が上がっておらず、民の困窮ぶりが窺われる」という有名なエピソードを述べています。そして、三月二十一日に、今より三年間、税を徴収しないということを宣言しました。

その間、仁徳自身も身なりに贅沢をせず、食事も慎ましやかでした。宮殿が荒れても修復せず、そのために雨漏りがするほどでした。

そのようなことを経て三年後、民は豊かになり、仁徳を讃える声が満ち、飯を炊く煙も盛んに立ち昇るようになりました。

即位して七年目の四月一日、仁徳が再び高台に立ち、煙が多く立ち昇るのを見て、皇后に、「自分が富裕になった」と語りました。皇后は、「宮殿は壊れ、身なりも整えられないのに、どうして富裕になったというのか」と問うと、「民が豊かということは、すなわち王が豊かということである」という聖王の哲学を説いたのでした。

九月には、諸国が進んで田祖《でんそ》と調《ちょう》を納め、宮殿の修理を願いましたが、仁徳はなお、宮殿の修理を許しませんでした。

即位十年目の十月になって初めて税を徴収し、ようやく宮殿を造りました。すると、人々は競い合って労働に励み、昼夜を問わず作業にあたったので、思いのほか短い日数で宮殿が完成し、仁徳は「聖帝《ひじりのみかど》」と讃えられたのです。

まさに仁徳の聖帝ぶりが、いかんなく記されています。もちろん、これを歴史的な事実として素直に受け取る人はいないでしょうが、仁徳は他にも池や堤・水路の設置といったことにも力を尽くしています。これらは勧農に結びつくものであり、聖帝としての重要な要素の一つといってよいでしょう。

華やかな女性遍歴と皇后の嫉妬

仁徳は、その聖帝ぶりが強調されますが、一方では女性との交友も盛んで、加えて皇后のイワノヒメが嫉妬深いときているので、当然のことながら無事では収まりません。

『日本書紀』の仁徳二十二年正月を見ると、仁徳は「八田皇女《やたのひめみこ》を妃《ひ》にしたい」と皇后に語りました。皇后は当然許しません。仁徳は盛んに歌を詠んで皇后に贈りますが、皇后はついに反歌《はんか》をしなくなってしまいました。仁徳三十年九月十一日に皇后は紀国《きのくに》（和歌山県）

に遊行《ゆぎょう》しますが、その隙に仁徳は八田皇女を宮中に召してしまったのです。難波《なにわ》（大阪府）まで戻った皇后は、このことを知り、仁徳が迎えに来ているにもかかわらず、船を降りずに川を遡り、山背《やましろ》（京都府）から大和《やまと》（奈良県）へ向かいました。仁徳は舎人《とねり》の鳥山《とりやま》を遣わして皇后へ戻るように促しますが、皇后は戻ることなく、山背の筒城宮《つつきのみや》（京都府京田辺市に比定）に住み続けました。

その後も仁徳は、口持臣《くちもちのおみ》を遣わしたり、自らも筒城宮に赴いたりしますが、皇后は頑として会いませんでした。そして、仁徳が即位して三十五年目の六月に皇后の磐之媛は筒城宮で亡くなってしまいます。その三年後の三十八年正月になって八田皇女が皇后となるのです。

まさに、すさまじい別居生活ということができるでしょう。むろん、古代と現代とをひとくくりにはできませんが、現代にもありそうな話といえなくもありません。

履中《りちゅう》・反正《はんぜい》・允恭《いんぎょう》

皇位継承に勝利した天皇

履中は、仁徳《にんとく》の第一皇子で、第十七代の天皇です。母は皇后のイワノヒメであり、『日本書紀』では「去《い》来穂別天皇《ざほわけすめらみこと》」、『古事記』では「伊耶本和気王《いざほわけのみこ》」と表記されます。

履中紀は、皇位継承による争いから始まります。実弟の住吉仲皇子《すみのえのなかつのみこ》が皇太子（のちの履中）を襲撃したのです。その理由として、羽田矢代宿禰《はたのやしろのすくね》の娘であるクロヒメをめぐる争いであったことが『日本書紀』のみに記載されています。

住吉仲皇子は、皇太子が妻として迎えようとしたクロヒメに対して、仲立ちの使者として通う中で深い関係になりました。しかし、携帯していた鈴をクロヒメのもとに忘れたため、二人の関係性が皇太子に発覚したのです。そこで、住吉仲皇子は先手を打って兵を挙げましたが、皇太子は辛くも逃れ、逆に、末弟の瑞歯《みずは》別《わけ》皇子（のちの反正）に住吉仲皇子の殺害を命じ、瑞歯別皇子はこれを達成しました。

この住吉仲皇子の謀反を契機にして、履中以降、長きにわたって皇位をめぐる争いが続いていくことになります。

履中の統治は、わずか六年間でしたが、蔵職《くらのつかさ》や蔵部《くらひとべ》を設置したとされています。

歯に特徴のある天皇

反正は、『日本書紀』では「瑞歯別《みずはわけ》天皇」、『古事記』では「水歯別命《みずはわけのみこと》」と表記されます。反正には目立った事績は見られませんが、即位前の履中時代、皇位をめぐる戦いに勝ち残ったことが大きく作用しました。

すなわち、反正は履中側と住吉仲皇子側のどちらとも関係があったため、うまく世渡りしていき、第十八代天皇の位に就くことができたのです。また、『古事記』には、背が九尺二寸半（約三メートル）、歯が一寸（約三センチ）という特徴的な容姿が記されています。また、歯が一つの骨のようだったことが、名前の由来とされています。

障害を持った天皇

允恭は反正の実弟で、第十九代に数えられる天皇です。『日本書紀』には「雄朝津間稚子宿禰《おあさづまわくごのすくね》天皇」、『古事記』には「男浅津間若子宿禰王《おあさづまわくごのすくねのみこと》」と記されています。『古事記』と『日本書紀』によると、反正の亡きあと、高官たちは雄朝津間稚子宿禰皇子（のちの允恭）を皇位に就けようとしましたが、皇子は重い病のために辞退しました。身体が不自由であり、歩行がままならなかったといわれています。

その後、『日本書紀』では、皇子の妻の忍坂大中《おしさかのおおなかつ》姫《ひめ》が寒さの中で「洗手水」をもって長時間にわたって懇願し、ついに倒れてしまいました。このことがあったのち、皇子が即位したとあります。一方、『古事記』では、高官の強い推挙によって即位したとあります。

即位後の允恭は、盟神探湯《くかたち》（古代における神意によって決定する裁判）を実施して、氏姓制度の整備に取りかかり、氏姓の乱れを治めました。

● ●

また、允恭は、五世紀に中国と交渉をもった倭《わ》の五《ご》王《おう》（讃《さん》・珍《ちん》・済《せい》・興《こう》・武《ぶ》）の内の済にあたる天皇とされていることでも有名です。

履中天皇陵古墳（大阪府・堺市提供）

安康《あんこう》

倭王「興《こう》」

安康は、允恭《いんぎょう》の第二皇子で、第二十代に数えられる天皇です。母は忍坂大中姫《おしさかのおおなかつひめ》です。和風諡号《わふうしごう》は、『日本書紀』では「穴穂天皇《あなほのすめらみこと》」、『古事記』では「穴穂皇《あなほべのみ》子《こ》」とあります。

また、『宋書《そうじょ》』と『梁書《りょうしょ》』には「倭《わ》の五王《ごおう》」が記されていますが、これを『日本書紀』の系譜に当てはめ、現在、通説になっている「武《ぶ》＝雄略《ゆうりゃく》」（五番目）とすると、安康は「興」（四番目）にあたります。安康の業績はわずか三年間の統治ということもあって、『日本書紀』の安康紀の中では描かれていません。その一方、繰り返される身内争いの記事が多くを占めています。

先代の允恭が崩じたあと、周囲は第一皇子の太子（木梨軽皇子《きなしのかるのみこ》）を次の天皇にしようとしましたが、暴虐な行為や女性への淫行《いんこう》が数多かったため、人々は次第に穴穂皇子についていきました。太子は穴穂を襲撃しようと密かに兵を集め、穴穂もこの戦いに挑んでいきました。しかし、群臣の中にも民の中にも太子に従う人物はなく、太子はやむなく物部大前宿禰《もののべのおおまえのすくね》の家に身を隠しました。

一方、穴穂は家の周りを囲むなど徐々に攻めていきました。その中で、大前宿禰と穴穂は歌のやり取りをしていますが、収録されている段が異なります。すなわち、『日本書紀』では安康の段ですが、『古事記』では允恭の段に収められているのです。最終的に、太子は宿禰の家で自決して、これによって穴穂が皇位に就きました。

眉輪王《まよわおう》による殺害

安康は、即位してからも身内の争いに巻き込まれていきます。安康は、弟の大泊瀬《おおはつせ》皇子（のちの雄略）に妻を迎えるため、伯父である大草香《おおくさか》皇子（仁徳《にんとく》の皇子）の娘を選びました。しかし、使者に立った根使主《ねのおみ》は、宝物である冠の押木珠縵《おしきのたまかづら》を天皇に献上するという大草香皇子からの申し出に対して、それを横取りしようとして「大草香皇子は天皇の命令を受諾できない」と安康に讒言《ざんげん》します。安康は根使主の讒言を信じて、大草香皇子を討ってしまいました。

それだけではなく、その後、安康は大草香皇子の妻だった中蒂姫《なかしひめ》を奪って皇后にしてしまいます。しかし、その皇后には大草香皇子との間に生まれた眉輪王がいました。

安康は即位して三年目の八月に山宮へ行幸し、皇后もこれに同行しました。そこで高殿に昇って宴会を開き、楽しまれました。この時、天皇は皇后に向かって、自分が眉輪王を恐れていることを語りました。この時の眉輪王はまだ幼く、高殿の下で遊んでいましたが、実父の殺害についてすべてを知ることになります。すなわち、眉輪王は、実父の大草香を殺した人物が安康だと知り、皇后の膝を枕にして熟睡していた安康を刺殺します。これは、日本史上初の天皇が暗殺された事件となりました。

鶴澤探眞画「山陵図」安康帝菅原伏見西陵（国立公文書館蔵）

雄略《ゆうりゃく》

倭王「武《ぶ》」

雄略は第二十一代天皇で、和風諡号《わふうしごう》は大泊瀬幼武《おおはつせのわかたけの》天皇《すめらみこと》です。「ハツセ」は、現在の奈良県桜井市初瀬あたりの泊瀬朝倉宮で即位したことに由来しています。允恭《いんぎょう》とその皇后の忍坂大中姫《おしさかのおおなかつひめ》の間に第五皇子として生まれ、前代の安康《あんこう》は同母兄です。皇后は草香幡梭《くさかのはたび》姫皇女《ひめのひめみこ》、ほかに葛城韓媛《かずらきのからひめ》、吉備稚媛《きびのわかひめ》、春日童女君《かすがのおみなぎみ》を妃にしました。

『宋書《そうじょ》』などの中国の史書に見られる、いわゆる「倭の五王」の「武」はワカタケルの略称とされ、同一人物だと考えられています。また、埼玉県行田《ぎょうだ》市の稲荷山《いなりやま》古墳出土鉄剣銘と熊本県玉名《たまな》郡和水《なごみ》町の江田《えた》船山《ふなやま》古墳出土大刀銘には、「獲加多支鹵《わかたける》大王」という人名が記されており、これが雄略のこととされています。このことから、雄略の時代、つまり五世紀後半には、関東から九州にまで広くヤマト政権の権力が及んでいたことがわかります。特に雄略は、大和（奈良県）と河内《かわち》（大阪府）に勢力を持ち、渡来人を重用しました。

有徳と悪徳

雄略の特徴は、悪徳と有徳、すなわち善悪の両面を併せ持つ二面性にあります。

即位前の雄略は、兄である安康が暗殺されたにもかかわらず、碌《ろく》な反応を示さない兄弟たちに忿怒し、犯人である眉輪王《まよわおう》の誅殺に奔走し、遂には兄弟や従兄弟もろとも殺害しました。即位後もほとんど他人を信用せず、皇位継承のライバルであった従兄弟や気に入らない舎人《とねり》たちを次々に殺害していきます。この暴君ぶりによって、世間からは「大悪天皇」とすら呼ばれてしまうのです。また、このことが、のちになって皇位継承者がいなくなるという事態を引き起こすことにもなります。

その一方で、葛城山《かつらぎさん》で出会った一言主神《ひとことぬしのかみ》と交流し、神に対する信心深さと礼を尽くしたエピソードでは、謙虚な姿勢によって、「有徳天皇」と評価されました。

また、雄略は、治世二十三年に崩御し、現・大阪府羽曳野市の丹比鷲原陵《たじひのたかわしのはらのみささぎ》に葬られますが、雄略の近習の隼人が陵の側で昼夜慟哭し、食事もとらず、ついに七日目にして死んでしまったという記事が、清寧天皇条に見られます。

雄略期には、ほかにも数多くの奇譚《きたん》が収録されています。例えば、側近だった少子部蜾蠃《ちいさこべのすがる》に関しては、「蚕《かいこ》」と「子」とを間違えて集めてきたことから少子部の姓を賜ったという話や、天皇の命で大蛇の姿をした三輪山《みわやま》の神を捕らえて献ったことを理由に雷の名を賜った話などがあります。蜾蠃が雷神を捕らえた話は『日本霊異記《にほんりょういき》』にも見られ、蛇を放った丘は「雷の丘」という地名になったと記されており、現代にもこの地名は伝わっています。

また、浦島伝説の起源譚と考えられる話も見られますが、この伝承については肝心な部分が「別巻」にあるとされています。しかし、その「別巻」が『日本書紀』には見られないという何とも不思議な話になっています。

渓斎英泉『武勇魁図会』より「少子部連蜾蠃」(右)と「雄略帝」(左)(国文学研究資料館蔵)

清寧《せいねい》・顕宗《けんぞう》・仁賢《にんけん》

反乱を乗り越えた天皇

清寧は第二十二代天皇とされ、和風諡号《わふうしごう》は白髪武広《しらかのたけひろ》国押稚日本根子天皇《くにおしわかやまとねこのすめらみこと》です。雄略《ゆうりゃく》の第三皇子とあり、母は葛城韓媛《かずらきのからひめ》です。生まれながらの白髪で霊力があったといいます。雄略は清寧を寵愛し、皇太子としました。

ところが、雄略の崩御後、雄略の妃であった吉備稚《きびのわか》媛《ひめ》が子の星川皇子《ほしかわのみこ》を擁立しようとクーデターを起こします。長子の磐城《いわき》皇子は、弟である星川皇子を諫めますが、星川皇子はこれを聞き入れませんでした。しかし、クーデターは大伴室屋大連《おおとものむろやおおむらじ》らによって鎮圧されてしまいます。原因は雄略期から続く吉備《きび》氏と天皇家の対立と考えられますが、これを機に吉備氏は衰退していきました。

市辺押磐《いちのべのおしは》皇子の遺児

クーデターを乗り越えて即位した清寧でしたが、皇子が生まれませんでした。しかし、父雄略が他の有力皇位継承者をことごとく殺害していたため、皇統断絶の危機に瀕してしまいます。この危機は、市辺押磐皇子の子の億計王《おけおう》と弘計王《おけおう》が発見されたことによって救われました。

市辺押磐は第十七代履中《りちゅう》の皇子で、雄略の従兄弟にあたります。父が雄略に射殺されたことを聞いて逃亡し、億計王と弘計王の二人は播磨《はりま》国（兵庫県）に逃れ、そこで牛馬飼いに身をやつして暮らしていました。その後の清寧の治世、新嘗《にいなめ》の供物を徴収しに来た使者に弟の弘計王が素性を明かし、二人は宮中に迎え入れられることになるのです。

清寧は治世五年に崩御し、河内坂門原陵に葬られます。清寧の死後は、億計王と弘計王は互いに皇位を譲り合いましたが、兄（億計王）の辞退によって弟（弘計王）が先に顕宗として即位し、続いて兄が仁賢として即位しました。どちらも民に寄り添う政治をした名君だったと言われています。なお、仁賢の皇女である手白香皇女《たしらかのひめみこ》は継体《けいたい》（第二十六代）との間に、以降の天皇家の嫡流となる欽明《きんめい》（第二十九代）を産んでおり、仁賢は皇統において重要な天皇であるといえるでしょう。

三天皇の実像

しかし、清寧・顕宗・仁賢の三天皇の記述は、その物語性の高さからフィクションであると考えられています。特に、皇位や皇后を譲り合う顕宗と仁賢の姿は、儒教的な美徳を持つ天子の理想像が反映されているといってよいでしょう。

これらの三天皇が創り出された理由としては諸説ありますが、雄略の暗殺を隠蔽するために継体までの中継として、武烈《ぶれつ》（第二十五代）と併せて創出されたのではないかと考えられています。

清寧天皇陵古墳（大阪府・羽曳野市教育委員会提供）

42

武烈《ぶれつ》

信じ難い行動

『古事記』と『日本書紀』の中では、天皇は一般的に讃えられる存在として描かれています。もっとも、あまり好意的に記されていない天皇もいますが、そうした天皇たちの中においても武烈の悪評は群を抜いています。

武烈の治世は八年とされますが、その短い年月にすさまじい非道ぶりが、これでもかと記されています。しかも、非道な振る舞いは『日本書紀』だけに見られるもので、『古事記』には全く記されていません。『日本書紀』を見ても武烈即位前紀条には、法令によく通じていて、無実の罪は必ず見抜き、訴訟は実に当を得ていたとあります。しかし、その一方では多くの悪業を行って、善いことは何一つ行わなかったとも書かれています。

武烈の悪業の数々を具体的に見るならば、まず、即位して二年目に妊婦の腹を裂いて、その胎児を見たといいます。翌年には、人の生爪を剥いで、芋を掘らせました。

その後も四年目の四月には、人の頭髪を抜いて、さらに樹に登らせ、その樹を伐り倒して、人が落下して死ぬのを楽しみとしました。

五年目の六月には、人を池の樋に伏せ入らせて、外へ出てくるところを三刃の矛《ほこ》で刺し殺して楽しんでいました。

七年目の二月には、人を樹に登らせて、それを弓で射落として笑っていました。

八年目の三月には、女性を裸にして板の上に座らせて、馬の前に引き出して交接させたといいます。そして、女性の陰部を調べて、潤っている者は殺し、そうでない者は官婢《かんぴ》にしてこれを楽しみにしたというのです。

さらに、その生活ぶりはというと、贅沢三昧を尽くし、美食をして、人々の飢えなどは一切顧みませんでした。また、取り巻きの芸人たちに淫靡《いんび》な音楽を奏でさせ、奇怪な遊びごとを楽しみました。そうした生活は日夜を分かたず続けられ、華美な衣装に身を包んだ宮廷人と酒に酔いしれる日々を過していました。そして、即位して八年目の十二月八日に列城宮《なみきのみや》（奈良県桜井市）で崩御しました。

こうした『日本書紀』の記述を読んでいくと、武烈の行動には天皇らしさのかけらさえまったくなく、それどころか人として許されない行為ばかりをしています。また、その一方で思うのは、『日本書紀』に見られるような所業を武烈は本当にしていたのかということです。

武烈の役割

武烈の非道に疑問を持つならば、当然のことながら、なぜ武烈はこのような悪徳の天皇として描かれなければならなかったのか、ということが問題になってきます。

この点からは一つの見解が提示されています。それは、中国風の思想であり、具体的には、王が善政を布けば、天はそれに感じて良い成果をもたらしてくれ、逆に悪政を行うと、天はそれを嫌い、その王朝を滅ぼしてしまうというものです。つまり、武烈の悪政は、その王朝が滅びることを暗示しているのではないかということです。武烈のあとには継体《けいたい》が即位しますが、実は両者の間には王朝の断絶があり、『日本書紀』はそれを中国風の思想を用いて示唆したというのです。

この点については、次の「継体」の項で再度述べますが、武烈紀に戻ると、四年条に百済王《くだらおう》の交代が述べられており、興味を引かれます。すなわち、この年、百済の末多《また》王が排除され、武寧《ぶねい》王が即位したとあるのです。理由は、末多王が民に暴虐を働いていたため、人々はついに末多王を除き、新しい王を迎えたためです。

こうした外国の王の交代が、武烈の非道の記事に挟まれるかたちで記載されているということは、武烈も末多王と同様に玉座《ぎょくざ》を奪われるということを示唆している、と読み取ることもできるのではないでしょうか。

継体《けいたい》

応神《おうじん》天皇五世の孫

諱《いみな》は男大迹《おおど》であり、袁本杼《をほど》・乎富《おほど》などとも表記されます。六世紀前半に在位した天皇です。悪徳の限りを尽くしたとされる先代の武烈《ぶれつ》に継嗣《けいし》がなかったため、越前（福井県）から迎えられました。

すなわち、『日本書紀』によると、近江国（滋賀県）にいた彦主人王《ひこうしのおう》が越前国の三国《みくに》（福井県坂井市）にいた振媛《ふりひめ》を妃《ひ》として産ませたのが継体なのです。出生地については、『古事記』では近淡海国《ちかつおうみ》となっています。いずれにしても大和（奈良県）からは離れた地の出身ということになります。さらに、系譜的にもいささか気になる点が見られます。それは、応神天皇の五世の孫となっていて、天皇の直系から見ると、随分と遠い存在なのです。『釈日本紀《しゃくにほんぎ》』所引の『上宮記《じょうぐうき》』逸文《いつぶん》には、

凡牟都和希主（応神）―若野毛二俣王―大郎子―
乎非王―汙斯王―乎富等大公王

という系譜が見られます。

継体は、当時、最大の実力者であった大伴金村《おおとものかなむら》らに迎え入れられ、河内国の樟葉《くずは》（大阪府枚方市）で即位するのですが、その後、山背国《やましろ》の筒木《つつき》（京都府京田辺市）、弟国《おとくに》（同長岡京市）を経て、二十年後に大和国へ入り、磐余玉穂宮《いわれのたまほのみや》（奈良県桜井市）を都としました。即位してから大和国へ入るまでに実に二十年もかかっているという点も異常です。

また、継体は武烈の妹である手白香皇女《たしらかのひめみこ》を皇后としていますが、それ以前に尾張連草香《おわりむらじのくさか》の娘である目子媛《めのこひめ》を妃としています。

さらに、継体という漢風諡号《かんぷうしごう》も注目されます。漢風諡号は、聖徳以前のものは奈良時代に淡海三船《おうみのみふね》によってまとめて受けられたものですが、継体という諡号からは、体制を継承するといった意味が感じられます。

これらのことから、武烈と継体との間には王朝の断続

があるのではないかという説が見られるのです。

王朝交替説について

天皇家の系譜については、『日本書紀』も『古事記』もともに〝万世一系〟という理念が貫かれていますが、これに対して、天皇家は一系ではないとするのが王朝交替説ということになります。この中で最も体系的でよく知られているのが、水野祐《みずのゆう》博士による、天皇家は三つの王朝から成っているという三王朝交替説です。

戦後間もなく発表されたこの説は、初代の神武《じんむ》から九代の開化《かいか》までを架空の天皇としました。すなわち、実在した初代の天皇は崇神《すじん》ということになります。この王朝は仲哀《ちゅうあい》まで続きます。三王朝交替説では、この王朝は古王朝と称されています。したがって、仲哀の次の応神《おうじん》からは、それまでとは異なった王朝となります。応神は九州の王とされ、この王朝は応神の次の仁徳《にんとく》の時に東征して大和へ入ったことから、三王朝交替説では、この王朝を仁徳王朝とか中王朝とかと称しています。そして、この王朝は武烈まで続くことになります。

そして、継体からは新しい王朝になり、これを新王朝としています。この王朝が現代の天皇家に繋がっているというのです。この三王朝交替説については、様々な意見が出されていますが、崇神を実在する天皇の初代とすること、応神から新しい系統になること、継体もそれまでとは異なった系統であること、といった骨子については、大筋において認められており有力な説といえるでしょう。

継体朝の外交政策

継体の時代は、朝鮮半島の三国、すなわち新羅《しらぎ》・百済《くだら》・高句麗《こうくり》の成長によって対外関係が難しくなった時です。大きな問題として、百済への任那《みまな》四県の割譲が挙げられます。

継体六年（五一二）十二月に百済から任那の上哆唎《おこしたり》・下哆唎・娑陀《さだ》・牟婁《むろ》の四県割譲が奏上されました。この申し出に対して、実力者だった大伴金村も同調したので、四県は百済に譲られることになりました。しかし、この件に関しては、裏で百済から大伴金村に賄賂《わいろ》が贈られていたという流言がなされました。実際、のちになって大伴金村が賄賂を受け取っていたことが明らかとなり、大伴氏は失脚することになるのです。

さらに、継体朝で特筆されるのは磐井《いわい》の乱です。継体二十一年（五二七）六月三日、継体は近江毛野《おうみのけな》に六万の兵を授け、任那へ向けて進軍を命じました。新羅によって占領された任那の領土（南加羅・喙己呑《とくことん》）を回復するためでした。

これに対して、筑紫国造《つくしのくにのみやつこ》の磐井は、兼ねてから反旗を翻そうと隙を窺っていました。新羅は、こうした状況を巧みに利用して、賄賂を磐井に贈り、近江毛野軍を防ぐように仕向けたのです。

磐井は火国《ひのくに》・豊国《とよのくに》にまで勢力を拡大し、朝廷の命令に従わず、海路を断って、百済・新羅・高句麗・任那などからの朝貢船を奪い、近江毛野軍の渡海を阻みました。

こうした磐井の行動には、朝廷によるたび重なる半島出兵に九州北部の豪族たちが駆り出されており、その負担の重さへの不満が高まっていたという事情もあったとされています。

ともあれ、近江毛野軍は磐井の乱によって朝鮮半島への渡海ができなくなり、朝廷は物部麁鹿火《もののべのあらかひ》に磐井の鎮圧を命じることになりました。

翌年、大将軍の物部麁鹿火は筑紫の御井《みい》郡で交戦しました。激戦が続き、両軍とも譲りませんでしたが、最後はついに麁鹿火軍が勝利し、磐井は斬られたのです。

磐井の乱は、このように大事件として『日本書紀』で扱われているのですが、『古事記』では全く異なっています。

『古事記』は推古《すいこ》天皇までを叙述していますが、後半の天皇については叙述が簡略化されています。この点も考慮しなければなりませんが、その上で磐井の乱に関する記述を見るならば、継体の時代に筑紫君磐井が天皇の命に従わず、無礼を極めたとあり、そこで物部麁鹿火と大伴金村を遣わして磐井を殺したとあります。記述はわずかにこれだけなので、ここからは『日本書紀』のような大事件だと読み取ることはできません。

さらに、磐井の乱については『風土記《ふどき》』にも記述が見られます。すなわち、『筑後国風土記』逸文を見ると、古老の伝えによるとして、磐井のことが記されています。それによると、継体の時代に筑紫君磐井という荒々しく乱暴な者がいて、継体の命令に従わなかった。反乱を起こしたが、官軍の追討を受けた際、勝てそうにないことを悟って、一人で豊前国の上膳県《かみつみけのあがた》に逃れ、南の山の凹所で行方がわからなくなった、とあります。

この『風土記』の伝承では、磐井の生死については不明というか、むしろ逃げ延びたような書かれ方をしています。判官《はんがん》びいき、もしくは地元のヒーローに対する愛情表現なのかもしれませんが、『風土記』が反乱伝承であるにもかかわらず、『古事記』や『日本書紀』と異なった内容を堂々と記している点は見逃せません。こうした『風土記』や『古事記』の記述を考慮するならば、磐井の乱を『日本書紀』の内容からだけで読み取ってよいのかどうかを考える必要があるのかもしれません。

磐井の墓とされる岩戸山古墳（福岡県・八女市教育委員会提供）

安閑《あんかん》・宣化《せんか》・欽明《きんめい》

二朝並立論

　継体《けいたい》のあとの皇位は、安閑→宣化→欽明へと移っていきますが、謎とされていることがあります。まずは継体の崩御に関してです。『日本書紀』は継体二十五年（五三一）としていますが、別伝承では継体二十八年（五三四）のこととしています。それを二十五年としたのは、『百済本紀《くだらほんき》』によると述べ、さらに日本の天皇・太子・皇子が揃って亡くなったと記しています。この天皇と太子、皇子が共に亡くなったという記述は、謎めいたものといえます。

　また、継体の死後、次の安閑が即位するまでに三年間の空白があること、継体の崩御の翌年に欽明が即位したと見ることもできる点などが指摘されています。

　さらに、仏教公伝の年について『上宮聖徳法王帝《じょうぐうしょうとくほうおうてい》説《せつ》』などを見ると、欽明天皇戊午《ぼご》年としていますが、この年は五三八年になっており、宣化の治世にあたっています。

　これらのことから、継体のあとは欽明が即位し、これに対して安閑も即位して宣化に継承されるという二朝並立の時代があり、その後、欽明朝によって統一されたという見解もありますが、ここでは『日本書紀』の記述に従って、安閑・宣化・欽明について見ていくことにします。

安閑と屯倉《みやけ》

　安閑は継体の第一皇子であり、母は尾張草香《おわりのくさか》の娘目子媛《めのこひめ》です。継体二十五年に即位したとされます。『日本書紀』を見ると、安閑は多くの屯倉を設置したとあります。

　具体的に見ると、安閑元年（五三四）四月、稚子直《わくごのあたい》らによって上総国（千葉県）の伊甚《いじみ》屯倉が献上されました。

　さらに同年十月には、大伴金村《おおとものかなむら》に命じて小墾田《おはりだ》屯倉（奈良県明日香村）、桜井《さくらい》屯倉（大阪府東大阪市に比定。あるいは茅渟山《ちぬやま》屯倉）、難波《なにわ》屯倉（大阪府大阪市）を設置させました。

　また、閏十二月には三島竹村屯倉《みしまたかふ》（大阪府茨木市）を設置しました。この月には、廬城部枳莒喩《いおきべのきこゆ》から安芸国（広島県）の廬城部屯倉も献上され、武蔵国造《むさしのくにのみやつこ》の争いに絡んで横渟《よこぬ》（埼玉県）・橘花《たちばな》（神奈川県）・多氷《おおい》（同）・倉樔《くらす》（同）の四ヶ所の屯倉も併せて設置されています。

　これに加えて、安閑二年（五三五）五月には、筑紫《つくし》（福岡県）に穂波《ほなみ》屯倉・鎌《かま》屯倉、豊国に滕碕《みさき》屯倉（福岡県）・桑原《くわばら》屯倉（同）・肝等《かと》屯倉（同）・大抜《おおぬき》屯倉（同）・我鹿《あか》屯倉（同）、火国に春日部《かすがべ》屯倉（熊本市）、播磨国（兵庫県）に越部《こしべ》屯倉・牛鹿《うじか》屯倉、備後国（広島県）に後城《しつき》屯倉・多禰《たね》屯倉・来履《くくつ》屯倉・葉稚《はわか》屯倉・河音《かわと》屯倉、婀娜《あな》国（広島県）に胆殖《いにえ》屯倉・胆年部《いとしべ》屯倉、阿波国（徳島県）に春日部《かすかべ》屯倉、紀国（和歌山県）に経湍《ふせ》屯倉・河辺《かわべ》屯倉、丹波国に蘇斯岐《そしき》屯倉（京都府）、近江国（滋賀県）に葦浦《あしうら》屯倉、尾張国（愛知県）に間敷《ましき》屯倉・入鹿《いるか》屯倉、上毛野国（群馬県）に緑野《みどの》屯倉、駿河国（静岡県）に稚贄《わかにえ》屯倉を、それぞれ設置しました。

　このように、多くの屯倉を設置したとされる安閑ですが、治世二年目の十二月に勾金橋宮《まがりのかなはしのみや》（奈良県橿原市）で崩御しました。七十歳であったと記されています。

わずか四年の統治

　安閑のあと、同母弟の宣化が即位しました。即位した年（五三六）の五月に詔を出して、那津官家《なのつのみやけ》（福岡県福岡市博多区）を整備し、穀類を蓄えさせています。

　宣化二年（五三七）十月、新羅《しらぎ》が任那《みまな》を侵略したため、救援軍を派遣しました。大伴金村に詔して、大伴狭手彦《さてひこ》が兵を率いて任那を鎮め、百済を救援しています。

　宣化四年二月に七十三歳で、檜隈廬入野宮《ひのくまのいおりののみや》（奈良県明日香村）で崩御しました。

仏教の伝来と朝鮮半島問題

　宣化のあとは欽明が皇位を継ぎます。『日本書紀』によると、欽明は継体の嫡子で、母は皇后の手白香皇《たしらかのひめ》女《みこ》です。異父兄の宣化のあと、宣化四年（五三九）に即位しました。

欽明十三年（五五二）十月、百済の聖明王《せいめいおう》から金銅の釈迦仏像一軀、幡蓋《ばんがい》、経論《きょうろん》数巻が送られてきました。仏教の公伝ですが、現在では『上宮聖徳法王帝説《じょうぐうしょうとくほうおうていせつ》』などに記されている五三八年（宣化三年）のほうが有力とされています。この仏教の受容をめぐっては、蘇《そ》我稲目《がのいなめ》が賛成し、これに対して物部尾輿《もののべのおこし》らが反対することになります。

欽明朝では、朝鮮半島問題がしばしば取り上げられました。百済からの仏教公伝にしても、その見返りとして日本からの軍事援助があったと考えられます。

『日本書紀』の記事を具体的に見るならば、欽明二年（五四一）四月に、聖明王が任那の諸国および任那日本府との間で、新羅に侵略された任那の復興を協議しました。さらに七月、聖明王は日本府と新羅とが内通していると聞き、使者を遣わして日本府の河内直《かわちのあたい》が内通していることを責め、任那復興について協議させました。

欽明三年（五四二）七月、百済は使者を日本へ遣わし、任那問題について奏上。翌四年（五四三）四月にも使者を遣わしてきました。これに対して欽明は、同年十一月に百済に勅して、任那復興を求めています。

欽明五年（五四四）正月に百済は、任那と日本府の執事を招集しますが、どちらも応じませんでした。百済は再度招集をかけましたが、任那も日本府も身分の低い者を派遣してきたため、協議をすることができませんでした。同年二月、百済は任那と日本府を責め、特に河内直へはその悪事を責めたのでした。

これに対して日本府は、任那の執事が百済へ行かないのは日本府が許さないからだと弁明し、その理由は、新羅へ赴いて天皇の勅を聞くようにと天皇から言われたためだと答え、任那もこれに同調しました。三月に百済は使者を日本へ遣わし、日本府のよこしまな官人の退去を要請します。十一月にも百済は日本府と任那を招集し、天皇の勅命を承るように述べました。

そこで、日本府と安羅《あら》・加羅《から》・多羅《たら》・子他《こた》・久嵯《こさ》は使者を百済に遣わしました。聖明王が任那復興を諮ったところ、日本府と任那は聖明王に従って天皇に奏上することを提案しました。そこで、聖明王は三つの計略を示し、日本府と任那はこれに同意したのです。

欽明六年（五四五）三月、天皇は百済へ使者を遣わし、五月に百済も使者を送って上表しました。十一月、三月に遣わした使者が帰国しました。この年、高句麗《こうくり》に大乱が起こり、細群《さいぐん》と麁群《そぐん》が戦って、香岡上王《ぬたのすおりこけ》（安《あん》原王《げんおう》）が亡くなったとあります。両者の戦いは翌年まで続いたとされています。

欽明七年（五四六）正月、前年五月に上表に来た百済の使者が帰路に就き、翌六月に百済は調《ちょう》を献ってきました。

欽明八年（五四七）四月、百済から救援軍の派遣要請の使者が送られ、この時に人質の交代が行われました。翌九年（五四八）正月、使者の帰国に際して、欽明は救援軍の約束をしました。同年四月、百済から使者が来て、日本府と安羅とが高句麗と通じ、百済と敵対したという情報があり、調査してほしいと述べました。また、その間、救援軍の派遣中止を願いました。

これに対して欽明は、日本府と安羅が百済を救わなかったことを詫びますが、高句麗との内通は否定しました。同年六月、百済に詔して、ねぎらいの言葉を贈りました。七月、四月に来日した使者が帰りました。十月、三百七十人を百済へ遣わして、得爾辛《とくししむ》に城を築くのを助けました。

欽明十年（五四九）六月、上表のために来日していた将徳久貴《しょうとくこんき》と固徳馬次文《ことくのめしもん》とが帰国するに際して詔を発し、さらに十一年（五五〇）二月にも、この時の詔の確認と矢三十具を与えました。四月一日、百済にいた日本の使者の帰国に際して、聖明王は任那の守備を誓いました。十六日には百済から使者が送られてきました。

欽明十二年（五五一）三月、麦の種一千斛《こく》を百済の聖明王に与えました。この年、聖明王は高句麗を討ち、漢城や平壌などを攻め落として旧領を回復しました。

欽明十三年（五五二）五月、百済・加羅・安羅が使者を遣わし、高句麗と新羅からの攻撃に対して援軍を求めました。こうした中、十月に仏教が公伝します。この年、百済は漢城と平壌を放棄し、新羅が漢城に入りました。

欽明十四年（五五三）正月、百済から再び援軍の要請が届きました。六月、百済に使者を送り、良馬二匹・船二隻・弓五十張・箭五十具を与え、医博士・易博士・暦博士の交替について述べ、加えて卜書《とがき》・暦本や薬物を要求しています。八月、百済の使者が上表して、援軍の速やかな派遣を求め、多量の弓馬を要求してきました。

欽明十五年（五五四）正月、百済は使者を筑紫に送って援軍を請い、二月にも援軍を要請すると共に、人質の交替、および五経博士・僧侶・易博士・暦博士・医博士・採薬師・楽人《がくにん》を送ってきました。三月、日本からの援軍（兵一千人・馬百匹・船四十隻）が百済へ向かいました。これに対して、十二月に百済から援軍への感謝とともに、さらなる援軍の要請が届きました。この月、新羅と交戦中に聖明王は捕虜となり、殺害されました。

欽明十六年（五五五）二月、聖明王の死が日本へ伝えられました。欽明十八年（五五七）三月、百済の余《よ》昌《しょう》が立って威徳王《いとくおう》となりました。

欽明二十一年（五六〇）九月、新羅が調を献りました。翌二十二年（五六一）にも調を献りましたが、待遇が劣ったために帰国してしまいました。この年、別に調を献る使者が遣わされてきましたが、百済よりも下に列せられたために怒って帰国し、穴門《あなと》（山口県）まで来た時、新羅は阿羅波斯山《あらはしむれ》に城を築いて日本に備えました。

欽明二十三年（五六二）正月、新羅によってついに任那が併合されました。同年七月、新羅が調を献りました。この月に大将軍紀男麻呂《きのおまろ》を遣わし、哆利《したり》から出陣させました。新羅に対する軍勢でした。紀男麻呂軍は勝利し、百済の陣営に入ることができましたが、河《かわ》辺瓊缶《べのにえ》軍は新羅軍に惨敗しました。八月、大将軍大伴狭手彦を遣わして高句麗を打ち破りました。

欽明三十一年（五七〇）、高句麗の使節が越国《こしのくに》（石川県か）に漂着しました。そこで使節を呼び寄せて饗応しました。

欽明三十二年（五七一）三月、使者を新羅に遣わし、任那滅亡について問いただしました。この月、高句麗から使節が遣わされてきました。四月、欽明が崩御しました。八月、新羅は弔使を派遣し、挙哀《こあい》の礼を捧げました。

このように、欽明の治世三十二年間の内、朝鮮半島関係の記事が極めて多いことが十分に読み取ることができるのです。

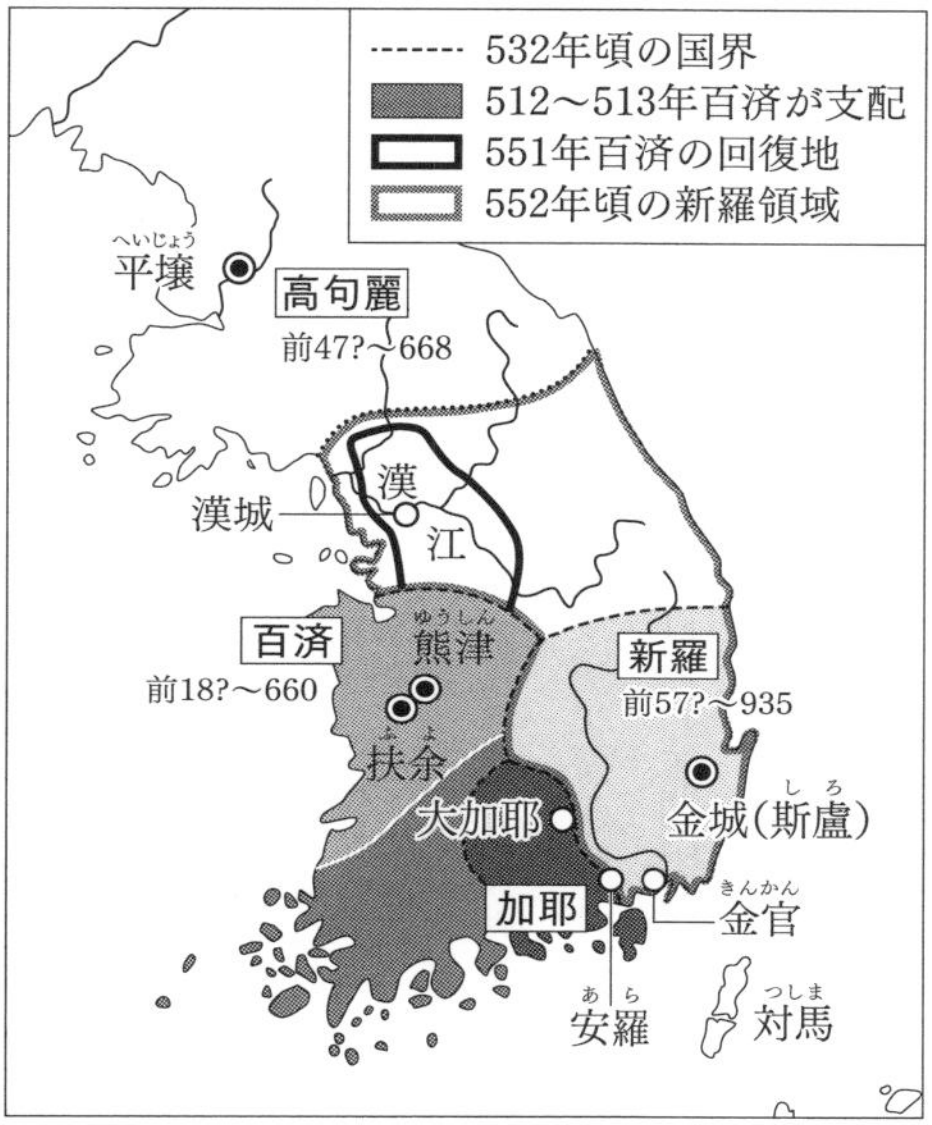

6世紀の朝鮮半島図

● ●

欽明天皇

宣化天皇

安閑天皇

（「大日本祖神天皇御歴世御尊影」より）

敏達《びだつ》・用明《ようめい》・崇峻《すしゅん》

仏教をめぐる争い

敏達は欽明《きんめい》の第二皇子で、欽明二十九年（五六八）に皇太子となり、敏達元年（五七二）四月に即位しました。

即位した年に、高句麗《こうくり》の使節がもたらした「烏羽《からすば》の上表文」に頭を悩ませるという問題に直面します。これは、王辰爾《おうしんに》が烏の羽根に文字が書かれていることを見つけ、湯気で蒸し、帛《はく》（白絹）を羽根に押しつけて文字を写し取るという手法で文書を読み解き、事なきを得ました。

敏達三年（五七四）十一月には、新羅が調《ちょう》を献りました。翌四年（五七五）二月、百済からいつもより多い調が届きました。六月、新羅からの多くの調と任那《みまな》の調が献られました。

敏達六年（五七七）十一月十日、百済の威徳王《いとくおう》が経《きょう》論《ろん》数巻と律師・禅師・比丘尼《びくに》・呪禁師《じゅごんし》・造仏工《ぞうぶつこう》の合わせて六人を献りました。

敏達八年（五七九）十月、新羅が枳叱政奈末《きしさなま》を遣わし、調と仏像を献りました。翌九年（五八〇）六月にも新羅は調を献りましたが、敏達は使節を追い返しました。

敏達十二年（五八三）七月、敏達は任那復興が進まないため、百済にいる日羅《にちら》を呼んで復興計画を図ろうとして使節を送りました。使節は十月に戻り、百済の威徳王が日羅を手放すのを拒否したことを伝えます。敏達が再び使節を遣わしたところ、日羅と会うことができ、密かに策を練りました。その結果、日羅は百済の官僚を伴って倭へ来ることができたのです。敏達は、朝鮮半島問題について日羅に尋ね、日羅は事細かに対策を述べました。日羅と共に百済からやって来た官僚が、帰国に際して日本へ残る人らに日羅を暗殺するよう命じましたが、日羅の体は火焔《かえん》のように光り輝いていたので、恐れて殺すことができませんでした。十二月晦日にその光がようやく消えたので、その隙に日羅は殺害されてしまいました。しかし、日羅は蘇生して、

「自分を殺したのはこの時に来ていた新羅の使節ではなく、百済の奴どもである」と言って亡くなりました。

このように、敏達朝においては、朝鮮半島とのやり取りが多く見られますが、それに関連して仏教関係の記事も載せられています。そして、そこからは崇仏派の蘇我《そが》氏と排仏派の物部《もののべ》氏との対立が激しさを増すことがわかります。

例えば、敏達十三年（五八四）二月に、使者を新羅経由で任那に派遣していますが、九月には百済から弥《み》勒《ろく》の石像や仏像がもたらされました。蘇我馬子《うまこ》は、これらの像二軀を受け取り、還俗《げんぞく》した高句麗の恵便《えべん》を播磨（兵庫県）で見つけて師としました。さらに、司馬《しば》達等《たっと》の娘で、まだ十一歳だった善信尼《ぜんしんに》を得度《とくど》させ、善信尼の弟子として禅蔵尼《ぜんぞうに》（漢人夜菩《あやひとのやぼ》の娘豊女《とよめ》）と恵善尼《えぜんに》（錦織壺《にしごりのつぼ》の娘石女《いしめ》）の二人も得度させました。馬子は三人を敬い、衣食を提供し、邸宅の東方に仏殿を造り、弥勒の石像を安置して法会を行いました。

この時、司馬達等が椀の上に仏舎利を見つけ、馬子に献りました。馬子らは篤く仏法を信じ、石川の邸宅を寺（石川精舎《いしかわのしょうじゃ》。奈良県橿原市）としました。『日本書紀』には、仏法の初めはこれより起こった、とあります。

敏達十四年（五八五）二月十五日、馬子は大野丘《おおののおか》（奈良県橿原市）の北に塔を建てて法会を行い、舎利を塔に納めました。この月に疫病が流行し、物部守屋《もののべのもりや》や中臣勝海《なかとみのかつみ》は仏教のせいだとして敏達に排仏を求めました。天皇の許しを得た守屋は、馬子の寺に乗り込み、塔・仏像・仏殿に火をつけ、残った仏像を難波《なにわ》の堀江《ほりえ》（大阪府大阪市）に捨てさせました。さらに、善信尼らを呼び出し、尼たちの法衣を剥いで鞭《むち》を打ったのです。

その後、天皇は馬子だけに仏教を信仰することを認めたので、馬子は新しく寺を造り、三人の尼たちを迎え入れました。敏達十四年（五八五）八月に敏達は崩御しますが、その殯宮《あらきのみや》でも馬子と守屋は互いを罵り合い、争いは次の用明の時代へと持ち越されるのです。

馬子と守屋の対立

敏達のあとは、欽明の第四皇子である用明が即位しました。母は堅塩媛《きたしひめ》です。子に厩戸皇子《うまやとのおうじ》（聖徳太子）らがいます。

用明元年（五八六）五月、穴穂部皇子《あなほべのみこ》（敏達と用明の異母弟）が敏達の殯宮に押し入り、敏達の皇后だった炊屋姫《かしきやひめ》（のちの推古《すいこ》）を犯そうとしますが、三輪逆《みわのさかう》によって阻止されました。穴穂部はこれを恨んで守屋に殺害を命じます。守屋が三輪逆と二人の子どもを殺害すると、馬子は「天下が乱れるのも遠くはあるまい」と嘆きましたが、守屋は相手にしませんでした。三輪逆は敏達の信頼が厚かった家臣であり、炊屋姫と馬子はこれ以来、穴穂部を恨むようになりました。

用明二年（五八七）四月二日、用明は病に罹り、仏教への帰依を望みました。守屋と勝海はこれに反対し、馬子は賛成しました。この席で身の危険を感じた守屋は、すぐさま別荘のある河内国阿都《あと》（大阪府八尾市）に逃れて軍勢を集めました。勝海も自分の家に軍勢を集めましたが、のちに彦人《ひこひと》皇子（敏達の第一皇子）に帰順して宮へ赴き、退出する際に斬殺されました。

用明の病が重くなった際、司馬達等の子の鞍作《くらつくりの》多《た》須奈《すな》が丈六（一丈六尺＝約四・八五メートル）の仏像と寺を造ることを申し出ました。これが坂田寺（奈良県明日香村）の丈六の仏像と挟侍《きょうじ》の菩薩です。

用明二年（五八七）四月九日、用明は崩御しました。

暗殺された天皇

用明のあと、物部守屋は穴穂部皇子を皇位に就けようとしますが、計画が蘇我馬子側に漏れてしまいました。馬子は炊屋姫を奉じて、穴穂部を襲撃します。用明二年（五八七）六月七日の夜半、穴穂部の宮は囲まれ、楼閣にいた穴穂部は兵士に肩を斬られ、楼閣から転げ落ち、そばの建物に逃げ込みましたが殺害されました。

七月に馬子は、諸皇子・群臣と守屋討伐を謀り、軍勢を率いて河内国渋河（大阪府東大阪市）の守屋の家へ押し寄せました。聖徳太子もこの軍勢の中にいました。守屋は木の股に登り、矢を雨のように射ったので、馬子軍は三度も退却しました。この時、後方にいた聖徳太子は、白膠木《ぬりで》を切り取り、四天王像を造って頭髪に挿して、勝つことができれば寺塔を建立することを誓い、馬子も寺塔を建てて仏教を興隆することを誓願しました。すると、迹見赤檮《とみのいちい》の放った矢が守屋を射落とし、馬子軍を勝利に導いたのです。

八月、炊屋姫と馬子ら群臣は泊瀬部《はつせべ》皇子を皇位に立てました。崇峻です。

崇峻元年（五八八）、百済が調《ちょう》を献り、加えて仏舎利と僧侶、寺工・鑪盤《ろばん》博士・瓦博士・画工を献上しました。馬子は百済僧らに受戒の法を尋ね、善信尼らを百済へ遣わしました。また、この年に馬子は飛鳥寺（法興寺、奈良県明日香村）を創建しました。

崇峻三年（五九〇）三月、善信尼らが百済から戻り、桜井《さくらい》寺（豊浦寺《とゆらでら》。明日香村か）に居住しました。十月、飛鳥寺のための用材を採りました。この年、大伴《おおともの》狭《さ》手彦《てひこ》の女《むすめ》の善徳《ぜんとく》らを得度させました。また、司馬達等の子の多須奈も出家して徳斉法師《とくさいほうし》と称しました。

崇峻四年（五九一）八月一日、崇峻は任那復興のための出兵を図り、十一月四日、二万余りの軍兵を筑紫《つくし》（福岡県）へ派遣しました。

崇峻五年（五九二）十月四日、山猪が献上されたのを見て、崇峻は「この猪の首を斬るように、自分の嫌いな男を斬りたいものだ」と言って、多くの武器を集めさせました。十日、このことを聞いた馬子は、人を集めて崇峻を殺すことを謀りました。そして十一月三日、東国の調が献られると偽りを述べ、東漢駒《やまとのあやのこま》に命じて崇峻を暗殺しました。『日本書紀』の中で、天皇暗殺の記述があるのは安康《あんこう》と崇峻だけですので、極めて稀な出来事だったことがわかります。

崇峻天皇陵といわれる赤坂天王山古墳の石室（奈良県・桜井市教育委員会提供）

推古《すいこ》

「初」の女帝

推古は、厩戸皇子《うまやとのおうじ》（聖徳太子《しょうとくたいし》）を摂政《せっしょう》として政治を行った「初の女帝《じょてい》」として有名な天皇で、和風諡号《わふうしごう》は『日本書紀《にほんしょき》』では「豊御食炊屋姫尊《とよみけかしきやひめのみこと》」、『古事記』では「豊御食炊屋比売命《とよみけかしきやひめのみこと》」といいます。ちなみに「聖徳太子」は八世紀に編纂された『懐風藻《かいふうそう》』に登場する名で、生前は『日本書紀』では「厩戸皇子」という名でした。

推古の父は欽明《きんめい》、母は大臣《おおおみ》の蘇我稲目《そがのいなめ》の娘の堅塩媛《きたしひめ》で、幼名は額田部皇女《ぬかたべのひめみこ》といいます。厩戸皇子の父である用明《ようめい》の同母妹《どうぼまい》、崇峻《すしゅん》の異母姉《いぼし》で、五五四年に誕生、五七一年に異母兄である皇太子（敏達《びだつ》）妃となり、五七六年に前皇后の広姫《ひろひめ》の歿後に皇后に立てられ、即位後は仏教を理念として政治を行いました。

『日本書紀』には、推古が三十九歳の時に、崇峻が暗殺され、蘇我馬子《うまこ》らに推戴《すいたい》されて天皇となり、厩戸皇子を皇太子《こうたいし》として政務を委《ゆだ》ねた事が描かれています。一般的には「甥の聖徳太子が女帝の推古天皇の皇太子となり、摂政《せっしょう》として政治を行った」と理解されていますが、学説上、六世紀の王権は皇太子や摂政の制度が未成立で、厩戸皇子が政治を主導していたと評価するのは早計です。推古三十年（六二二）に厩戸皇子が、推古三十四年（六二六）に蘇我馬子が死去したあとも政局は安定していることから、厩戸や馬子の補佐を受けて、推古自身が政治を執り行ったと考えられます。

仏教興隆

『日本書紀』の推古の治世は、仏教興隆《こうりゅう》、冠位《かんい》十二階《かい》の制定、憲法十七条の制定、遣隋使《けんずいし》の派遣など中央集権的な法令や組織の整備に彩られ、国家建設が描かれています。なかでも有名な憲法十七条は、『日本書紀』には「皇太子、親《みずか》ら肇《はじ》めて憲法十七条を作りたまふ」とあり、厩戸皇子が制定したといわれています。なかでも注目したいのは、二条の「二に曰く、篤《あつ》く三《さん》宝《ぼう》を敬《うやま》へ。三宝とは仏・法・僧なり」と三条の「三に曰く、詔《みことのり》を承《たまわ》りては必ず謹《つつし》め。君《きみ》は天なり、臣《しん》は地《つち》なり」で、天皇の詔（命令）や、君臣《くんしん》の秩序よりも、仏教を敬うことが優先して記されていることから、仏教を背景に政治を行ったと考えられます。

推古の治世は、「摂政」で「皇太子」の厩戸皇子の業績を含め『日本書紀』の潤色《じゅんしょく》が指摘されている部分ではありますが、推古の時代は、天皇の権力は脆《ぜい》弱《じゃく》で、各地を治める豪族の勢力が強かったといえます。そこで推古は、仏教の法と秩序によって、豪族間の武力対立を抑えようとしたと考えられます。推古は、国内の中央集権化を目指した君主でした。

中央集権化と東アジア

この時期には遣隋使が派遣されたことが『隋書《ずいしょ》』にみえます。開皇《かいこう》二十年（六〇〇）には、倭国《わこく》の使者が「倭王《わおう》、天を以て兄と為し、日を以て弟と為す」と答え、文帝《ぶんてい》が「此《こ》れ太《はなは》だ義理なし」と中央集権体制的な官僚機構に改めるように諭《さと》している記事が、大業《たいぎょう》三年（六〇七）には、倭王が仏典の文言を用いて「日出《い》ずる処《ところ》の天子《てんし》、書を日没《ぼっ》する処の天子に致《いた》す」と国書を送った記事があり、外交に仏教を利用していたことが窺えます。『日本書紀』では隋への派遣は六〇七年のみ確認でき、国書には「東の天皇が敬《うやま》いて西の皇帝に白《もう》す」とありますが、これら記事は、東アジアの国際情勢の緊張関係を反映するものといえます。

『日本書紀』では、六〇〇年には朝鮮半島の「任那《みまな》（加羅《から》諸国）」の救援と新羅《しらぎ》征討のため、朝鮮半島に軍を派遣する計画がありました。背景には五六二年に新羅に滅ぼされた加羅諸国の利権獲得が考えられます。計画は実行されませんでしたが、この頃の東アジアは軍事的な緊張が高まっており、隋の建国と南北統一、さらには高句麗《こうくり》遠征によって朝鮮半島の高句麗・新羅・百済《くだら》の同盟と対立が激化し、その中で「国」のまとまりのない朝鮮半島の小国家群であった加羅諸国が、新羅や百済に統合されてしまう時代でした。

推古による仏教興隆は、東アジアの大きな軍事的緊張の中、豪族《ごうぞく》による倭国の合議制《ごうぎせい》の政治連合体《せいじれんごうたい》を改め、仏教による法と秩序によって天皇中心の国家の形成を目指したものと考えられます。

舒明《じょめい》

遣唐使の派遣

敏達《びたつ》の子である押坂彦人大兄皇子《おしさかのひこひとのおおえのみこ》を父とし、母は父の異母妹の糠手姫《ぬかでひめ》（田村皇女《たむらのひめみこ》）です。舒明の名である田村は、これにちなむとされます。皇后である宝《たからの》皇女（のちの皇極《こうぎょく》・斉明《さいめい》）との間に葛城《かつらぎ》皇子（中大兄《なかのおおえ》皇子）、間人《はしひと》皇女、大海人《おおあま》皇子をもうけ、蘇我馬子《そがのうまこ》の娘である法提郎媛《ほほてのいらつめ》との間に古人大兄《ふるひとのおおえ》皇女、吉備（岡山県）の蚊《か》屋采女《やのうねめ》との間に蚊屋皇子をそれぞれもうけました。

推古《すいこ》は崩ずる時、後継者について明確に語らなかったため、田村皇子と聖徳太子の子である山背大兄王《やましろのおおえのおう》とが皇位をめぐって対立し、蘇我蝦夷《えみし》の支持を取りつけた田村が即位を実現させせました。

舒明二年（六三〇）八月、犬上御田鍬《いぬがみのみたすき》、薬師《くすし》の恵日《えにち》らを唐へ遣わしました。第一回遣唐使です。これに対して、唐は二年後の舒明四年八月、高表仁《こうひょうじん》を遣わして御田鍬らを送り返しました。この時、僧旻《みん》らも帰国しています。

波乱の生涯

舒明四年十月、舒明は飛鳥岡本宮《あすかおかもとのみや》（奈良県明日香村）に居しましたが、八年六月に火災が起こり、田中宮《たなかのみや》（奈良県橿原市）に移りました。この火災もそうですが、舒明の時代には災異が多く見られます。もっとも、舒明朝の災異記事の多くは『漢書《かんじょ》』や『後漢書《ごかんじょ》』に類似のものが見られるといわれています。

具体的に見ると、舒明六年八月には彗星《すいせい》が南の空に見え、翌年の三月には東方に見えました。七月には一つの茎に二つの花が咲く蓮《はす》が剣池《つるぎのいけ》（橿原市）に生えるという吉祥が見られました。

八年正月には日食があり、五月には霖雨《りんう》があって大水が起きました。

九年二月二十三日に大きな星が東から西へ流れ、雷のような音がしました。人々は、流れ星の音だとか地雷だとか言ったりしましたが、僧旻は、これを天狗《てんぐ》が吠える声だと言いました。

同九年三月には日食がありました。この年に蝦夷《えみし》が反乱を起こしたので、上毛野形名《かみつけののかたな》を将軍として鎮圧に向かわせました。しかし、逆に敗北してしまい、包囲されますが、形名の妻の機転で形勢を逆転することができました。

十年七月には大風があり、木を折り、家屋に損害を与えました。九月には霖雨があり、桃や李が花をつけました。

十一年正月十二日、雲がないのに雷がありました。二十二日には大風が吹き、雨が降りました。二十五日、西北に長い星が見え、僧旻がその星を彗星だと言って、飢饉《ききん》の前触れだと予言しました。

十二年二月には星が月に入りました。

このように、毎年にわたって災異の記事が見られるのです。

また、百済宮《くだらのみや》と百済大寺《くだらのおおてら》の造営を命じたのも舒明です。すなわち、十一年七月、百済川のほとりを宮の地として、西国の民は宮を造り、東国の民は寺を造るようにと詔を出しました。この宮が百済宮であり、寺が百済大寺です。

十二年十月には僧旻と共に遣隋使として海を渡った南淵請安《みなみぶちのしょうあん》と高向玄理《たかむこのげんり》とが新羅《しらぎ》を経由して帰国したので、それぞれに冠位一級を下賜しました。この月に舒明は百済宮に移りましたが、翌十三年十月に崩じました。十八日に宮の北で「百済の大殯《おおあらき》」と称される殯《もがり》が行われました。この時、開別皇子《ひらかすわけ》（中大兄皇子）が十六歳で誄《しのびごと》（死者に対する哀悼の辞）を述べています。

百済大寺の跡とされる吉備池廃寺
（奈良県・桜井市教育委員会提供）

皇極《こうぎょく》・斉明《さいめい》

譲位と重祚《ちょうそ》

皇極・斉明は、六四二年に即位し、六四五年に蘇我入鹿《そがのいるか》を暗殺した乙巳《いっし》の変（大化改新《たいかのかいしん》）で、同母弟の孝徳《こうとく》に譲位《じょうい》したあと、六五五年に重祚して斉明《さいめい》となった女性の天皇です。『日本書紀』に記された和風《わふう》諡号《しごう》は「天豊財重日足姫天皇《あめとよたからいかしひたりひめすめらみこと》」です。「皇極」「斉明」の名は、八世紀に淡海三船《おうみのみふね》が撰進《せんしん》した漢風《かんぷう》諡号です。

皇極・斉明は、父は茅渟王《ちぬおう》、母は吉備姫王《きびのひめのおおきみ》、幼名を宝皇女《たからのひめみこ》といいます。父の茅渟王は敏達の皇子《みこ》である押坂彦人大兄《おしさかひこひとのおおえ》皇子の息子、母の吉備姫王は欽明《きんめい》の皇子である桜井《さくらい》皇子の娘で、どちらも皇統《こうとう》に属する血統です。

初め、用明の孫である高向《たかむこ》王と結婚して漢《から》皇子を出産しますが、そのあとで田村《たむら》皇子（舒明《じょめい》）と結婚して、中大兄《なかのおおえ》皇子（のちの天智《てんじ》）や間人《はしひと》皇女（孝徳《こうとく》皇后）、大《おお》海人《あま》皇子（天武《てんむ》）を産み、夫の即位の翌年に皇后に立てられました。『日本書紀』によると、夫の舒明が崩御した翌年に即位し、蘇我蝦夷《そがのえみし》・入鹿《いるか》親子を重用して、百済《くだら》・高句麗《こうくり》・新羅《しらぎ》との外交を中心に政治を行っています。この時期の朝鮮半島は、唐《とう》が高句麗への遠征を行い、百済と新羅が軍事的な対立を繰り返している時期で、東アジアは、軍事的な緊張感が高まっていました。

こうした中、六四五年に皇極は、同母弟の孝徳に退位します。乙巳の変です。中大兄皇子が中臣鎌足《なかとみのかまたり》と結んで、蘇我入鹿を暗殺するクーデターでした。即位した孝徳は、皇極が造営した奈良盆地に位置する飛鳥板蓋宮《あすかいたぶきのみや》から大阪湾に面する難波長柄豊碕宮《なにわながらとよさきのみや》に遷都すると、翌年正月一日に、国政改革を宣言しました。「改新の詔《みことのり》」です。一方、譲位した皇極は「皇祖母《すめみおやの》尊《みこと》」と称されました。初めて生前に譲位した皇極ですが、この時期には譲位した天皇の号である「太上《だいじょう》天皇《てんのう》」や「院《いん》」という名称はありませんでした。

孝徳は、律令《りつりょう》の導入を計画し、戦乱が激化する朝鮮半島の情勢に対応しようと、外交の要衝である難波《なにわ》に遷都しますが、白雉《はくち》五年（六五四）十月、孝徳の崩《ほう》御《ぎょ》してしまいます。こうして、皇極は重祚することになりました。『日本書紀』には、白雉四年に、中大兄皇子が孝徳の許しを得ずに、皇極と皇后の間人皇后を連れて、奈良盆地にある飛鳥河辺行宮《かわべのあんぐう》へ帰り、群臣《まえつきみ》たちもこれに従った、とあります。孝徳の晩年、中大兄皇子と孝徳の間に国政に対する対立があった可能性が考えられますが、孝徳の崩御後に中大兄皇子ではなく斉明が重祚した点を考えると、天皇としての実力を群臣たちに認められていたのは、重祚した皇極・斉明だったのかもしれません。こうして、斉明は、斉明元年（六五五）に飛鳥板蓋宮《いたぶきのみや》に都を遷し、再び天皇となりました。

狂心《たわぶれごころ》の渠《みぞ》

重祚した斉明は「大土木工事を好む天皇」だと『日本書紀』に批判的に描かれています。即位の年には、板蓋宮に替わる宮の造営を計画します。計画中に板蓋宮が火災に遭《あ》うと、川原宮《かわはらのみや》に遷《うつ》り、夫の舒明の居所であった飛鳥岡本宮《おかもとのみや》に宮を造営しました。斉明が『万《まん》葉集《ようしゅう》』や「風土記《ふどき》」に「後岡本宮天皇《のちのおかもとのみや》」と称されるのは、この宮の造営によるものです。岡本宮も火災が起こっていることから、飛鳥での土木事業を反対する勢力がいた可能性が考えられます。

しかし斉明の土木工事はそれだけに留まりませんでした。この年「田領嶺《たぶのみね》（多武峰《たぶのみね》）の山上の垣根をめぐらし高殿《たかどの》を建てて両槻宮《ふたつきのみや》とし、天宮《あまつみや》と称した」「香久《かぐ》山《やま》の西から石上山《いそのかみのやま》まで渠《みぞ》を掘り、舟二百隻《せき》を使って石上山の石を運び、宮の東の山に石垣を積んだので、時の人は『狂心の渠』と呼んで工事を非難した」とあるなど、斉明が大土木事業を興《おこ》している様子が描かれています。

こうした事業に対して斉明四年（六五八）に起きた孝徳皇子の有間《ありま》皇子の謀反《むほん》事件では、蘇我赤兄《あかえ》が有間皇子に斉明天皇の失策を三つ挙げています。この失策とは、①大きな倉庫を建てて、民財《たみのたから》を集め積んだこと、②長渠《とおきみぞ》を掘り、公の食糧を浪費したこと、③舟で石を運び、積んで丘としたこと、で斉明が次々と土木工事を行ったことがわかります。有間皇子は「この年齢になって、やっと兵を挙げる時が来た」と語り事件を引き起こしました。結局、赤兄は有間皇子の謀反を斉明に奏上し、有間皇子は中大兄皇子（のちの天智）の尋問《じんもん》を受けて、経死《けいし》することになりました。

飛鳥岡本宮や飛鳥浄御原宮《きよみはらのみや》が造営された飛鳥京跡の丘陵《きゅうりょう》に「酒船石《さかふねいし》」と呼ばれる不思議な石造物がありますが、この丘陵から裾野《すその》にかけて、二〇〇〇年に大規模な石垣や亀形石造物《かめがたせきぞうぶつ》、湧水《ゆうすい》施設がある遺跡が発見され、「狂心の渠」に関連する遺跡だと考えられるようになりました。飛鳥京跡のさまざまな発掘の成果から、赤兄が失策に挙げた大土木工事は、斉明が中央集権的な宮都《きゅうと》を造営しようとしたものだと考えられます。

斉明は、たびたび降伏した蝦夷《えみし》を招いて饗応《きょうおう》をしていますが、この時期に阿倍比羅夫《あべのひらふ》に命じて蝦夷を律令国家に服属《ふくぞく》させる政策を行っていました。日本列島の北方の蝦夷が朝鮮半島の動乱に呼応して反乱を起こすことを未然《みぜん》に防ぐ目的があり、背景には朝鮮半島の軍事的な緊張がありました。

百済復興計画

斉明六年（六六〇）十月、百済からの使者が来朝《らいちょう》し、唐・新羅軍の急襲《きゅうしゅう》により百済が滅亡したという知らせと、鬼室福信《きしつふくしん》の挙兵したので百済救援軍《くだらきゅうえんぐん》を派遣して欲しいとの要請により、斉明は、朝鮮半島への軍の派遣を決定します。

翌年正月、船で難波津《なにわづ》を出航し、九州へ向かいます。これに中大兄（天智）や、大海人（天武）も随行し、一行は、伊予の熟田津《にぎたづ》を経《へ》て、三月に博多湾に面した娜大津《なのおおつ》に到着しました。この宮を長津宮《ながつのみや》と名付け百済との外交の拠点とし、五月に斉明は筑紫《つくし》の朝倉宮《あさくらのみや》に遷都しますが、この年の七月、斉明は百済への救援軍派遣を前に崩御しました。『本朝皇胤紹運録《ほんちょうこういんじょううんろく》』によると享年《きょうねん》は六十八歳とあり、高齢での行軍《こうぐん》でした。斉明の計画を引き継いだ天智は、この年の九月に救援軍を派遣しますが、百済の白村江《はくすきのえ》で敗戦します。飛鳥に戻ったあと、中大兄（天智）は「称制《しょうせい》」のまま、大海人は「大皇弟」として、白村江敗戦後の外交と内政に着手します。天智六年（六六七）二月、天智は、斉明を山陵に造営して大葬を終えると、天智六年三月に近江の大津宮に都を遷しました。斉明が葬られた「小市岡《おちのおかの》上陵《へのみささぎ》」は、現在は宮内庁によって「越智崗上陵《おちのおかのえのみささぎ》」に治定《ちてい》されていますが、二〇〇九年より発掘調査が行われた牽牛子塚古墳《けんごしづかこふん》が、斉明陵として有力視されています。その理由は、墳形が八角形《はっかくけいふん》の墳墓で、『万葉《まんよう》集《しゅう》』の「八隅知し《やすみし》」との関連がある墳形だと考えられているからです。

亀形石造物（奈良県・明日香村教育委員会提供）

酒船石（奈良県・明日香村教育委員会提供）

49

孝徳《こうとく》

激しい皇位継承争い

孝徳は、皇極女帝《こうぎょくじょてい》の同母弟《どうぼてい》で、皇極四年（六四五）六月に起こった蘇我蝦夷《そがのえみし》・入鹿《いるか》親子を滅ぼした乙巳《いっし》の変《へん》の後に、皇極から譲位《じょうい》されて即位しました。

父は敏達《びだつ》の孫で押坂彦人大兄《おしさかひこひとのおおえ》皇子の子の茅渟王《ちぬおう》、母は欽明の孫の吉備姫王《きびつひめのおおきみ》です。『日本書紀』では、名を「軽皇子《かるのみこ》」、和風諡号を「天万豊日天皇《あめよろずとよひすめらみこと》」としますが、都が点在する奈良盆地の飛鳥《あすか》から大阪湾に面する難波《なにわ》に遷都《せんと》したことから『常陸国風土記《ひたちのくにふどき》』では「難波天皇」「難波長柄豊前大宮馭宇天皇《なにわながらとよさきのおおみやにあめのしたしろしめしし》」とも表記されました。

乙巳の変後に即位すると、皇極四年を改めて大化《たいか》元年とし、七月に舒明《じょめい》と皇極の娘の間人皇女《はしひとのひめみこ》を皇后とし、阿倍倉梯麻呂《あべのくらはしまろ》大臣の娘の小足媛《おたらしひめ》と、蘇我倉山田石川麻呂の娘の二人の妃を立てました。このうち小足媛は『日本書紀』に「元妃《はじめのみめ》」とあり、間人皇女を迎える以前からの妃です。この乙巳の変後に即位した孝徳の名「軽皇子」には「大兄《おおえ》」がないことから、もとは有力な皇位継承候補ではなかったのかもしれません。

七世紀後半は、複数存在した「大兄」の名をもつ皇位継承候補者と、それを支持する豪族たちの間で、激しい皇位継承争いがありました。「大兄」は、兄弟間で位を継承した「大王」の多数の皇子のうち有力な皇位継承候補者に与えられた称号だと考えられます。皇極の治世下では、皇極が生んだ中大兄《なかのおおえ》皇子、その異母兄で馬子の娘の蘇我法提郎女《そがのほほてのいらつめ》が生んだ古人大兄《ふるひとのおおえ》皇子、聖徳太子の息子で蘇我馬子の娘の刀自古郎女《とじこのいらつめ》が生んだ山背大兄《やましろのおおえ》王が有力な皇位継承候補だと考えられます。

乙巳の変

舒明の崩御後、古人大兄、中大兄、山背大兄王の対立のなかで皇極が即位すると、引き続き大臣の座にある蘇我蝦夷が権勢を振るいました。さらに子の入鹿は父に増して権勢を強め、皇極二年（六四三）十一月に斑鳩宮《いかるがのみや》を急襲させて聖徳太子の息子の山背大兄王を滅ぼしました。

入鹿に憤った中臣鎌足《なかとみのかまたり》は、皇極三年正月、皇極に出仕を命じられても病と称して出仕せず、摂津国《せっつのくに》の三島《みしま》に退きました。そして同じ頃に足を患って出仕していなかった孝徳のもとを尋ねると、それを喜んだ孝徳が寵妃《ちょうひ》の小足媛に命じて特別なもてなしを受けさせました。次の皇位の相応しい皇子を探す鎌足が「誰も軽皇子が天下の王になるのを止められない」と舎人《とねり》に伝えると、それを聞いた軽皇子は大変喜んだ、と『日本書紀』に描かれています。

その後、鎌足は飛鳥寺《あすかでら》（法興寺《ほうこうじ》）で出会った中大兄皇子と具体的な蘇我蝦夷・入鹿を滅ぼす計画を練り、皇極四年（六四五）六月十二日に実行します。乙巳の変です。斬り殺された入鹿の屍《しかばね》を受け取った蝦夷は邸宅に火を放って自尽《じじん》し、皇極は譲位しました。

皇極は、当初は息子の中大兄に譲ろうとしますが、中大兄は長幼《ちょうよう》を理由に辞退し、同母弟《どうぼてい》の孝徳もまた再三固辞《こじ》して、古人大兄に譲ろうとします。一方、古人大兄は、出家して吉野《よしの》で修行《しゅぎょう》をしたいと僧形《そうぎょう》になったので、軽皇子が即位して孝徳となりました。

「大化改新《たいかのかいしん》」

こうして即位した孝徳は、難波遷都を計画し中大兄を皇太子とし、阿倍内麻呂を左大臣、蘇我石川麻呂を右大臣、中臣鎌足を内臣《うちつおみないしん》、旻《みん》と高向玄理《たかむこのげんり》とを国博士《くにのはかせ》とする新政権を樹立しました。大化改新です。新政権は飛鳥寺（法興寺）の槻《けやき》の木の下に群臣《まえつきみ》を集めて忠誠を誓わせ「大化」の年号を定め、翌大化二年（六四六）正月元日に改新の詔《みことのり》を公布し、いわゆる「大化改新」と呼ばれる政治改革を推進しました。

ところが、孝徳は晩年孤立しました。『日本書紀』白雉《はくち》四年（六五三）には、譲位《じょうい》して皇祖母尊《すめみおやのみこと》となった皇極と孝徳皇后の間人皇女、中大兄皇子は飛鳥に遷幸《せんこう》したとあります。皇祖母尊（皇極）や中大兄皇子と国政の方針を違えたのではないかと考えられます。翌年十二月に孝徳は難波宮で崩御してしまいました。

この「改新の詔」は、『日本書紀』の捏造《ねつぞう》だとして否定する学説があります。全てを「捏造」とするのは早計ですが、急速な中央集権化は、皇族や豪族たちの反発を招く結果になったのかもしれません。

天智《てんじ》

中大兄皇子《なかのおおえのおうじ》の名の由来

大化改新《たいかのかいしん》の中心的な人物である中大兄皇子は即位して天智となりました。父は舒明《じょめい》、母は皇后の宝《たから》皇女（のちに即位して皇極《こうぎょく》・斉明《さいめい》）です。『日本書紀』では舒明紀に「葛城皇子《かずらきのみこ》」「開別《ひらかすわけ》皇子」、皇極紀に「中大兄」の名で登場しますが、父舒明の殯《もがり》にて誄《しのびごと》を述べた記事に「東宮《とうぐう》開別皇子、年十六」とあることから、推古《すいこ》三十四年（六二六）の生まれと考えられます。和《わ》風諡号《ふうしごう》は「天命開別尊《あめみことひらかすわけのみこと》」、近江《おうみ》の大津宮《おおつのみや》を都としたことから、持統紀《じとうき》には「御近江大津宮天皇《おうみおおつのみやにあめのしたしろしめししすめらみこと》」と記されています。同母妹《どうぼまい》に間人皇女《はしひとのひめみこ》、同母弟《どうぼてい》に大海人《おおあま》皇子がいました。

天智は異母兄《いぼけい》に馬子《うまこ》の娘の蘇我法提郎女《そがのほほてのいらつめ》が産んだ古人大兄《ふるひとのおおえ》皇子がいたことから「中大兄」の呼称となりました。「大兄」とは、当時「大王《おおきみ》」と呼ばれ、兄弟間で位を継承した天皇の多数の皇子のうち有力な皇位継承候補の称号です。異母兄の古人大兄は、天智にとって皇位継承の最大のライバルでした。

中臣鎌足《なかとみのかまたり》との蘇我蝦夷《そがのえみし》・入鹿《いるか》父子の打倒計画

舒明十三年（六四一）、父の舒明崩御《ほうぎょ》により、翌年に母の皇極が即位すると、引き続き蘇我蝦夷が大臣《おおおみ》となりました。こうして子の入鹿は父に増して権勢を強めると、天智は中臣鎌足らと計画して、蘇我蝦夷・入鹿親子を滅ぼしました。大化改新です。

『日本書紀』は、蝦夷は病になると朝廷に出仕せず、息子の入鹿に、私に紫冠《しかん》を授け、大臣の位に擬《なぞら》えたとあります。父に増して権勢を強めた入鹿は、古人大兄皇子を次の天皇にしようと、聖徳太子の息子の山背《やましろ》大兄王を滅ぼした、とあります。

初め、天智と親交のなかった中臣鎌足は、飛鳥寺（法興寺）の槻《つき》の木の下で仲間と「打毬《ちょうきゅう》」に興《きょう》じている天智と出会います。毱《まり》を打った拍子《ひょうし》に脱げ落ちた天智の沓《くつ》を拾った鎌足は、跪《ひさまづ》いて恭《うやうや》しく差し出すと、天智も跪き敬《うやま》って沓を受け取りました。こうして信頼関係を築いた二人は、君臣長幼《くんしんちょうよう》を弁えない蘇我蝦夷・入鹿を打倒する計画を立てるようになりました。大変有名な場面ですが『日本書紀』に見える「打毬」は、鞠を蹴る競技ではなく、ステックのような打杖《うちづえ》でボールを打つポロやホッケー風の競技です。これが江戸時代に成立した談山神社《たんざんじんじゃ》の縁起《えんぎ》「多武峰縁起絵巻《たぶのみねえんぎえまき》」では、「打毬」ではなく「蹴鞠《けまり》」をする場面として描かれており、後世には二人は蹴鞠を契機《けいき》に親交を深めたと解釈されるようになりました。

両者は南淵請安《みなみぶちのしょうあん》の元で学び、蝦夷・入鹿親子打倒の計画を練ります。同様の話は、鎌足の伝記である『藤氏家伝《とうしかでん》』大織冠伝《たいしょくかんでん》にも見え、「旻法師《みんほうし》の堂へ通う」とあります。請安・旻は、高向玄理《たかむこのくろまろ》と共に、推古十六年（六〇八）に派遣された裴世清《はいせいせい》を送るための遣《けん》隋使《ずいし》に随行《ずいこう》して海を渡った学問僧です。『日本書紀』には、旻は舒明四年（六三二）、請安は舒明十二年（六四〇）年に帰国した記事が見えますので、六一八年の隋の滅亡と唐の勃興《ぼっこう》を目の当たりにしました。まさに中国の王朝交代の新しい知識を日本にもたらした人物の元で学んでいたことになります。

計画の背景には、中大兄のほかに、古人大兄、山背大兄王と皇位継承候補者が複数おり、それを支持する豪族たちが対立している状況がありました。王権内部も豪族達も対立が激化している渦中で、中大兄皇子と鎌足は、中国の王朝交代の新しい知識に得て、ヤマト政権下でも、豪族による合議制から天皇を中心とする中央集権的な政権としようと画策していたと考えられます。

皇極四年（六四五）六月、入鹿暗殺計画が実行されました。乙巳《いっし》の変です。天智が入鹿に斬りかかると、数名が襲いかかって入鹿を斬り殺し、入鹿の屍《しかばね》を引き渡された蝦夷は邸宅に火を放ち生涯を終えます。これをみた古人大兄は、皇極から即位を打診されるもこれを断り出家して吉野《よしの》に逃れますが、九月に謀反《むほん》の疑いを密告《みっこく》され、天智に攻め滅ぼされました。こうして皇極は弟の孝徳《こうとく》に譲位し、天智は皇太子となり、政治改革を推し進めることになりました。

ところが、今度は天智と孝徳の関係が悪化します。『日本書紀』には、白雉《はくち》四年（六五三）、天智は、母の皇極、妹の間人皇后、弟の大海人《おおあま》皇子と共に飛鳥《あすか》に帰った、と記されています。その孝徳が、翌年十二月に崩御したため、斉明《さいめい》元年（六五五）正月、皇祖母尊《すめみおやのみこと》（皇極）は飛鳥板蓋宮《あすかいたぶきのみや》で重祚《ちょうそ》して斉明天皇となりました。この時、天智は三十歳ですが、まだ即位するには若年であったようです。斉明四年十一月には、孝徳の子の有間《ありま》皇子を謀反の罪で経死《けいし》させるなど、次期の皇位をめぐる争いが止むことはありませんでした。

白村江《はくすきのえ》の戦いと即位

斉明六年（六六〇）十月、百済《くだら》から百済救援軍の派遣が要請された斉明は、翌年に難波《なにわ》から九州に向けて出航しますが、出兵直前に筑紫朝倉宮《つくしあさくらのみや》で崩御します。母亡きあと、戦いの指揮を執ったのは天智でした。倭《わ》軍は、百済救援のために朝鮮半島に出撃しますが、天智二年（六六三）、倭・百済軍は、白村江で唐《とう》・新羅《しらぎ》軍に大敗します。

天智は、「称制《しょうせい》」（即位せずに国政に着手すること）のまま、白村江敗戦後の外交と内政に着手し、水城《みずき》や烽《とぶ》火《ひ》を設置して国内の防衛を強化し、九州の防人《さきもり》を増員します。天智の政務を補佐したのは、弟の大海人皇子（のちの天武《てんむ》）でした。

こうして天智六年（六六七）三月、近江の大津宮に都を遷《せん》し翌年即位した天智は、白村江の敗戦を契機に軍制改革に着手し、兵士徴発の基本となる戸籍《こせき》の調査を実施します。当初、唐や新羅との軍事的な緊急関係がありましたが、天智七年（六六八）に唐が高句麗《こうくり》を滅ぼし、唐と新羅が百済遺領《いりょう》をめぐって対立すると、緊張関係が緩和《かんわ》し、天智は国内の統治に尽力することになります。天智九年（六七〇）に完成した庚午年籍《こうごねんじゃく》は、全国で初めて行われた造籍《ぞうせき》でした。

こうして晩年の天智十年（六七一）正月、天智は息子の大友《おおとも》皇子を太政大臣《だじょうだいじん》に任命しました。事実上の次期皇位継承者の指名です。十二月、臨終の天智は弟の大海人皇子に「皇位を授けよう」といいますが、陰謀による命の危機を感じた大海人は皇位を固辞《こじ》し、仏道修行を願い出て許されると僧形《そうぎょう》となって吉野に逃れます。

その後、天智崩御の翌年に壬申《じんしん》の乱が起こり、大友皇子が率いる近江朝廷軍に勝利した大海人が天武天皇となりますが、天智の生涯を概観すると、複数の継承候補者が命をかけて皇位を争う古代の継承のあり方のなかで、天智はライバルを絶命させて皇位を継承し、律令導入と中央集権化に東奔西走した人物だということができます。

〈天智関係系図〉

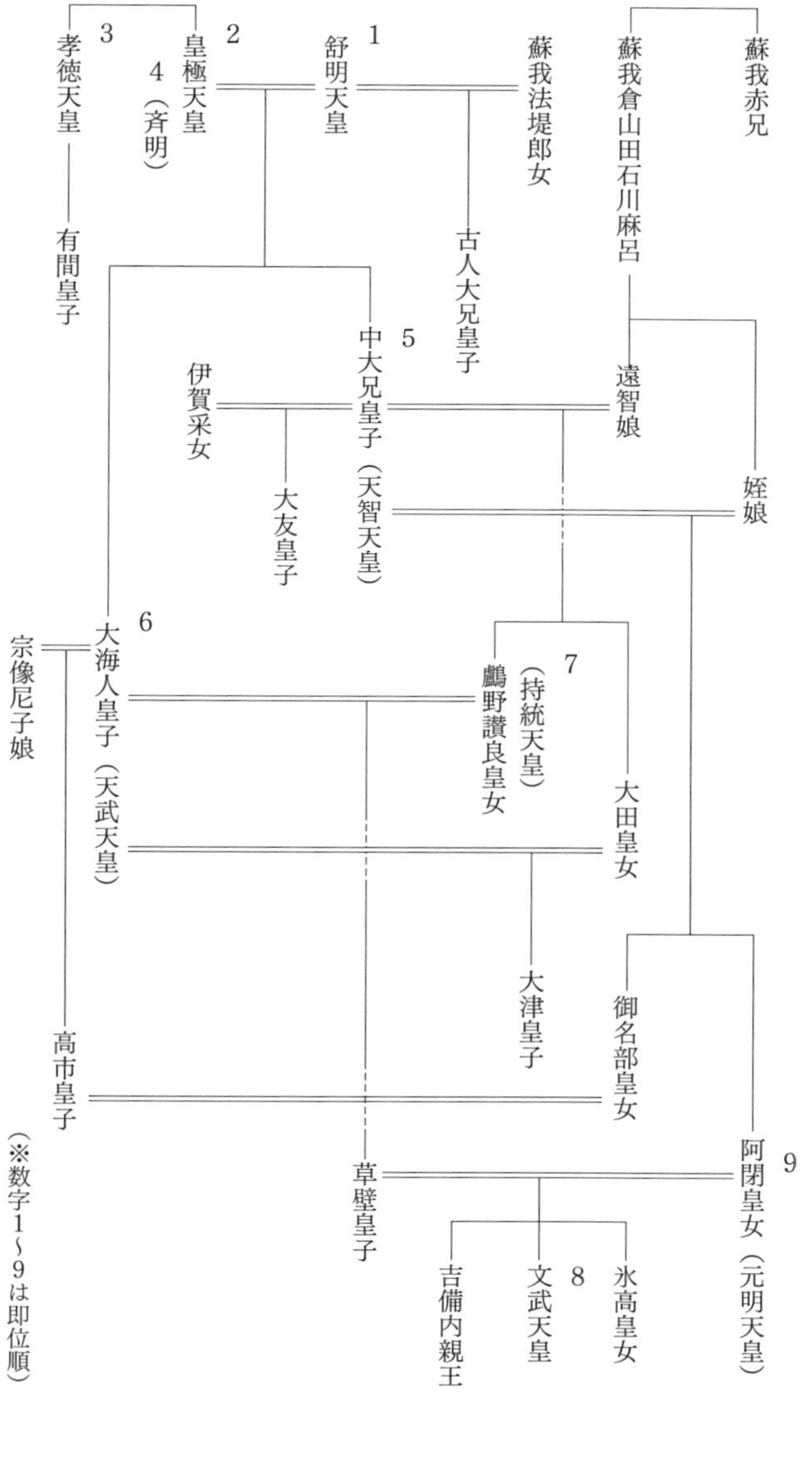

51

天《てん》武《む》

飛鳥池《あすかいけ》遺跡から出土した「天皇」木簡《もっかん》

天武は、父は舒明《じょめい》、母は皇極《こうぎょく》（重祚《ちょうそ》して斉明《さいめい》）で、中大兄皇子《なかのおおえのおうじ》（天智《てんじ》）、間人皇女《はしひとのひめみこ》（孝徳《こうとく》皇后）の同母弟《どうぼてい》として生まれました。『一代要記《いちだいようき》』には、享年六十五とありますが、そうすると兄の天智より年長となるので、実際には生年は伝えられなかったと考えられています。和風諡号《わふうしごう》は、『古事記』序文では「飛鳥清原大宮《あすかのきよみはらのおおみやに》御大八州天皇《おおやしまをしろしめす》」とありますが、『日本書紀』の「天渟中原《あまのぬなはら》瀛真人天皇《おきのまひと》」とあり、「瀛《えい》」や「真人《まひと》」には道教の神《しん》仙思想《せんしそう》の影響がみられます。

天智の崩御後の六七二年に起こった壬申《じんしん》の乱では地方豪族の支持を得て、天智の子の大友皇子《おおとものみこ》と近江《おうみ》朝廷側を倒して、翌年に飛鳥浄御原宮《あすかきよみはらのみや》で即位し、天皇を中心とする中央集権の基礎を固めました。富本銭《ふほんせん》の工房跡である飛鳥池遺跡から出土した木簡から、初めて君主号に「天皇」を採用した人物として有力視されています。

兄と弟

天武は、初め額田王《ぬかたのおおきみ》との間に第一皇女の十市《とおち》皇女を、九州の宗像尼子娘《むなかたのあまこのいらつめ》との間に第一皇子の高市《たけち》皇子をもうけますが、斉明《さいめい》三年（六五七）に、兄の天智の娘の大田《おおた》皇女と鸕野讃良《うののさらら》皇女（のちの持統《じとう》）と結婚しました。当時は朝鮮半島は動乱のさなかにあり、斉明七年（六六一）正月に、母の斉明が百済《くだら》救援軍を率いて難波《なにわ》を出航すると、天武もこれに随行《ずいこう》しました。五月に母の斉明が筑紫朝倉宮《つくしあさくらのみや》で崩御すると、兄の天智が指揮する白村江《はくすきのえ》の戦いを補佐し、白村江の敗戦後は、飛鳥に戻った天智の「大皇弟《まうけのきみ》」として、国政を支えることとなりました。

天智六年（六六七）三月、天智は近江の大津宮《おおつのみや》に都を遷《うつ》すと、天武も大津宮に移り、兄の補佐をしますが、天智十年（六七一）正月、天智が息子の大友《おおとも》皇子を太《だ》政《じょう》大臣《だいじん》に任命したことにより、両者の関係が悪化しました。十月に臨終を迎えた天智は、天武に「皇位を授けよう」と言います。暗に陰謀《いんぼう》を感じた天武は皇位を固辞し、僧形《そうぎょう》となって吉野《よしの》に逃れます。『日本書紀』の天武紀には「天下を皇后《こうごう》におまかせになり、大友皇子を儲君《まうけのきみ》（皇太子）となさいませ」とありますが、天智紀では「天下を大后《おおきさき》におまかせになり、大友王に諸の政務をおまかせになられますように」とあります。元は同じ話だったと考えられ、天武紀は「大后」を「皇后」、「大友王」を「大友皇子」の称号に書き換えていることが指摘できます。このことから、天武朝以前は、天皇・皇后・皇太子の称号は未成立で、律令制に基づく父子継承が行われる以前は、兄弟や母子による共同統治が普通で、複数の候補者が皇位を争う兄弟継承が行われたと指摘できます。

壬申の乱

天智十年十二月に父の天智が崩御すると、翌年（六七二）六月、壬申の乱が起こります。天武は、妻の持統をともなって吉野を脱出すると東国に向かいました。その後、伊賀《いが》の積殖山口《つげのやまぐち》で第一皇子の高市と、伊勢《いせ》の鈴鹿《すずか》で第三皇子の大津《おおつ》と合流し、桑名《くわな》の郡家《こおりのみやけ》にたどりつきました。飛鳥京のある奈良盆地を通過し、伊賀を経て伊勢の桑名まで百キロ以上の道のりを、わずか二日で行軍する移動スピードです。その後、持統は、伊勢の桑名に留まり、天武は美濃《みの》の不破《ふわ》郡家の野上《のがみ》に拠点を定めました。高市は近江にほど近い和蹔《わざみ》に軍《ぐん》衆《しゅう》を進め、前線に立って壬申の乱を戦い、大友率いる近江朝廷軍に勝利しました。

『日本書紀』の巻二十八の「壬申紀」は、大海人皇子が吉野に逃れてから、挙兵して近江朝廷側と戦い、飛鳥の岡本宮《おかもとのみや》の近くに飛鳥浄御原宮《あすかきよみはらのみや》を造営するまでの「壬申の乱」のみが詳細に描かれ、天武の治世は巻二十九巻の「天武紀」に記されています。『日本書紀』の歴代天皇のうち天武の業績のみが二巻に紙幅《しふく》を割くことから、『日本書紀』は天武即位の正当性を主張する歴史書ともいえます。

飛鳥浄御原宮

翌天武二年（六七三）二月に壇場《だんじょう》を設営して即位した天武は、壬申の乱の勝利を背景とした強力な指導力を発揮して中央集権体制の国政改革に確立に着手しました。

まずは大舎人《おおとねり》の制を定めて、官途につく大舎人を出仕させ、のちその才能に応じて官職につける官人を育成することとしました。官僚制の導入です。官人の勤務の評価、官位の昇進のための考選の法を定め、また位階の制と結合した新しい朝廷の身分秩序を定めるため、天武十三年（六八四）に八色の姓を制定して豪族の身分を再編成し、晩年の天武十四年（六八五）には、親王・諸王を十二階・諸臣を四十八階の新冠位制を改め、豪族を官人秩序に組み込む政策を採りました。

皇族・豪族の経済的基盤についても、天武四年（六七五）に、天智三年（六六四）に諸豪族に認められた部曲《かきべ》を廃止して、食封制《じきふのせい》に改革を加え、豪族と私有民の関係を廃止し、国家の官人に対して封戸《ふこ》（食封）を与える形式としました。

外交では、白村江《はくすきのえ》の敗戦後に、朝鮮半島を統一した新羅《しらぎ》との国交は保持しつつも、その後の唐《とう》と新羅の軍事的緊張には干渉せず、国内の統治に尽力しました。

吉野の盟約

『日本書紀』の「壬申紀」を読むと、天武と持統は、吉野から徒歩で東国に脱出し、津振川あたりで、ようやく天武は馬、持統は輿の移動手段を得ます。しかし、持統は、鈴鹿の山道を越えたあたりで体調を崩し、しばらく休憩したことが記されています。吉野を出てから、飛鳥京のある奈良盆地を通過し、東国に移動すると、持統は美濃にほど近い伊勢の桑名に留まって、乱の推移を見守ったと考えられます。「持統即位前紀」では、壬申の乱に積極的に関わったように描かれる持統ですが、「壬申紀」では、持統が積極的に戦いに関与する様子は描かれません。このことから、持統は、夫の天武と乱の計画を立て、壬申の乱に従軍したという意味では重要な役割を負った妃とはいえますが、天武が戦の前線に高市皇子を派遣したことを考えると、当時の持統は、戦では積極的な役割をもっておらず、また高市、大津があとから合流した点から、天武の多くの妃とその皇子女を束ねる役割を担う立場ではなかったと指摘できます。

こうした持統が、天武治世下で皇后としての地位を築いたことが確認できるのが、天武八年（六七九）の吉野の盟約です。天武は壬申の乱の発端となった吉野に行幸し、六人の皇子に異母兄弟同士が争わないことを誓わせます。この六人の皇子は『日本書紀』には草壁皇子・高市皇子・大津皇子・忍壁皇子・川島皇子・芝基（志貴）皇子の順で書かれており、天武は「我が子たちは、それぞれ異なった母から生まれたが、同じ母から生まれた子だと思って慈しもう」と言って六人の皇子を、草壁皇子から順に抱きしめ、「この盟約に背けば、その身は滅びるだろう」と、この盟約を破ることがないように誓わせます。その後、六人の皇子たちは順に、皇后の持統とも同じように抱き合って、誓いを立てました。このことから吉野で誓われた盟約は、皇后の持統が産んだ天武第二皇子の草壁を次期皇位継承者であることが示され、皇位継承候補の六人の皇子たちがその順位を承諾するためのものだったと指摘することができます。壬申の乱で活躍した第一皇子の高市は母の身分が低く、第三皇子の大津の母は既に亡くなっていました。吉野の盟約を行った六人の皇子のうち、川島皇子・芝基（志貴）皇子は天智の子であったことも、当時の皇位継承のあり方を示す上で特徴があります。こうした曖昧な皇位継承順位を一本化しようとしたのが吉野の盟約だったと考えられます。

帰都後、この六皇子は天武の住む正殿前でも拝礼を行い、吉野の盟約による皇位継承順位が臣下にも示されます。この吉野の盟約によって、皇后所生の皇子が最も皇位継承に優位であることが示され、持統の皇后としての立場が確立しました。

中央集権体制に向けて

天皇治世の初期には麻績王・屋垣王の配流などいくつかの事件があり、天皇の集権的な権力への批判があったようですが、壬申の乱の勝利と大友皇子を支持する近江朝廷側の豪族の没落を背景とした天武の強力な指導力を背景に、天皇を中心とする中央集権体制の確立に腐心したといえるでしょう。日本の古代国家と天皇制の基礎は、天武によって固められたと考えられます。

持統《じとう》

『日本書紀』即位前紀

持統は、父は天智《てんじ》、母は蘇我倉山田石川麻呂《そがのくらやまだのいしかわまろ》の娘の遠智娘《おちのいらつめ》（別名は美濃津子娘《みのつこのいらつめ》）で、六四五年に誕生しました。幼名を鸕野讃良皇女《うののさららのひめみこ》といいます。斉明《さいめい》三年（六五七）に十三歳で同母姉の大田《おおた》皇女と共に大海人皇子《おおあまのみこ》（のちの天武《てんむ》）の妃となり、天智元年（六六二）に草壁《くさかべ》皇子を出産しました。壬申《じんしん》の乱に勝利した夫である天武の即位後に皇后となり、夫の崩御後に天皇として即位しました。

持統の即位までの経歴が記されている『日本書紀』「持統即位前紀《そくいぜんき》」には、持統は幼年はしっかりと落ち着いた様子で、結婚後は天皇の娘であっても礼を重んじる慎ましい性格で、母としての徳があると記されています。また、天智十年（六七一）の父天智の危篤《きとく》に際しては、夫と共に草壁皇子をはじめとする子どもたちを連れて吉野《よしの》に逃れ、翌年に起こった壬申の乱に際しては、「東国に逃れて、天武と共に軍衆《ぐんしゅう》を集め、死を恐れぬ勇猛な兵士に命令して諸々の要害《ようがい》に配備した」とあり、積極的に戦いに関わる様子が描かれています。

夫が壬申の乱に勝利して、天武元年（六七三）に飛鳥浄御原宮《あすかきよみはらのみや》（奈良県明日香村）で即位すると、持統は翌年に皇后に立てられました。『日本書紀』の「持統即位前紀」を見ると、皇后になった持統は「天武を助け天下を治め、政務に言及して天皇を補佐した」と記されており、朱鳥《しゅちょう》元年（六八六）に夫の天武が崩御すると、持統は「臨朝称制《りんちょうりょうせい》」、つまり即位の儀式を経ずに、天皇と同じ立場として政務を執ることになりました。その後、三年にわたる天武の大葬が行われ、持統が正式に即位したのは、持統三年（六八九）のことでした。

祖父の蘇我倉山田石川麻呂の死

『日本書紀』では持統の生年は伝えられていませんが、室町時代に成立した『本朝皇胤紹運録《ほんちょうこういんじょううんろく》』には

「孝徳《こうとく》元降誕（孝徳の元年に降誕す）」とあり、この史料に依拠すれば、大化改新の年に誕生したことになります。持統の母方の祖父の蘇我倉山田石川麻呂は、中臣鎌足《なかとみのかまたり》の勧めで娘の遠智娘を中大兄皇子（天智）の妃として姻戚関係を結び、蘇我入鹿《そがのいるか》の誅殺《ちゅうさつ》計画に加わっています。つまり持統は、数年に及ぶ蘇我蝦夷・入鹿打倒の計画の人間関係の渦中に生まれたのでした。

しかし祖父の石川麻呂は、大化五年（六四九）に謀反を讒言《ざんげん》されて経死《けいし》し、母の遠智娘も白雉《はくち》二（六五一）に健《たける》皇子を出産後にほどなくして亡くなったと考えられています。

当時の養育は母方で行われるのが一般的でしたが、母方の祖父と母を亡くしたあとの持統を養育に関わったのは、父方の祖母の斉明《さいめい》女帝ではないかと考えられます。『日本書紀』斉明四年五月（六五八）には、持統の同母弟の健皇子が八歳で亡くなると、それを嘆き悲しんだ斉明が「必ず、朕《ちん》の陵《みささぎ》に合葬《がっそう》せよ」と命じる記事があり、このことから大田皇女、持統、建皇子の三人は、母亡きあとに斉明が養育に関与した可能性が指摘できるからです。

草壁皇子の出産

斉明三年（六五七）、持統は、父の同母弟である叔父の大海人皇子と結婚しました。当時、朝鮮半島は動乱のさなかにあり、斉明六年（六六〇）十月に百済《くだら》滅亡の知らせを受けた斉明は、百済救援軍の派遣を決め、翌年正月、船団を編成して九州へ向かいます。持統は夫や姉と共にこれに随行《ずいこう》し、三月に博多湾に面した娜《なの》大津《おおつ》の長津宮《ながつのみや》に到着しました。さらに五月、斉明は筑《つく》紫《し》の朝倉宮《あさくらのみや》に遷都《せんと》します。このように百済救援のための動きは進められたのですが、この年の七月、祖母の斉明は百済への救援軍派遣を前に崩御しました。

その天智元年（六六二）に持統は娜大津で草壁皇子を産みました。翌二年には姉の大田皇女も大津《おおつ》皇子を出産しています。そして、朝鮮半島では、この年の九月に百済救援のために派遣された水軍は百済の白村江《はくすきのえ》で唐の水軍と戦い、敗れてしまいました。

飛鳥に戻ったあと、父の天智は「称制《しょうせい》（正式に天皇の位につかずに国政を主導すること）」のまま、夫の大海人皇子は「大皇弟《まうけのきみ》」として、白村江敗戦後の外交と内政に着手することになりました。この間に持統の姉の大田皇女が亡くなります。この太田皇女の死は、その後、大津皇子に暗い影を落とすことになります。

天智六年（六六七）二月、父の天智は、斉明を山陵《さんりょう》に埋葬して大葬を終えました。そして、その陵《みささぎ》の前の墓に大田皇女を葬りました。

このあと、天智六年三月に、天智は近江《おうみ》の大津宮《おおつのみや》に都を遷し、翌年即位しました。この遷都も白村江の戦いに敗れたことによるものと考えられています。持統は、父や夫に従って大津宮に移り、夫の正妃として地位を確実なものとしたと考えられます。しかし、天智十年（六七一）正月、それまでの父と夫との良好な関係に亀裂が生じます。異母弟《いぼてい》大友皇子の太政大臣《だじょうだいじん》任命です。

十月、天智の病が篤《あつ》くなると、夫の大海人皇子は吉野で仏道修行をすることを願い出て許され、僧形《そうぎょう》となって吉野に逃れます。持統は草壁皇子らと共に夫に従って吉野へ向かいました。その年の十二月、父の天智が崩御し、翌年六月、壬申の乱が起こります。

持統は、夫に従ってわずかばかりの従者とともに吉野を脱出し、東国に向かいました。その後、夫の大海人皇子は、大友皇子が率いる近江朝廷《ちょうてい》側と戦い、壬申の乱に勝利しました。

吉野の盟約

天武二年（六七三）二月に夫の天武は壇場《だんじょう》を設営して即位すると、持統を皇后に立てた、と『日本書紀』にはあります。歴代皇后は、天皇即位の翌年正月に立后する記事が散見されますが、これは『日本書紀』の潤色《じゅんしょく》だと考えられ、持統が皇后になる前の皇后《こうごう》の称号は「大后《おおきさき》」で、皇后・皇太子《こうたいし》の称号は未成立だったと考えられています。

当時の曖昧な皇位継承順位を明確化しようとしたのが吉野の盟約でした。この吉野の盟約によって、皇后所生の皇子が最も皇位継承に優位であることが示され、持統の皇后としての立場が明示されることになりました。

大津皇子の謀反

天武十年（六八一）年二月、天武は、持統と共に大《だい》極殿《ごくでん》に出御《しゅつぎょ》して、律令《りつりょう》と歴史書の撰定《せんてい》の詔《みことのり》を出しました。唐《とう》の律令制度をとりいれて中央集権の体制を推進するなか、持統は天武を助けて功績が大きかったと『日本書紀』に伝えられています。さらに、夫の天武は、貨幣《かへい》の鋳造《ちゅうぞう》計画や、宮都《きゅうと》の造営《ぞうえい》計画、豪族《ごうぞく》の再編である「八色《やくさ》の姓《かばね》」の制定など、さまざまな面において中央集権化に取り組みますが、朱鳥《しゅちょう》元年（六八六）年九月、事後を持統と草壁皇子に託して崩御しました。

天皇の崩御の際には、皇位継承争いが起こるのが古代の皇位継承です。このことに持統は先手を打ちました。十月、持統は、謀反の疑いで、姉の大田皇女が産んだ天武の第三子である大津皇子を賜死《しし》させました。自身や草壁皇子の皇位継承争いの火種となる皇子を先制して倒したのです。

持統は、即位せず「称制」して政治をおこない、律令の編纂を進めますが、ここで予期せぬできごとが起きてしまいます。すなわち、持統三年（六八九）四月に草壁皇子が病死してしまうのです。そこで、六月に飛鳥浄御原令《あすかきよみはらりょう》を施行《しこう》し、翌四年正月に即位して正式に天皇となりました。

持統は、天武の中央集権の政策を引き継ぎ、官制の整備、庚寅年籍《こういんねんじゃく》の作成など律令制度の完成に力を尽くします。

持統八年（六九〇）には古代中国の周《しゅう》の都にならって造営したとされる天皇と官人が集住する藤原京《じふわらきょう》の造営に成功しました。

大宝律令の完成

持統十年（六九二）「後皇子尊《のちのみこのみこと》」と称された太政大臣の高市皇子が薨去《こうきょ》しました。すると、持統は、草壁の子の軽《かる》皇子（文武《もんむ》天皇）を皇太子とし、翌年八月に皇位を譲りました。皇位の安定的な継承のため、太上天皇となって孫の文武と共同で統治《とうち》することにしたのです。

そして、大宝《たいほう》元年（七〇一）八月「大宝律令」が完成し、翌年施行されるのを見届けると、十二月に崩御しました。

持統は、天皇では初めて火葬され、「大倭根子天之《やまとねこあめの》広野日女《ひろのひめ》」の諡号《しごう》が贈られて、天武の檜隈《ひのくま》大内陵に合葬されました。『日本書紀』の諡号は「高天原広野《たかあまのはらひろの》姫《ひめ》」です。大化改新《たいかのかいしん》の年に生まれた持統は、中央集権化をめぐる政争の中で生涯を生き抜き、律令の完成を見届けた人物ということができるのです。

〈大宝律令の組織図〉

中央

（二宮）

- 神紙宮
- 太政宮
  - 左大臣
  - 太政大臣
  - 右大臣
    - 大納言
      - 左弁官
        - 中務省
        - 式部省
        - 治部省
        - 民部省
      - 少納言
      - 右弁官
        - 兵部省
        - 刑部省
        - 大蔵省
        - 宮内省

地方

（諸国）　国司（国）　郡司（郡）　里長（里）

（九州）　大宰府

天武・持統天皇陵（檜隈大内陵）（奈良県・明日香村教育委員会提供）

VI

日本書紀を彩る女性たち

53

卑弥呼《ひみこ》

「魏志倭人伝《ぎしわじんでん》」の卑弥呼

卑弥呼は「魏志倭人伝」に登場する邪馬台国《やまたいこく》の女王で、魏《ぎ》の景初《けいしょ》三年（二三九）に難升米《なしめ》らを魏に派遣して朝貢《ちょうこう》し、魏の皇帝から「親魏倭王《しんぎわおう》」の称号と金印《きんいん》紫綬《しじゅ》を受け、銅鏡百枚をはじめとする品々を賜与《しよ》された人物です。

「魏志倭人伝」は、正式には『三国志《さんごくし》』「魏書《ぎしょ》」烏丸《うがん》鮮卑東夷伝倭人条《せんぴとういでんわじんじょう》といい、二八〇年頃に成立した中国の歴史書です。そこには「其の国、本亦《もとまた》男子を以《もっ》て王と為す。住まること七、八十年。倭国《わこく》乱れ、相攻伐《あいこうばつ》すること歴年、乃《すなわ》ち一女子を共立して王《おう》と為《な》す。名を卑弥呼と曰う。鬼道《きどう》を事とし、能《よ》く衆を惑《まど》はす。年已《としすで》に長大なるも、夫壻《ふせい》無し。男弟《だんてい》有り、佐《たす》けて国を治む。王と為りてより以来、見有《けんあ》る者《もの》少なし。婢《ひ》千人を以て自ら侍《はべ》らしむ。唯、男子一人有りて、飲食を給《きゅう》し、辞《じ》を伝えて居処に出入す。宮室、楼観《ろうかん》、城柵《じょうさく》、厳《おごそ》かに設け、常に人有りて兵を持ちて守衛《しゅえい》す」と、卑弥呼の様子が記されています。

この史料から、倭国は元は男子を王としていたものの戦乱が続いたため、諸国が卑弥呼を王として共立《きょうりつ》したことや、卑弥呼が宗教的な力に優れ人心を掌握していたこと、成人しても夫を持たず卑弥呼の弟が補佐して国を治めていたことや、王となってからは人々の前に姿をあらわさず婢千人が仕えていたこと、ただ一人の男子が卑弥呼に飲食を配して、辞を伝えるために居所に出入りしていたことや、その卑弥呼の居所には、物見の高台が建てられ、周囲には柵が厳重にめぐらされ、常に兵士が守衛していたことがわかります。

「魏志倭人伝」によると、卑弥呼は、正始《せいし》八年に帯《たい》方郡《ほうぐん》に使者を派遣して、狗奴国《くなこく》と争っていることを伝えますが、その後に亡くなりました。「魏志倭人伝」には「卑弥呼以に死す。大いに冢《つか》を作る。径《けい》は百余歩、殉葬《じゅんそう》する者、奴婢《ぬひ》百余人なり」とあり、直径が百余歩もある墓に葬られたことが記されています。目安となる「歩」は時代によって長さが異なりますが、仮に一・四メートルだとしても百四十メートル以上の墓が築造されたことになります。これが誇大表現なのか、史実を反映したものかは議論となるところですが、奈良盆地の初期の前方後円墳《ぜんぽうこうえんふん》である箸墓《はしはか》古墳が注目されています。この古墳は『日本書紀』では孝霊《こうれい》の皇女の倭迹迹日百襲姫命《やまとととひももそひめのみこと》が葬られた、という伝承のある墓で、「昼は人が作り、夜は神が作った」と描かれています。

また卑弥呼の住む邪馬台国の所在地をめぐっては九州説と近畿説がありますが、「魏志倭人伝」に登場する「一支国《いきこく》」に比定される壱岐島《いきのしま》の原《はる》の辻《つじ》遺跡から、三世紀初頭の近畿地方で出土する布留《ふる》式土器が発見されたことから、九州地方と近畿地方の広い範囲の交易圏があったと考えられ、現在は近畿説が有力です。奈良盆地の箸墓古墳に近い纒向《まきむく》遺跡から布留式土器などが発見され、邪馬台国の有力な候補となっています。

七二〇年に完成した『日本書紀』では、神功皇后摂《じんぐうこうごうせっ》政《しょう》三十九年に「魏志《ぎし》に云はく『明帝《めいてい》の景初《けいしょ》三年六月に倭の女王、大夫難斗米等を遣《つかわ》し、郡に詣《いた》りて、天子に詣り朝献せむことを求む』といふ」とあり、「魏志倭人伝」に登場する卑弥呼を神功皇后に比定しています。神功皇后は『日本書紀』では、妊娠中に夫の仲《ちゅう》哀《あい》が急死したため、住吉《すみよし》大神の神託《しんたく》によって三韓討伐を行い、帰国後に生まれた応神《おうじん》の「摂政《せっしょう》」として国政を執った人物として描かれています。『日本書紀』の編者は、「魏書」に登場する卑弥呼を「巫女」というイメージではなく、神の託宣を聞く力を持ち、軍事を率いて領土を広げ、「摂政」として六十九年もの間の執政の後、息子に皇位を継がせる逞《たくま》しい女性だととらえていたようです。

卑弥呼を神功皇后に比定する説は江戸時代まで続きますが、明治時代に一変して、「巫女」だと考えられるようになりました。宗教的権威を持ち、人と会わないことから、卑弥呼は、神に仕え、政治は弟が執り行ったとする説が登場するようになりました。邪馬台国九州説を主張した白鳥庫吉《しらとりくらきち》は卑弥呼は「熊襲《くまそ》」の女《じょ》酋《しゅう》、近畿説を主張した内藤湖南《ないとうこなん》は垂仁《すいにん》皇女で伊勢《いせ》神宮で天照大神《あまてらすおおみかみ》を奉斎《ほうさい》した倭姫命《やまとひめのみこと》だと考えるようになります。大正時代になると、箸墓古墳が卑弥呼の墓だと考えられるようになり、卑弥呼は大物主神《おおものぬしのかみ》の妻となった倭迹迹日百襲姫命とする学説が登場しました。

54

神功皇后《じんぐうこうごう》

神功皇后の新羅《しらぎ》出征と三韓《さんかん》征伐

　神功皇后は、『日本書紀』「気長足姫《おきながたらしひめ》」（『古事記』では息長帯比売《おきながたらしひめ》）といい、仲哀《ちゅうあい》の皇后《こうごう》（記では大后《おおきさき》）で、新羅《しらぎ》に親征した伝説上の人物です。父は開化《かいか》曾孫の気長宿禰王《おきながのすくね》、母は葛城高額媛《かずらきのたかぬかひめ》といいます。この葛城高額媛は『古事記』の「葛城高額比売」と同一人物だと考えられますが、応神記に「天之日矛《あめのひぼこ》」という新羅王子の子孫だという伝承がみえます。『日本書紀』でも、朝鮮半島の新羅や九州との関わりの深い伝承が散見されます。

　『日本書紀』仲哀八年、神功皇后の夫の仲哀は熊襲《くまそ》を討とうと、筑紫《つくし》の橿日宮《かしひのみや》で神のお告げを聞こうとしたので、神功皇后が神を依《よ》せると、その神は「海を渡って新羅を攻めよ」といいます。仲哀は高い岳に登って遠くを見渡しますが、海のみであったのでそのお告げを信じず、熊襲を攻めますが勝つことが出来ないまま還御《かんぎょ》し、翌年二月に急死してしまいました。

　そこで三月に武内宿禰《たけうちのすくね》に琴を演奏させて、神功皇后自らが神主になって神をまつりました。その後に吉備《きびの》臣《おみ》の祖の鴨別《かもわけ》を派遣して熊襲を討伐せると、四月に松浦《まつうら》にたどり着いた神宮皇后は「西の財物を求めることが成功するならば、河の魚よ。釣り針に食いつけ」といって釣り針を投げ入れると魚が釣れます。そこで神の霊験を知った神功皇后は、剣と鏡を捧げて神祇《じんぎ》に祈り、兵士を集めて船を整え、十月に西海に対馬《つしま》の和珥《わに》津《つ》より出発しました。

　船を並べて海を渡ると、大小の魚が船を背負って泳ぎ、風は追い風となって船が波のままに進み、船を乗せた波は、勢いよく新羅国の内陸にまで達します。驚いた新羅王は、戦うことなく「今後は、天皇の命令のままに服従して、馬飼《うまかい》となって仕えましょう」というので、新羅国の地図や戸籍を収め、新羅王に貢調《こうちょう》を誓わせました。これを知った高句麗《こうくり》と百済《くだら》の王は「今後朝貢《ちょうこう》を絶やしません」といったので内官家《うちつみやけ》とし帰路につきました。十二月、神功皇后は筑紫にたどり着くと誉田別皇子《ほむたわけのみこ》（『古事記』では品陀和気《ほむたわけ》）を生みました。

麛坂《かごさか》皇子・忍熊《おしくま》皇子の反乱

　こうして筑紫からヤマトに帰ろうとした神功皇后は、夫仲哀の遺体を船に収めて海路より帰ろうとしました。これを迎えることになった仲哀の子の麛坂皇子、忍熊皇子は「神功皇后が産んだ子に群臣《まえつきみ》はみんな従っている。必ず共に謀って、幼い王を立てるだろう。なぜ兄が弟に従わなければならないのだ」といって、神功皇后を討とうと、淡路島で待ち受けていました。この時、菟餓野《とがの》に出て麛坂と忍熊が勝敗を占う狩りをすると、麛坂が猪に食い殺されたので、忍熊は「ここで敵を待つべきではない」といって、住吉に駐屯します。忍熊が軍勢を従えて待ち構えていると聞いた神功皇后は、紀伊水門《きのみなと》に船を停泊させると、難波《なにわ》を目指すことにしました。この時海を渡ることが出来ずにいると、三韓征伐の時に神託を下した神々が現れます。神の教えのままに鎮座させると、海を渡ることができました。ついに忍熊を攻めようとした神功皇后は、武内宿禰と和《わ》珥臣《にのおみ》の祖である武振熊《たけふるくま》に命じて、摂政元年三月に忍熊を撃たせました。忍熊に対峙した武内宿禰は、和睦を持ちかけて弓の弦を切って、刀を河に投げ捨てると、その嘘を信じた忍熊は軍勢の兵士に命令して、弓の弦を断ち切らせた。すると、武内宿禰は予備の弦を出して弓にはり、真刀を身につけて追撃します。忍熊は、欺《あざむ》かれたことに気づき退きますが、武内宿禰は忍熊の軍勢を追いかけて精兵を繰り出し、逢坂で忍熊の軍を打ち破りました。逃げ入るところのなくなった忍熊は瀬田《せた》の済《わたり》に飛び込んで死んでしまいました。神功皇后は、翌年に仲哀を河内国《かわちのくに》の長野陵《ながののみささぎ》に葬り、摂政三年に誉田別を立てて皇太子としました。この皇子がのちの応神《おうじん》です。

　同様の話は『古事記』にもみえますが、『古事記』では、人の心が信じられないと思った神功皇后が「生まれた御子はなくなった」と噂を流すと、麛坂と忍熊は神功皇后を待ち受けて討ち取ろうとした、と描かれています。『日本書紀』と『古事記』を比較すると、『古事記』の方が、次の皇位継承に積極的に関わり、戦いを指揮する神功皇后の命が狙われている様子が描かれていることがわかります。

神功皇后の「摂政」

その後の神功皇后の執政について『古事記』には描かれませんが、『日本書紀』では六十二年間摂政をつとめ百歳で崩御しました。こうして神功皇后所生の応神が即位することとなります。

以上のように実在が疑わしい神功皇后の伝承ですが、摂政三十九年には「魏志《ぎし》に『明帝《めいてい》の景初《けいしょ》三年六月に倭の女王が、大夫難斗米《なしめ》等を遣《つかわ》し、郡に参上して、天子に朝貢《ちょうこう》したいと願っている』とある」、四十年には「魏志に『正始《せいし》元年に、建忠校尉梯携《けんちゅうこういていけい》らを倭国《わこく》に遣して、詔書《しょうしょ》・印綬《いんじゅ》を奉った』とある」、四十三年には、「正始四年に、『倭王の復使《またつかい》の大夫伊声者《いせいしゃ》・掖耶約《ややく》ら八人を遣して献上した』とある」と見え、「魏志倭人伝」の卑弥呼の記事を、神功皇后の摂政の記事に注記していることが確認できます。神功皇后を卑弥呼に擬す注から、『日本書紀』の編纂者は、神功皇后を「魏志倭人伝」にみえる卑弥呼と同一視していたと考えられます。そのため神功皇后を卑弥呼と同時代の三世紀の人とした結果、中国や朝鮮の記事を引用する際、干支はそのままにして、年代は引用した記事の年代よりも百二十年繰り上げている例が見えます。

伝説上の神功皇后を実在の人物と同一視する背景には、唐《とう》・新羅の連合軍に敗北を喫した白村江《はくすきのえ》の戦いを払拭し、新羅に対する外交の優位性を神功皇后に仮託したいという目的があったと考えられます。

また、神功皇后は開化の五世孫にあたり『古事記』『日本書紀』の編纂段階では、皇位継承をみとめられる血統ではありませんでした。このため神功皇后の伝承は『古事記』では仲哀記、『日本書紀』では「摂政」として編纂されています。ところが平安末に編纂された『扶桑略記《ふそうりゃっき》』では歴代天皇に数えられています。伝承上の人物ではありますが、神功皇后は明治時代になるまでは、歴代の天皇として扱われていたのです。

ところが、明治三年（一八七〇）に壬申《じんしん》の乱に敗れた大友《おおとも》皇子が「弘文《こうぶん》天皇」として歴代の天皇に数えられることになり、神功皇后の即位は否定されました。この背景には、近代天皇制における皇位継承法で、皇統に属する男系男子のみに即位が認められる旧皇室典《こうしつてん》範《ばん》の影響がありました。このように、神功皇后や卑弥呼の歴史的な解釈は、その時代の影響を受け、よって大きく異なることを示しています。

安達吟光画『大日本史略図会』より「神功皇后親ら三韓を征伐し給ふ」（国立国会図書館蔵）

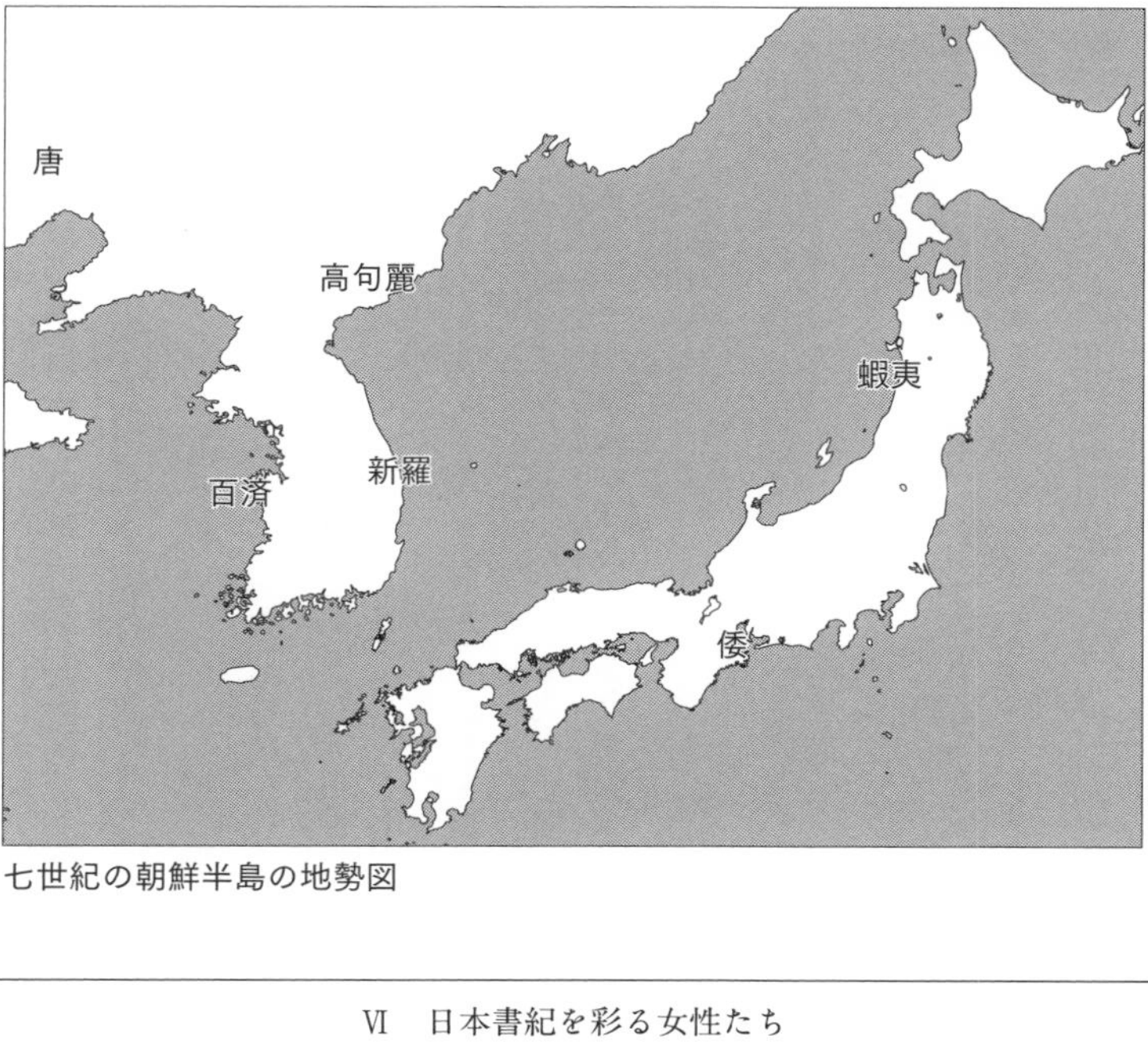

七世紀の朝鮮半島の地勢図

イワノヒメとクロヒメ

イワノヒメと葛城《かずらぎ》氏

イワノヒメは、『日本書紀』では「磐之媛」、『古事記』では「石之日売《いわのひめ》」と表記される仁徳《にんとく》の妃《きさき》で、『日本書紀』では、仁徳即位の翌仁徳二年に「皇后《こうごう》」に立てられます（『古事記』では「大后《おおきさき》」）。生年は不明ですが、去来穂別《いざほわけ》天皇（履中《りちゅう》）、瑞歯別《みずはわけ》天皇（反正《はんぜい》）、雄朝《おあさ》津間稚子宿禰《つまわくごのすくね》天皇（允恭《いんぎょう》）を産み、仁徳三十五年に山《やま》背《しろ》（山城）にある筒城宮《つつきのみや》で薨《こう》じました。

イワノヒメの父は葛城襲津彦《かずらぎのそつひこ》（『古事記』では、葛城《かずらぎ》之曽都毘古《のそつひこ》）は、『日本書紀』神功《じんぐう》皇后・応神紀《おうじんき》に海を渡って新羅《しらぎ》と戦った伝承をもつ、ヤマトの葛城に拠点をもつ氏族です。イワノヒメが三天皇を産んだとする伝承の他にも、『古事記』では、葛城之曽都毘古の子である葦田宿禰《あしだのすくね》の娘の黒媛が磐坂市辺押羽皇子《いわさかのいちべのおしはのみこ》（仁《にん》賢《けん》・顕宗《けんぞう》の父）を、雄略《ゆうりゃく》が葛城円《かずらぎのつぶら》大臣の娘の韓媛《からひめ》を妃とする伝承がみえ、葛城氏は五世紀頃に栄えたヤマトの有力氏族だと考えられます。

この葛城の仁徳皇后イワノヒメは、「嫉妬」が原因で、難波《なにわ》にいる仁徳と別居して山背《やましろ》の宮に移ったと『日本書紀』に描かれている人物ですが、仁徳と別居に至った経緯には、仁徳と八田皇女《やたのひめみこ》の結婚があります。

『日本書紀』では、応神の太子《たいし》であった菟道稚郎子《うじのわきいらつこ》が、仁徳に皇位を譲ろうとして死に臨み、同母妹《どうぼまい》の八田皇女を後宮に召してほしいと遺言しました。異《い》母弟《ぼてい》（応神の第四皇子）の仁徳は即位すると、仁徳二十二年になって、ようやく異母妹《いぼまい》の八田皇女を後宮に召し入れることを相談しますが、イワノヒメはこれを許しませんでした。

イワノヒメの嫉妬

仁徳三十年、仁徳はイワノヒメが不在の隙に八田皇女を宮中に召し入れてしまいます。この時、イワノヒメは新嘗祭《にいなめのまつり》の神酒《みき》を盛る御綱葉《みつなかしわ》を取りに、紀伊国《きいのくに》の熊野岬《くまのみさき》に出かけていたのでした。難波の済《わたり》に到着したイワノヒメは、夫が八田皇女を妃としたことを知り、怒って御綱葉を海に投げ入れると、川を遡り山背に向かってしまいました。仁徳は、難波に帰還させようとイワノヒメに歌を詠みかけますが、イワノヒメは難波の高津宮《たかつのみや》にいる仁徳の元には戻りません。仁徳は、イワノヒメの元に使者を派遣しますが、イワノヒメの返答は「決して帰らない」というものでした。そこでとうとう仁徳が筒城宮《つつきのみや》に向かいましたが、イワノヒメは「皇女の次の妃でいたいと思いません」と言って、仁徳には会おうとはしなかったので、仁徳は、イワノヒメが怒っていることを恨みつつも恋しく思った、とあります。そしてイワノヒメが仁徳三十五年に山背の筒城宮で薨去《こうきょ》すると、八田皇女は仁徳三十八年に皇后に立てられた、と描かれています。

仁徳即位の伝承は『古事記』にもありますが、菟道稚郎子皇子（記では宇遅能和紀郎子《うじのわきいらつこ》）が皇位を譲り合って、八田皇女を妃に迎えるように願う話はなく、「早く崩《さ》りましき」とあるだけです。また『古事記』仁徳段では、八田皇女（記では八田若郎女）と、異母妹である宇遅能若郎女《うじのわきのいらつめ》を妃としていますが、二人には子がいない、と記されています。さらには八田若郎女の同母妹の女鳥王《めどりのみこ》が「大后のイワノヒメが頑固で、八田若郎女をきちんと扱っておられない」と仁徳を非難しており、『日本書紀』とは内容が異なります。

『古事記』のクロヒメ

しかしながら、イワノヒメは『古事記』でも「嫉妬すること甚多《はなはだおお》し」とあり、嫉妬の伝承があることは『日本書紀』と共通しています。『古事記』では、仁徳に仕える女性は宮中に近づくことができず、イワノヒメは、仁徳が女性と何か事を起こすと、足をばたばたとさせるほど嫉妬した、と描かれます。その嫉妬の話として挙げられるのが、クロヒメ（黒日売）との話ですが、この伝承は『日本書紀』にはみえません。「吉《き》備《び》の海部直《あまべのあたい》の娘クロヒメがとても美しいと聞いた仁徳は、クロヒメを宮中に召し出して仕えさせた。しかしクロヒメは大后の嫉妬を畏《おそ》れて、本国に逃げ帰ってしまった。そこで仁徳はクロヒメを恋しく思って歌を詠んだ」という内容です。この伝承は、大王（天皇）の妻イワノヒメの「嫉妬」の話を利用して、結婚に同居しない「妻問婚《つまどいこん》」を説明したものだと考えられます。

善信尼《ぜんしんに》

国内初の出家者と蘇我馬子《そがのうまこ》の仏教興隆

善信尼は、司馬達等《しばたっと》の娘で名前を「嶋《しま》」といいます。国内で初めて出家し、仏法を修めた女性です。『日本書紀』敏達《びだつ》十三年（五八四）九月に十一歳で尼となった、とありますが、天平十八年（七四六）成立の『元《がん》興《こう》寺《じ》伽藍《がらん》縁起《えんぎ》并《ならびに》流記《るき》資財帳《しざいちょう》』（以下『元興寺縁起』）には名は「斯末売《しまめ》」、年齢は「十七歳」と、異伝があります。

『日本書紀』には「この年、百済《くだら》から蘇我馬子は仏像二軀《く》を請い受けた。国内各地に僧尼を求め、播磨国《はりまのくに》に住む高句麗《こうくり》の恵便《えべん》という還俗《げんぞく》した僧を見つけると善信尼の師とし、善信尼の二人の弟子、漢人夜菩《あやひとのやぼ》の娘「豊女《とよめ》」を禅蔵尼《ぜんぞうに》、錦織壺《にしこりのつふ》の娘「石女《いしめ》」を恵善尼《えぜんに》として得度《とくど》させた。馬子は、この三人の尼を尊崇《そんすう》し、仏殿を宅の東方につくって弥勒《みろく》の石像を安置して供養《くよう》し、また石川《いしかわ》に仏殿を作った。これが仏法《ぶっぽう》の始まりである。この時に、達等は仏舎利《ぶっしゃり》を得て馬子に献上し、馬子は翌十四年二月、大野丘《おおののおか》に塔を立てて仏舎利を納めた。この時に病を得た馬子は、延命のために弥勒の石像を祀ることを敏達に願い出て、これを許された」と記されており、日本における仏教は、蘇我馬子が善信尼と弟子の禅蔵尼と恵善尼の三人の尼を尊崇して、石川の邸宅に作った仏殿に安置した仏像を供養したことに始まったと伝承されていることがわかります。このように『日本書紀』の善信尼の記事は、国内における仏教受容《じゅよう》の歴史が描かれたものだと考えられます。

崇仏排仏論争

ところが、この時に国内で疫病《えきびょう》が流行すると、敏達十四年（五八五）三月、排仏派《はいぶつは》の物部守屋《もののべのもりや》らは、その原因は馬子の仏教興隆《ぶっきょうこうりゅう》にあると奏上《そうじょう》しました。そして敏達の許しを得て馬子の寺の塔や仏殿に火を付け、焼け残った仏像を難波《なにわ》の堀江《ほりえ》に投げ捨てさせました。また、善信尼らに呼び出して法衣《ほうえ》を奪うと、禁固《きんこ》して海石榴市《つばきち》にある駅に連れて行かせ、鞭《むち》打ちの刑にしました。ちょうどこの時、敏達と守屋はにわかに天然痘《てんねんとう》を患《わずら》ったので、世間は老いも若きも仏像を焼いた罪だと噂しました。そこで馬子は、自分の病を治すために仏法に頼りたいと願い出て、敏達は馬子一人の崇仏《すうぶつ》を許すことにします。こうして善信尼らは馬子の元へ帰され、馬子は新たに精舎《しょうじゃ》を造営《ぞうえい》して仏像を迎え、仏教を信仰しました。

一方、敏達の病は重く八月に崩御《ほうぎょ》します。次に即位したのは異母弟《いぼてい》の用明《ようめい》でした。ところが用明二年（五八七）四月に、用明も天然痘に倒れ、仏教への帰依《きえ》を望むようになります。七月いよいよ用明が臨終《りんじゅう》という時、善信尼の兄弟である多須奈《たすな》が進み出て「私も出家して仏道《ぶつどう》を修め、丈六《じょうろく》の仏像と寺をお造りいたします」と願いますが、この最中《さなか》に用明は崩御《ほうぎょ》してしまいました。馬子と守屋は、次の天皇の擁立《ようりつ》を巡って対立を激化させ、馬子は厩戸皇子《うまやと》（聖徳太子）らとともに守屋を滅ぼします。『日本書紀』では、守屋との戦いの最中、馬子は寺を建てることを誓願《せいがん》します。これがのちの飛鳥寺です。その甲斐あって馬子は、戦に進軍して勝利したとあります。この馬子と守屋の戦いは、干支の年から「丁未《ていび》の乱」と呼ばれます。

百済《くだら》への留学

崇仏排仏論争に決着がつくと、天皇に擁立されたのは、用明の異母弟の崇峻《すしゅん》でした。崇峻元年（五八八）、馬子は善信尼らを学問尼として百済に派遣すると、誓願のとおり飛鳥《あすか》の地を「真神原《まかみはら》」と名づけ飛鳥寺（法《ほう》興寺《こうじ》）の建立《こんりゅう》を計画しました。『日本書紀』では「戊申」のこととあります。

学問尼として百済へ遣わされた善信尼らは、仏教を学んで崇峻三年（五九〇）三月に帰朝すると、桜井寺《さくらいでら》に居住し、善徳《ぜんとく》・善妙《ぜんみょう》・妙光《みょうこう》ら十名の諸尼を得度させました。また、この時に多須奈が出家し、徳斉《とくさい》と名付けられました。多須奈は、用明二年四月に出家を願い出、仏像の作成、寺の建立を誓った善信尼の兄弟で、この徳斉の息子こそ、法隆寺金堂《ほうりゅうじこんどう》の本尊《ほんぞん》である金銅《こんどう》釈迦三尊像《しゃかさんぞんぞう》を鋳造《ちゅうぞう》した鞍作止利《くらつくりのとり》（止利仏師《とりぶっし》）です。

ところが、『日本書紀』とは異なる伝承が『元興寺縁起』にあります。それによると、蘇我稲目（馬子の父）が仏を安置した牟久原《むくはら》（向原）の宅が後に桜井道場（桜井寺）となったことが記されています。桜井道場の尼であった善信尼は、はじめ用明の「丁未年」に百済での受戒《じゅかい》を願い出ますが、百済の使《つかい》は、まず僧寺《そうじ》を建立し、百済から派遣される僧尼《そうに》二十師《し》を受け入れて受戒するように言います。当時の日本に女性の尼はいても還俗していない男性の僧がいなかったことを示す記事で僧寺の建立が求められたと考えられます。崇峻の時代に百済の使が来朝した時に、再び受戒を願い出で許された善信尼らは百済に渡り、大戒《たいかい》を受けて帰国した、という内容です。

『日本書紀』と『元興寺縁起』では、『元興寺縁起』の方が後世の創作が含まれ、伝承の信憑性に欠けますが、善信尼が仏教を学び修行をしていた時代は、まだ寺はなく稲目の向原の宅や馬子の石川の宅に仏が安置されている状況が史実だったと考えられます。善信尼の寺の由来には、飛鳥寺（法興寺）と桜井寺の二つの伝承が『日本書紀』の編纂段階で伝えられており、『日本書紀』では、より信憑性の高い伝承を採用したといえます。寺伝の正当性を物語る上で、国内初の出家者である善信尼は重要な人物でした。

●●

こうしてみると、伝承の全てが史実とはいえませんが、この説話は仏教が伝来した当初、日本の女性の宗教的な地位は高く、僧尼を分けずに尼が師として男性を出家させることもあったことを示すものだといえます。善信尼は、仏教伝来から推古《すいこ》の仏教興隆までの時代の中で仏教受容の大きな役割を担った人物といえるのです。

元興寺（平城京遷都に伴い移転した飛鳥寺）『大日本名所図会』第1輯 第3編より「元興寺御霊社」（国立国会図書館蔵）

VII

ヒーローと人物

ヤマトタケル

『日本書紀』と『古事記』の中のヤマトタケル

ヤマトタケルは、日本の歴史の中でも代表的な英雄として知られています。しかし、その実体は多分に伝説的であり、実在性は低いとされます。ヤマトタケルの姿は、『日本書紀』や『古事記』に記されていますが、それぞれを読み比べてみると、ヤマトタケル像に大きな違いがあることに気づくのです。まず、名称の表記からして異なっています。一般的に用いられる「日本武尊」は、『日本書紀』で使われているものであり、『古事記』では「倭建命」という表記が用いられています。

こうした表記の面からだけでも、『日本書紀』のほうには、明確に日本という国家意識が前面に押し出されていることが窺われます。それに対して、『古事記』のほうは、伝説という要素をより強く残しており、『日本書紀』よりも素朴な形態をとどめているといえます。

ヤマトタケルを取り巻く系譜も『日本書紀』と『古事記』とでは違っています。『日本書紀』の景行《けいこう》二年三月三日条には、播磨稲日大郎姫《はりまのいなびのおおいらつめ》が景行の皇后となり、大碓皇子《おおうすのみこ》と小碓尊《おうすのみこと》とを産んだと記されています。すなわち、皇后が二人の皇子を産んだことを載せていますが、さらに、「一書《あるふみ》に云はく」として、皇后が稚倭根《わかやまとね》子《こ》皇子を産んだと記しています。つまり、皇子は三人いたとしています。さらに『日本書紀』は、これに続けて大碓皇子と小碓尊について、この二人の皇子は同じ日に同じ胞《えな》にして生まれたと記しています。さらに、天皇は二人の皇子を大碓・小碓と名付け、小碓尊は別名、日本童男《やまとおぐな》、または、日本武尊《やまとたけるのみこと》というともあり、幼少の時から雄々しさに満ち、壮年になると、体つきが大きく逞しく、身長は一丈（約三メートル）もあり、力も強く、鼎《かなえ》を持ち上げたとも記しています。これによると、ヤマトタケルの正式な名は小碓尊であり、大碓皇子と双子の兄弟でした。

これに対して『古事記』では、さらに二人の皇子櫛角別王《くしつのわけのおおきみ》と神櫛王《かみくし》も同母の兄弟となっていて、系譜の上で異同が見られます。

さらに、『日本書紀』と『古事記』とでは、ヤマトタケルのイメージが随分と異なっています。まず、『日本書紀』に見られるヤマトタケルは、景行による遠征のあとに西征を行ったことになっています。東国遠征はヤマトタケルが主体ですが、これも景行の巡幸説話が記されていて、ヤマトタケルと景行が重複して姿を見せています。つまり、ヤマトタケルは純然たる英雄というのではなく、常に景行がその背後に見え隠れしているのです。また、『古事記』に見られる倭姫命の呪的な加護に代わって、伊勢神宮の神剣が強調されており、国家的視点に立った伝承という印象が強く感じられます。ヤマトタケルの死についても、『古事記』に見られるような悲劇の英雄といった感じはなくて、天皇である景行のために忠誠を尽くすといった姿が前面に押し出されているのです。

一方、『古事記』に見られるヤマトタケルは、父である景行の命を受けて、西の熊襲《くまそ》、出雲建《いずもたける》、そして東方十二道の従わない者や荒ぶる神を平定する英雄です。

また、ヤマトタケルが窮地に陥った時、これを助けるのは呪的な力を持った倭姫命です。そして、ヤマトタケルが死んだのは、霊力を持った剣を身体から離し、伊吹山《いぶきやま》の神を言挙《ことあ》げしたためであり、不慮の死を遂げるヤマトタケルは悲劇の英雄として描かれています。

このように、ヤマトタケル伝承は、『日本書紀』と『古事記』とでは大きな差異が見られるのです。

ヤマトタケルの西征伝承

具体的にヤマトタケルの伝承を追うならば、『日本書紀』の景行二十七年十月十三日の条に、熊襲征討が記されています。時に、ヤマトタケルは十六歳とあります。

十二月、ヤマトタケルは熊襲の国へ到着しました。ここにはクマソタケルという強者がいて、名前は取石鹿文《とりいしかや》もしくは川上梟帥《かわかみのたける》といいました。そこでヤマトタケルは、この川上梟帥を倒すのに一計を企てます。すなわち、ヤマトタケルは髪をといて童女の姿になり、川上梟帥が宴会を開く時を待ったのです。そして、宴会に紛れて剣を衣の内に隠し持ち、女性たちの中に入りました。川上梟帥は、ヤマトタケルの美しさを気に入り、そばに侍らせて酒を飲みました。夜も更け、人もまばらになり、川上梟帥がすっかり酔ったところを見計らって、ヤマトタケルは剣を抜き出し、川上梟帥の胸を刺したのです。川上梟帥は、死ぬ間際にヤマトタケルの名を問い、さらに日本武尊という名を献りました。

こうして、熊襲を平定して帰途に就くのですが、途中、吉備《きび》（岡山県）と難波《なにわ》（大阪府）とで荒ぶる神を殺して大和（奈良県）へ戻り、景行二十年八月に熊襲平定を奏上しました。さらに『古事記』では、帰る途中で出雲（島根県）へ向かい、出雲建を倒しています。

ヤマトタケルの東征と死

熊襲を征討したのち、ヤマトタケルは蝦夷《えみし》を平定するために東方へ向かうことになります。景行四十年十月のことです。

この時ヤマトタケルは、伊勢神宮へ立ち寄り、倭姫命から草薙剣《くさなぎのつるぎ》を授けられます。駿河《するが》（静岡県）に至った時、賊に欺かれて危うく焼き殺されそうになりますが、草薙剣の呪力で辛くも逃れ、逆に賊たちを焼き滅ぼしてしまいました。その場所が焼津《やいづ》（静岡県焼津市）とされます。次いで相模《さがみ》（神奈川県）へ進み、そこから上総《かずさ》（千葉県）へ渡ろうとしましたが、暴風が吹いて船が進まなくなりました。その時、ヤマトタケルの妻であるオトタチバナヒメが自ら入水して、暴風を静めました。ここが馳水《はしりみず》といわれています。ようやく上総へ上陸したヤマトタケルは、陸奥《むつ》へと軍を進め、さらに海路を使って蝦夷の地にまで到達しました。蝦夷の賊首《ひとごのかみ》の嶋津神《しまつかみ》・国津神《くにつかみ》らは竹水門《たかのみなと》で防戦しようとしましたが、勝てないと悟って降伏しました。

蝦夷平定を終えたヤマトタケルは、日高見《ひたかみ》国から戻り、常陸《ひたち》（茨城県）を経て甲斐《かい》（山梨県）に至り、酒《さか》折宮《おりのみや》に宿泊しました。そして、武蔵《むさし》（東京都・埼玉県）・上野《こうずけ》（群馬県）をめぐって碓日坂《うすひさか》に出て信濃《しなの》（長野県）へと進みました。ここでヤマトタケルは、山の神の化身である白鹿を殺して道に迷ってしまいますが、白犬によって助けられて美濃《みの》（岐阜県）へ出ます。さらに尾張《おわり》（愛知県）へ行き、そこで尾張氏の娘の宮簀媛《ミヤズヒメ》を娶《めと》り、しばらく滞在して、それから近江《おうみ》（滋賀県）の五十茸山にいる荒ぶる神を倒すために出かけました。しかし、霊剣を持たずに出かけたヤマトタケルは、散々な目に遭い、尾張に戻って伊勢へ向かい、能褒野《のぼの》（三重県亀山市）で生涯を終えるのです。時に三十歳でした。

　以上がヤマトタケル伝承ですが、死後は白鳥となって天に昇ったといわれています。伝承を見ると、一つには英雄としてのヤマトタケルが印象的ですが、他方、死後の白鳥への変身という点もまた、普通の人とは異なり、聖的なイメージを感じさせられて興味深いものです。

歌川国芳画　「日本武尊」

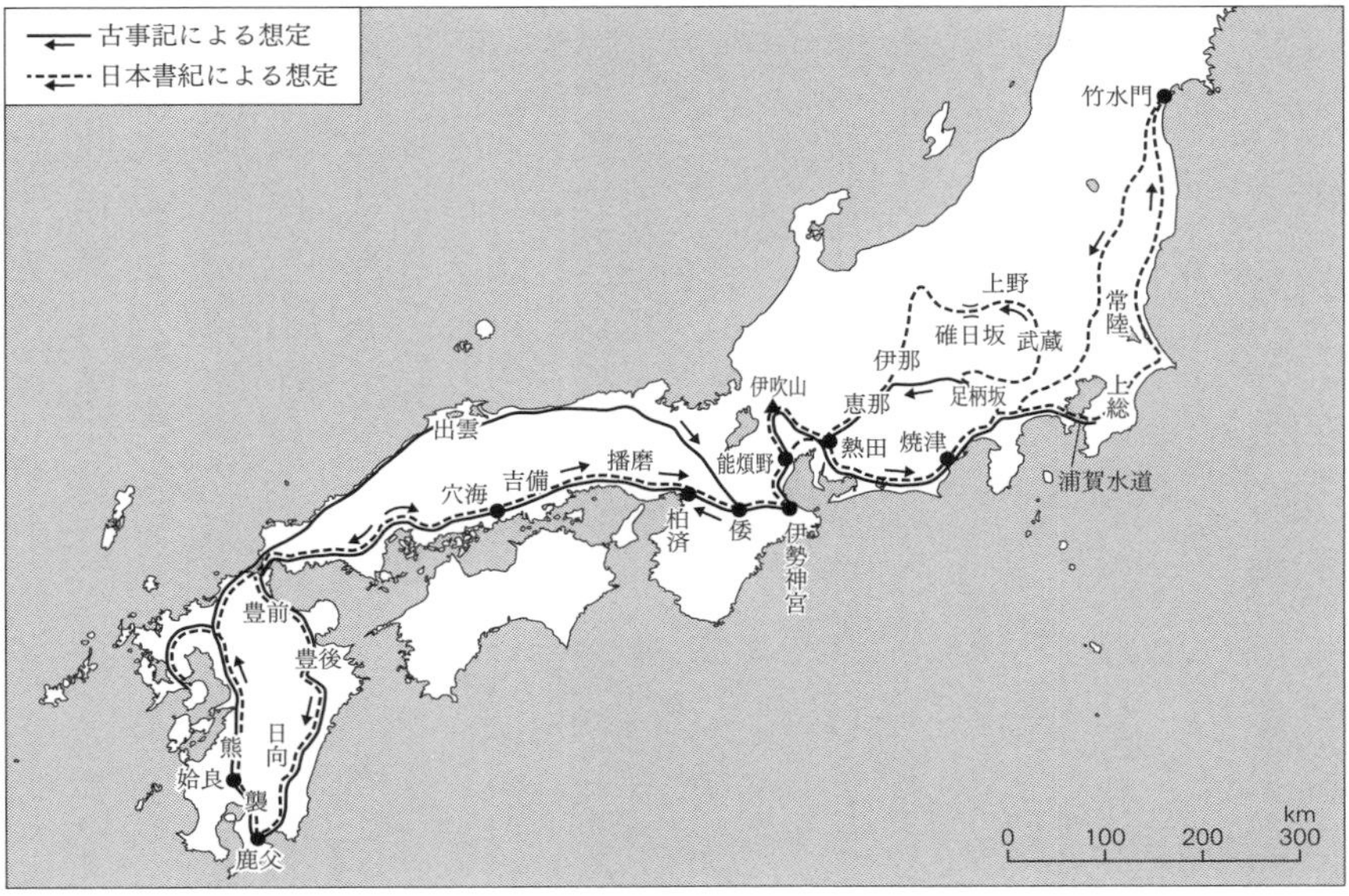

ヤマトタケル征討関係図

聖徳太子《しょうとくたいし》

蘇我氏との関係

太子の父は用明《ようめい》、母は皇后の穴穂部間人皇女《あなほべのはしひとのひめみこ》です。用明の母は蘇我稲目《そがのいなめ》の娘の堅塩媛《きたしひめ》で、間人皇女の母は、やはり稲目の娘の小姉君《おあねのきみ》であり、堅塩媛の妹です。つまり、二人は同母の姉妹ということになります。

太子に妻は四人いましたが、その一人刀自古郎女《とじこのいらつめ》は、蘇我馬子《うまこ》の娘であり、山背大兄王《やましろのおおえのおう》を産んでいます。太子（厩戸皇子《うまやとのおうじ》）は、ともすれば天皇家の代表として蘇我氏の専横を抑制しようと力を尽くしたように思われがちです。そうした場面がなかったとまでは断定できませんが、太子自身、蘇我氏との関係が強かったのもまた事実です。

聖徳太子と『日本書紀』『古事記』

最古の歴史書である『古事記』や『日本書紀』において、太子がどのように扱われているかというと、『古事記』には太子に関する記述が極めて少ないです。『古事記』は下巻の末のほうになると簡略化が激しく、太子にゆかりのある用明・崇峻《すしゅん》・推古《すいこ》の各天皇の段になると、その傾向が一層強まります。このことは、当然のことながら太子の記述の少なさにも繫がってきます。

具体的に『古事記』を見てみると、用明の段に「間人穴太部王《はしひとのあなほべのみこ》を娶して、産みませる御子」として、上宮《うえつみや》の厩戸豊聡耳命《うまやとのとよさとみみのみこ》の名が見られます。これが太子の誕生記事ということになるのですが、『古事記』には単に名が記されているだけです。

その点、『日本書紀』では様子を異にしています。『日本書紀』の用明元年（五八六）正月一日条には、「穴穂部間人皇女を立てて皇后とする」とあり、さらに「是、四の男を産ます。其の一を厩戸皇子と曰す」と続けています。そして、太子の別名として、豊耳聡聖徳《とよみみとしょうとく》・豊聡耳法大王《とよとみみののりのおおきみ》・法主王《のりのうしのおおきみ》といった名を挙げ、さらに、太子は、はじめは上宮におり、のちに斑鳩宮《いかるがのみや》に移ったとあります。また、推古の時代に東宮（皇太子）に建てられたと記しています。

　このことからも、『日本書紀』と『古事記』に見られる太子の扱い方の違いは明らかでしょう。さらにいうと、『古事記』には崇峻・推古の段に太子の記事は一つも見られません。両天皇の段には、天皇名・宮の名称・在位年数・陵《みささぎ》の名しか記載されておらず、ほかの伝承などは全く記述されていません。したがって、そこに太子に関する記事が入る余地がないのは当然のことともいえますが、それにしても推古の段にさえも全く姿を見せないというのは、やはり意外といわざるをえません。

聖徳太子の謎

　『古事記』に対して、『日本書紀』からは太子の様々な面を垣間見ることができます。用明紀には太子誕生の記事が見られましたが、そのあとの崇峻紀には丁未《ていび》の乱の記事が見られます。蘇我馬子が物部守屋《もののべのもりや》を討った事件であり、当時十四歳だった太子も馬子方の一員として参戦しています。この戦いの最中、太子は白膠木《ぬりで》を伐り取って四天王像を造り、この戦いに勝利することができたら、必ず寺塔を建立する、と誓いを立てたとされます。乱ののち、摂津《せっつ》（大阪府）に建立された四天王寺は、この時の誓願によるものといわれています。

　推古朝になると、太子の記事が散見されるようになります。推古元年（五九三）四月十日、太子は皇太子となり、政務をとることを推古から委ねられました。太子は、生まれながらにして言葉を喋り、聖人のような知恵を持ち、成人してからは十人の訴えを聞いて、それぞれに間違えることなく答えたという超人ぶりも記されています。

　推古三年（五九五）五月十日には、高句麗《こうくり》の僧である慧慈《えじ》が来朝し、太子の仏教の師となりました。もう一人の師である百済《くだら》僧の慧聡《えそう》も、同年に来朝しています。二人は三宝の棟梁と称せられた高僧であり、特に慧慈は高句麗へ帰ったのちに太子の死の知らせに接して大いに悲しみ、翌年の太子の命日に死ぬことを誓い、本当にその日に亡くなったというエピソードが残っています。

　推古九年（六〇一）二月、太子は斑鳩に宮を造りました。同十一年（六〇三）一月一日には、大夫らを前にして「我、尊き仏像有てり。誰か是の像を得て恭拝らむ」と語り、秦河勝《はたのかわかつ》がこの仏像を受け、山背に蜂岡《はちおか》寺《でら》（広隆寺《こうりゅうじ》）を造りました。

推古十二年（六〇四）四月三日、憲法十七条を制定しました。『日本書紀』には「皇太子、親ら肇めて憲法十七条作りたまふ」とあり、第一条「一に曰はく、和なるを以て貴しとし、忤《さか》ふること無きを宗とせよ」から十七条までの内容が列挙されています。この憲法十七条と共に太子の政治的な業績として知られる冠位十二階は、前年十二月五日の制定ですが、ここには太子の名を見ることはできません。

推古十三年（六〇五）閏七月一日、太子は衣服制度の整備を行いました。具体的には諸王・諸臣に褶《ひらおび》（下半身にまとった裳《も》の一種）の着用を求めています。

推古十五年（六〇七）七月三日、太子は小野妹子《おののいもこ》らを隋《ずい》へ遣わしました。いわゆる遣隋使の派遣ですが、『隋書』にはこれより先の六〇〇年にも遣隋使があったと記しています。

太子の仏教面での業績としては、『三経義疏《さんぎょうぎしょ》』の撰が知られています。法華《ほけ》経・維摩《ゆいま》経・勝鬘《しょうまん》経の注釈書であり、特に法華経義疏については太子直筆のものが遺されているとされます。その一方で、『三経義疏』に関しては、太子の撰ではないという見解も見られます。

『日本書紀』の推古二十一年（六一三）十二月一日条には、不思議な話が載せられています。この日、太子は片岡《かたおか》（奈良県王寺町）へ遊行したところ、道端で飢えた者に出会い、衣服と食料を与えました。翌日、使者を遣わして、飢えていた者を見させたところ、すでにその者は死んでいました。太子は大変悲しんで、死者を埋めさせ、墓を造らせました。数日後、「先の日に道に臥して飢者、其れ凡人に非じ。必ず真人ならむ」と言って、再度使者を遣わしたところ、墓所には死体がなく、衣服のみがたたまれて棺の上に置かれていたというのです。そこで太子は、また使者を送ってその服を取り寄せ、以前のように着用しました。時の人はとても不思議に思い、「聖の聖を知ること、其れ実なるかな」と言って、太子のことをますます敬ったとあります。

『日本書紀』は、このあと推古二十八年（六二〇）に太子と蘇我馬子が共同で『天皇記《すめらみことのふみ》』と『国記《くにつふみ》』を作ったことを記しています。

そして、その翌二十九年（六二一）二月五日、「夜半に厩戸豊聡耳皇子命、斑鳩宮に薨《かむさ》りましぬ」とあり、太子が亡くなったことが記されています。この時のありさまを『日本書紀』は、諸王・諸臣及び天下の民は、まるで愛しい子を失ったように悲しみ塩や酢を口にしてもその味がわからず、幼少の者は、優しい父母を亡くしたように泣き悲しみ、その声は巷《ちまた》にあふれたと記しています。さらに、農夫は鋤をとることをやめ、米をつく女は杵を手にしようとせず、皆が日も月も輝きを失い、天も地も崩れてしまったと嘆き、これから先誰を頼りにしていけばよいのだろうといったと描写しています。

このように、『日本書紀』は最大級の悲しみを表しているのですが、太子の歿年については推古二十九年ではなく、翌三十年（六二二）二月十二日が正しいとされています。つまり、『日本書紀』は太子の歿年について誤った年を記しているということになるのです。

蜷川式胤模「四天王寺・聖徳太子像（模本）」（部分、国立文化財機構所蔵品統合検索システムより）

月岡芳年「大日本名将鑑　厩戸皇子守屋大連」（東京都立中央図書館特別文庫室蔵）

大伴金村《おおとものかなむら》

ヤマト政権の軍事氏族

大伴氏は、物部《もののべ》氏と共にヤマト政権を支える軍事氏族であり、その全盛を築いたのが金村です。金村は、大伴談《かたり》の子であり、武烈《ぶれつ》が即位すると同日に大連《おおむらじ》となり、以後も継体《けいたい》・安閑《あんかん》・宣化《せんか》朝の大連として朝廷で重きをなしました。

武烈が崩じた時に継嗣がいなかったことから、金村は丹波《たんば》（京都府）にいる倭彦王《やまとひこのおおきみ》を推挙して群臣の同意を取りつけました。しかし、倭彦王は自分を迎えにきた軍勢を見て驚き、山中に逃げ入ってしまいました。そこで金村は、改めて継体を後継として越前《えちぜん》（福井県）から迎え、河内《かわち》の樟葉宮《くすはのみや》（大阪府枚方市）で即位させました。すなわち、継体の即位に際しても金村は主導的立場を担っていることが窺われますが、このあと、継体が大和（奈良県）に入るまでに二十年かかっています。こうしたことから、金村が継体の即位に本当に積極的だったかどうか、検討の余地があるともいわれています。

継体六年（五一二）、任那《みまな》四県の割譲問題が起こりました。事の起こりは、十二月に哆利国守《みこともち》だった穂積押《ほづみのおし》山《やま》が、任那四県の百済《くだら》への割譲を奏上したことです。これに金村も同調して、物部麁鹿火《あらかひ》がこのことを宣する使者に選ばれました。しかし、麁鹿火の妻がこの役に就くことをきつく諫めたので、麁鹿火はとどまりました。世間では、この四県割譲について金村と穂積押山が百済から賄賂を受け取ったのだと噂しました。

継体二十一年（五二七）、筑紫国造《つくしのくにのみやつこ》の磐井《いわい》が反乱を起こしました。『日本書紀』では、金村・麁鹿火・許勢男人《こせのおひと》らに詔が下り、鎮圧軍の将軍として誰が適任かとなった時、皆が麁鹿火でよいということになり、麁鹿火が鎮圧に向かいましたが、『古事記』では麁鹿火と共に金村も鎮圧に赴いたことになっています。

継体のあとに安閑が即位すると、その元年（五三四）に金村は、天皇の意に従って、妃《きさき》である紗手媛《さてひめ》のために小墾田屯倉《おはりだのみやけ》（奈良県明日香村）を、また同じく妃である宅媛《やかひめ》のために桜井屯倉《さくらいのみやけ》（大阪府東大阪市）を献上させました。さらに、同年閏十二月に摂津《せっつ》の三島《みしま》（大阪府摂津市）への行幸に同行し、天皇のために屯倉を献上させました。安閑朝のあとの宣化朝に至っても金村は、前時代と同様に大連として権力を振るいましたが、次の欽明《きんめい》朝になると様子が一変することになるのです。

金村の失脚

欽明元年（五四〇）九月五日、天皇は大伴金村・許勢稲持《いなもち》・物部尾輿《おこし》らを引き連れて、難波の祝津宮《はふりつのみや》（大阪市中央区）に行幸し、新羅《しらぎ》を征討するためにはどれほどの兵力が必要かと質問しました。その時、物部尾輿らは、少数の兵力では征討できないと答え、さらに継体朝での任那四県の百済割譲を、新羅はずっと恨んでいるといって、割譲担当者だった金村を糾弾しました。

このことがあってから、金村は住吉の邸宅に籠らざるを得なくなり、引退を余儀なくされたのです。欽明は使者を遣わして諌めますが、金村は、諸臣が任那問題の責任は金村だといって責めるので出仕することができないと弁明しました。欽明は、長い間の金村の功績を讃え、罪を科すことをしなかったとされますが、この件を境として金村は失脚し、大伴氏にかわって物部氏が台頭することになるのです。

月岡芳年「大日本名将鑑　大伴金村」（東京都立中央図書館特別文庫室蔵）

物部《もののべの》麁鹿火《あらかひ》・尾輿《おこし》・守屋《もりや》

ヤマト政権の軍事担当

物部氏は饒速日命《にぎはやひのみこと》を祖とし、麁鹿火はその十四世孫（『天孫本紀』）とも十五世孫（『新撰姓氏録』）ともされます。武烈《ぶれつ》から宣化《せんか》朝にかけては、大連《おおむらじ》として朝廷の軍事部門を担当しました。

継体《けいたい》の即位に際しては、その推挙にあたりました。継体六年（五一二）、任那《みまな》四県を百済《くだら》へ譲るにあたって宣勅使に任じられましたが、妻が強く反対したため、その任を辞しました。継体二十二年（五二八）に九州で磐井《いわい》の乱が起こると、鎮圧軍の大将軍となり、継体からは、長門《ながと》（山口県）から東は天皇が統治し、筑紫《つくし》から西は麁鹿火が統治して、思いのままに賞罰を行い、奏上するに及ばずと言われて筑紫へと向かいました。そして同年、筑紫の御井《みい》郡で磐井と交戦して斬殺しました。

その後、宣化元年（五三六）五月、筑紫の那津官家《なのつのみやけ》（福岡市博多区）の設置を命じられ、一族の新家連《にいのみのむらじ》を動員して新家屯倉《みやけ》（三重県津市に比定）の穀を運ばせました。同年七月、在官三十年にして歿したと『公卿補任』にあります。

蘇我氏との対立

麁鹿火の跡を継いで、大連を称したのが尾輿であり、『天孫本紀』によると、饒速日命十三世孫とされます。安閑《あんかん》六年（五三四）、廬城部幡媛《いおきべのはたひめ》が尾輿の首飾りを盗んで、春日《かすが》皇后に献上するという事件が起きると、尾輿は事件との関わりを恐れ、大和国（奈良県）の十市部《とおちべ》、伊勢国（三重県）の贄土師部《にえのはじべ》、筑紫国の胆狭山部《いさやまべ》（いずれも物部連によって支配・管理されている部民《べみん》）を献上しました。

欽明六年（五四〇）九月、大伴金村《おおとものかなむら》がかつて継体《けいたい》朝において任那四県を百済に割譲したことを巨勢稲持《こせのいなもち》らと責め、金村を失脚に追い込みました。以後、大臣《おおおみ》の蘇我氏に対し、大連は物部氏という体制にかわりました。

　欽明十三年（五五二）、百済の聖明王《せいめいおう》から仏像・幡《ばん》蓋《がい》・経論《きょうろん》が伝えられました。これは、仏教の公伝とされる記事ですが、尾輿はこの時、中臣鎌足《なかとみのかまたり》と共に受容に反対し、崇仏を主張する蘇我稲目《いなめ》と対立しました。ちなみに仏教の公伝年については、五五二年よりも『元興寺伽藍縁起幷流記資財帳』などに見られる五三八年が有力です。

　結局、仏像は稲目に授けられて礼拝が許されましたが、その後、疫病が流行すると、尾輿と鎌足とは仏教を受け入れたからだと主張して排仏を天皇に迫りました。そのため仏像は難波の堀江（大阪市）に流し捨てられ、稲目が向原《むくはら》に造った寺（奈良県明日香村）は焼き払われてしまいました。

　物部氏と蘇我氏の対立は、その後も続き、さらに激しさを増しました。尾輿の跡を継いだのは子の守屋です。母は弓削連《ゆげのむらじ》の祖である倭古《わこ》の娘の阿佐姫《あさひめ》です。崇《す》峻《しゅん》即位前紀には、妹は蘇我馬子《うまこ》の妻とあります。

　敏達《びだつ》十四年（五八五）に疫病が流行すると、守屋は中臣勝海《かつみ》と共に、原因は馬子による仏教崇拝であると奏上しました。天皇の許しを得て、自ら大野丘の北にあった寺に赴いて、塔・仏殿・仏像などを焼き、焼け残った仏像を難波の堀江に捨てたとあります。しかし、この記事は先の欽明十三年（五四七）条とほぼ同じ内容になっています。

　敏達十四年八月に天皇が崩じると、その殯宮《もがりのみや》の席で、馬子が刀をつけて誄《しのびごと》をすると、守屋は「まるで大きな矢で射られた雀のようだ」と皮肉をいい放ちました。次に守屋が手足を震わせて誄をすると、馬子は「鈴をつけたらよい」と笑ったのです。このため二人の仲は一層、悪くなりました。

　用明《ようめい》元年（五八六）五月、穴穂部皇子《あなほべのみこ》の命を受けた守屋は、敏達の臣である三輪逆《みわのさかう》を殺害したため、敏達の皇后の炊屋姫《かしきやひめ》（のちの推古《すいこ》）と馬子はこれを恨みました。

　用明が崩じたあと、守屋は穴穂部皇子を立てようとしましたが、炊屋姫を奉じた馬子は穴穂部皇子を殺害します。さらに馬子は、諸皇子・群臣らに呼びかけて守屋の渋河《しぶかわ》家を攻めました。丁未《ていび》の乱です。守屋は奮戦したものの射殺され、ここに物部氏の本宗家は滅亡したのです。

蘇我稲目《そがのいなめ》・馬子《うまこ》

蘇我氏の出自

乙巳《いっし》の変（大化改新《たいかのかいしん》）以前において最大の氏族といってよい蘇我氏ですが、その出自に関しては不明な点が多いです。『古事記』の孝元《こうげん》天皇の段では、孝元の孫である武内宿禰《たけのうちのすくね》の子の蘇我石河宿禰《いしかわのすくね》を祖としていますが、その後、

満智《まち》―韓子《からこ》―高麗《こま》

と系譜が続き、高麗のあとが、

馬子―蝦夷《えみし》―入鹿《いるか》

となっています。このように見ると、はっきりとするのは馬子以降ということになります。

本拠地についても謎が多いです。主なものとして四つ挙げることができます。

①大和国高市郡《たかいちぐん》曾我（奈良県橿原市）
②大和国葛城《かつらぎ》
③河内国石川郡（大阪府南河内郡・富田林市の一部）
④朝鮮半島

これらのうち、①は『延喜式《えんぎしき》』神名帳に宗我坐宗我《そがにますそが》都比古神《つひこかみ》があることに拠ります。②は『日本書紀』の推古三年（六二四）十月条に蘇我馬子は葛城県が本拠であると述べていることに拠ります。③は『日本三代《にほんさんだい》実録《じつろく》』の元慶《がんぎょう》元年（八七七）十二月条に宗我石川が河内国石川の別業の生まれであり、石川を名として宗我大家を賜って居とし、宗我宿禰を賜ったとすることに拠ります。④は系譜にある満智を応神《おうじん》朝に見える本満致と同一とし、さらに韓子、高麗という朝鮮系の名が見えることに拠ります。

したがって、具体的な様子が窺い知れるのは稲目の頃からです。稲目で特筆されるのは仏教の受容です。欽明《きんめい》十三年（五五二）十月、百済《くだら》の聖明王《せいめいおう》から金銅の釈迦仏一軀、幡蓋《ばんがい》・経論《きょうろん》などが献上されました。仏教の公伝です。これを受けて、稲目は仏像を小墾田《おはりだ》の家に安置し、向原《むくはら》の家を寺として仏教の受容に反対する物部尾輿《もののべのおこし》や中臣鎌足《なかとみのかまたり》と対立しました。稲目は欽明十六年（五五五）七月に吉備《きび》五郡（岡山県）へ白猪屯倉《しらいのみやけ》

を設置するなど屯倉の経営に尽力し、同三十一年（五七〇）三月に歿しました。

馬子の台頭

稲目の跡を継いだ馬子は、敏達《びだつ》朝で大臣《おとど》となり、用明《ようめい》・崇峻《すしゅん》・推古《すいこ》の大臣として影響力を維持し続けました。また、稲目と同様に仏教の受容に理解を示しました。

敏達十三年（五八四）、百済から鹿深臣《かふかのおみ》が弥勒《みろく》の石像一軀、佐伯連《さえきのむらじ》も仏像一軀をもたらすと、馬子はそれらを請い、高句麗僧の恵便《えべん》を師として、司馬達等《しばたっと》の娘である善信尼《ぜんしんに》ら三人を得度させました。また、自宅の東方に仏殿を造りました。さらに、翌十四年（五八五）には大野丘の北に塔を建てて仏舎利を安置しました。

敏達のあとに即位した用明のもとでも天皇と共に仏教に帰依し、用明二年（五八七）には対立していた物部守屋《もりや》を滅ぼし、蘇我氏の地位を強固なものとしました（丁未《ていび》の乱）。用明の後継として馬子は崇峻を立てましたが、崇峻と対立するようになると、東漢駒《やまとのあやのこま》に命じて崇峻を暗殺させ、推古を即位させました。

推古朝では、聖徳太子と共に政治を主導したとされますが、実質的には馬子のもとで政治が行われたと考えられます。推古三十四年（六二六）に歿し、桃原墓《ももはらのはか》に葬られました。石舞台《いしぶたい》古墳（奈良県明日香村）は馬子の墓ではないかといわれています。

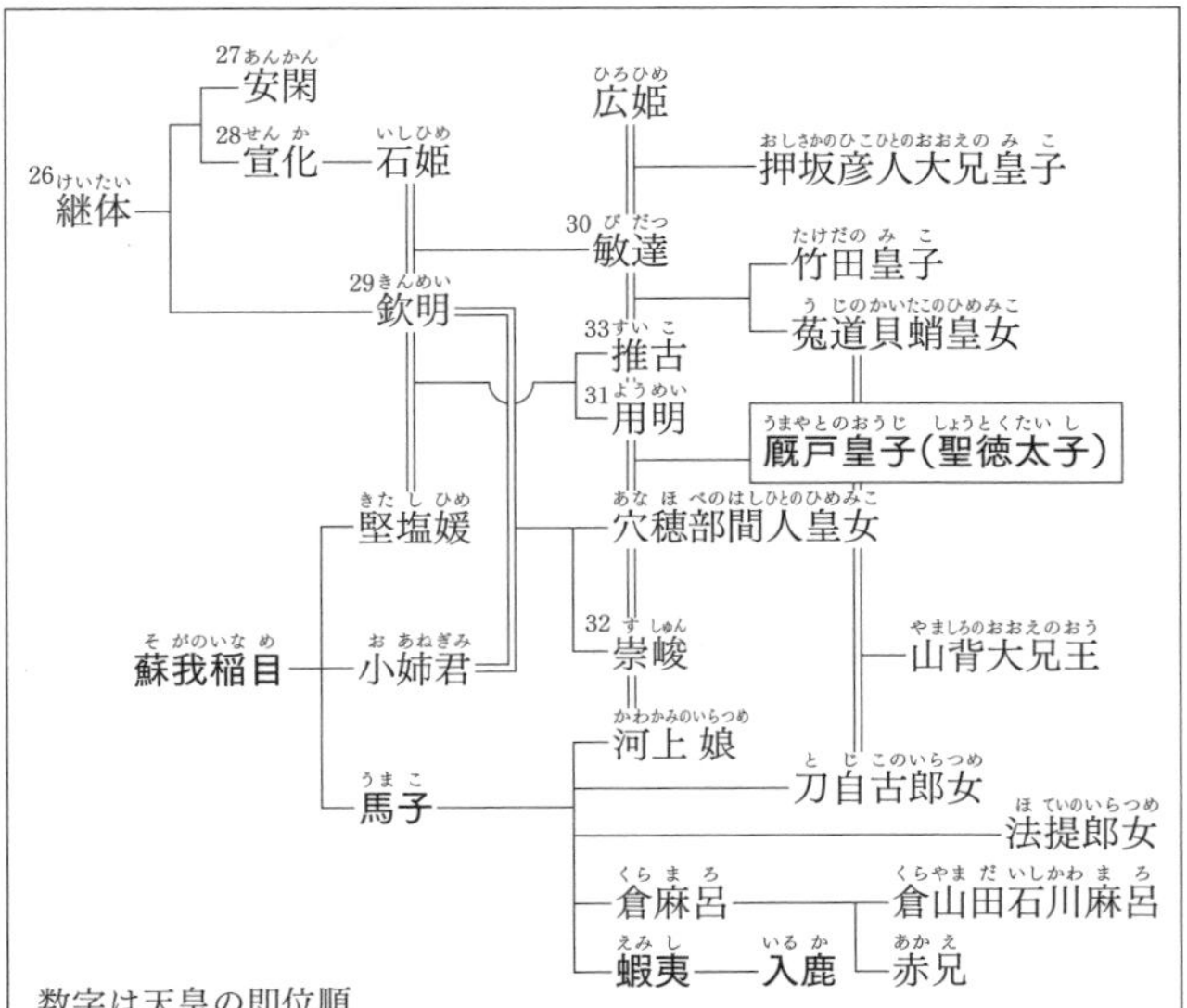

皇室と蘇我氏の関係系図

蘇我蝦夷《そがのえみし》・入鹿《いるか》

蘇我氏の全盛

蘇我馬子《うまこ》のあと、子の蝦夷が大臣《おおおみ》となり、蘇我氏は全盛期を迎えます。推古《すいこ》が崩じると、蝦夷は後継について群臣を集めて次期天皇を諮ったところ、大伴鯨《おおとものくじら》は田村皇子《たむらのみこ》を推し、許勢大麻呂《こせのおおまろ》らは山背大兄王《やましろのおおえのおう》を推しました。

また、一族の境部摩理勢《さかいべのまりせ》は山背大兄王を強く推挙しましたが、蝦夷は田村皇子を支持して、摩理勢一族を滅ぼし、田村皇子を即位させました。これが舒明《じょめい》天皇です。蝦夷の権力は一層強まることになりました。例えば舒明八年（六三六）七月に、敏達《びだつ》の皇子である大派王《おおまたのみこ》が蝦夷に対して、役人の出仕状況について苦言を述べ、改めるように言いましたが、蝦夷はそれに従いませんでした。

舒明が崩御すると、皇后であった皇極《こうぎょく》が即位し、蝦夷は引き続いて大臣として政治の中心にいましたが、この頃から子の入鹿《いるか》が台頭するようになりました。

皇極二年（六四三）二月に雨氷《みぞれ》が降りました。巫覡《ふげき》たちは枝葉に白い木綿を垂れかけて、蝦夷が橋を渡る時を待ち構え、神のお告げを述べたといわれています。さらに十月、蝦夷は病のために朝廷に出仕できませんでしたが、紫冠《しかん》を勝手に入鹿へ授けて大臣の地位にあるかのように振る舞ったといわれます。十一月に入鹿は、ついに山背大兄王を襲撃しましたが、この時ばかりは蝦夷も入鹿の行動を怒り罵っています。

皇極三年（六四四）、蝦夷は祖先の廟《びょう》を葛城《かつらぎ》の高宮に建て、八佾《やつら》の舞を行いました。八佾の舞は八列六十四人の群舞《ぐんぶ》で、中国において皇帝のみが行える特権とされる舞です。また、同じ年に国中の民や豪族たちの私有民、聖徳太子のために設置された上宮《じょうぐう》の乳部《みぶ》の民を集めて双墓《ならびのはか》を今来《いまき》に造りました。そして、その一つを大陵《おおみささぎ》と呼んで蝦夷の墓とし、もう一つを小陵《こみささぎ》と呼んで入鹿の墓としました。

こうした中、大化《たいか》元年（六四五）に乙巳《いっし》の変が起きると、蝦夷は自邸で誅殺されるにあたり『天皇記』や

『国記』などを焼きました。しかし、船史恵尺《ふねのふひとえさか》によって『国記』は素早く取り出され、中大兄皇子《なかのおおえのおうじ》に献上されたといわれています。

蘇我本宗家の栄華と滅亡

蘇我入鹿は、蝦夷の子として蘇我氏の絶頂期を築き、父の権力をも凌ぐまでになりましたが、乙巳の変によって暗殺されました。

入鹿は、聖徳太子の子である山背大兄王に対する声望が高まる中、古人大兄皇子《ふるひとのおおえのみこ》の即位を画策し、障害となる山背大兄王を襲いました。父蝦夷ですらこの事件を知って怒ったとされますが、入鹿の専横は続きました。飛鳥の甘檮岡《あまかしのおか》（甘樫丘とも。奈良県明日香村）に一族の家を造り、父蝦夷の邸宅を上《うえ》の宮門《みかど》、自らの邸宅を谷《はざま》の宮門《みかど》と呼び、子どもを王子《みこ》と呼ばせました。

絶頂を極めた入鹿ですが、乙巳の変によって暗殺され、本宗家はあっけなく滅亡することになるのです。

蘇我蝦夷・入鹿は天皇家をないがしろにした悪の代表のように位置づけられています。しかし、これは『日本書紀』の記述によるところが大きいのです。近年、蘇我氏の扱いについても、仏教の受容に見られるように、実は大陸の文化を積極的に取り入れようとした開明的な氏族だったのではないかという見解も出されるようにもなっています。

蘇我入鹿首塚（奈良県・明日香村教育委員会提供）

山背大兄王《やましろのおおえのおう》

悲劇の王

聖徳太子《しょうとくたいし》の子で、母は蘇我馬子《そがのうまこ》の娘の刀自古郎女《とじこのいらつめ》です。名前の山背は、経済的基盤の一つだった深草屯倉《ふかくさみやけ》(京都市伏見区)が山背にあったからだとも、河内国石川郡の山代郷にちなんだともいわれています。

推古《すいこ》三十六年(六二八)、推古は臨終に際して、田村皇子《たむらのみこ》と山背大兄王を別々に呼び出して遺詔を残しました。田村皇子に対しては、「皇位について軽々しく口にしてはいけない」と諭し、山背大兄王に対しては、「何かしたいことがあっても必ず人の意見を聞いてそれに従うように」と述べました。結局、推古は二人の内のどちらかを明確にしなかったといえます。

そこで、蘇我蝦夷《えみし》が中心となって後継者選びが始まるわけですが、群臣たちは田村皇子を推す者、山背大兄王を推す者がそれぞれ意見を述べて、容易にまとまりませんでした。その中で、境部摩理勢《さかいべのまりせ》は、初めから山背大兄王を強く推しました。

こうした状況下に山背大兄王は、三国王《みくにのおおきみ》と桜井和慈古《さくらいのわじこ》の考えを聞こうとしましたが、蝦夷は推古の遺詔から考えると田村皇子が相応しいと述べました。これに対して、山背大兄王は「遺詔とはどのようなものか」と反論し、「私が推古から言われたことから察すると、推古は私に皇位を譲ろう思っていた」と主張したのです。

さらに、山背大兄王が以前、蝦夷の病気を見舞いに飛鳥へ行った時、推古は使者を遣わし、「蝦夷は山背大兄王のことを心にかけていて、いつか皇位に就くだろう、と語っていた」とも述べました。

しかし、後継者が確定しない中、蝦夷と摩理勢とが対立し、ついに摩理勢一族が滅ぶという事件が起きてしまいました。そして、蝦夷と群臣らは田村皇子を後継として即位させました。これが舒明《じょめい》天皇であり、山背大兄王は皇位に就くことが叶いませんでした。

舒明が十三年の統治ののちに崩じると、皇后の皇極《こうぎょく》が立ちました。またもや山背大兄王は皇位に就けなかったわけですが、未だ有力な皇位継承候補であることに変わりはありませんでした。

山背大兄王の最期

皇極二年（六四三）、蝦夷が病に伏すようになると、子の入鹿の力が強まりました。入鹿は聖徳太子の王たちを廃して、古人大兄皇子《ふるひとのおおえのみこ》を天皇に立てようとしました。

そして、十一月に入鹿は、巨勢徳太《こせのとこだ》らに斑鳩《いかるが》（奈良県斑鳩町）の山背大兄王を襲わせました。山背大兄王は、馬の骨を寝室に投げ込み、一族と共に生駒山《いこまやま》へ逃れました。三輪文屋《みわのふみや》は王に深草屯倉《ふかくさみやけ》（京都市伏見区）に移り、東国に移って軍勢を整えて戦うことを勧めましたが、王は「自分一身のために民を使うことはできない」として勧めを断り、山から戻って斑鳩寺に入りました。入鹿の軍兵が寺を包囲した時、山背大兄王は「わが一つの身をば入鹿に賜う」と述べて、自ら首をくくり、一族もろともに亡くなったのです。

山背大兄王が亡くなった時、五色の幡《ばん》や蓋《きぬがさ》が妙なる音楽と共に空に翻って、斑鳩寺に垂れかかりました。人々が入鹿にこれを指し示したところ、たちまち黒雲に変わり、入鹿は見ることができなかったそうです。

生駒山

有間皇子《ありまのみこ》

微妙な皇位継承候補

軽皇子《かるのみこ》（のちの孝徳《こうとく》天皇）と阿倍内麻呂《あべのうちまろ》の娘の小足《おたらし》媛《ひめ》との間に、舒明《じょめい》十二年（六四〇）に誕生しました。軽王が脚病のために有馬温湯《ありまのゆ》（兵庫県神戸市）で療養していた時に生まれたのが、その名の由来とされています。

大化《たいか》元年（六四五）六月の乙巳《いっし》の変を経て、父の孝徳が即位したことから皇位継承の可能性が生じましたが、このことは有間にとって大きな変化をもたらしました。そして、それは生死の問題にまで影響を与えることになりました。それは、孝徳朝で皇太子だった中大兄皇子《なかのおおえのおうじ》らとどのようにバランスをとるかということでした。大化五年（六四九）に左大臣だった阿倍内麻呂が亡くなり、白雉《はくち》五年（六五四）に孝徳が崩じると、有間の立場は一層微妙なものになりました。

孝徳が崩御した時、有間はまだ十五歳でしたが中大兄皇子との関係をうまく保っていたようです。孝徳のあと、中大兄皇子は母である斉明《さいめい》を天皇に立てました。有間は聡明でしたが、あえて狂人を装っていました。

斉明三年（六五七）、有間は牟婁温湯《むろのゆ》（和歌山県白浜町）に出かけて療養してきたふりをし、帰京ののちに牟婁温湯の素晴らしさを褒め、その景色を見ただけで病が治ったようだと述べました。それを聞いた斉明は、自分も行ってみようと思いました。

翌四年（六五八）五月に、斉明は孫の建王《たけるのみこ》を亡くすと悲しみに暮れ、十月に牟婁温湯へ行幸しました。

策略か謀反か

斉明が牟婁温湯へ行幸中の斉明四年十一月三日、留守宮の蘇我赤兄《そがのあかえ》が有間に斉明の失政を三ヶ条にわたって吹き込みました。その三ヶ条とは、①倉庫を造り、そこに民財を集めていること、②水路を延々と掘って、公の食糧を浪費していること、③舟に石を積んで運び、それを積み上げていること、です。これを聞いた有間は、赤兄が自分に好意を持ってくれていると思い、ついに挙兵に応じることを決心しました。

有間は、二日後に赤兄の家に行き、高殿に昇って謀議します。しかし、その時、脇息《きょうそく》がひとりでに折れたので不吉と思い、謀議をやめて有間は家に戻りました。

その夜、赤兄は市経《いちふ》（奈良県生駒町）にあった有間の邸宅を包囲し、急使を天皇の許へ送って報告しました。そして、九日に有間と守大石《もりのおおいわ》・坂合部薬《さかいべのくすり》・塩屋鯯魚《しおやのこのしろ》を捕らえて牟婁温湯へ護送しました。舎人の新田部米麻呂《にいたべのこめまろ》が有間に従いました。

訊問には中大兄皇子が自らあたり、謀反の理由を問うと、有間は「天と赤兄とのみ知る。吾、もはら知ず」と答えました。十一日に有間は藤白坂《ふじしろのさか》（和歌山県海南市）で絞首刑に処せられました。同日、塩屋鯯魚と新田部米麻呂も藤白坂で斬刑に処せられました。守大石は上毛野国《かみつけのくに》（群馬県）に、坂合部薬は尾張国（愛知県）にそれぞれ流されました。赤兄は、この時は処分を受けず、それどころかのちに中大兄皇子の重臣となっています。こうしたことから、この事件は中大兄皇子と蘇我赤兄とによる謀略のようにも思えますが、『日本書紀』は別伝承として興味深い記事を残しています。

そこには、有間が赤兄らと籤《くじ》を引いて謀反を占ったこと。また、有間が謀反の計画を具体的に述べたものの、賛成を得られなかったこと。さらに、有間が一人の判事と謀反を相談した時、有間の案机《おしまずき》の脚がひとりでに折れたが有間は計画を中止せず、その結果、謀殺されたとも記されています。

藤白坂（和歌山県・海南市教育委員会提供）

高市皇子《たけちのみこ》

天武《てんむ》の第一皇子

天武の十人の皇子の中でも最初の皇子として白雉《はくち》五年（六五四）に生まれたとされます。母は宗形君徳善《むなかたのきみとくぜん》の娘の尼子娘《あまこのいらつめ》です。宗形（宗像）氏は、九州北部を拠点とし、宗像大社に奉仕する一族で、地方豪族としては出雲《いずも》氏と共に双璧をなる名門ですが、天皇家や中央有力豪族と比べると身分が低く、尼子娘も卑母《ひぼ》としての扱いを受け、高市皇子も皇位継承順位などで後れをとることになります。

しかし、壬申《じんしん》の乱における活躍ぶりなどによって、天武朝や次の持統《じとう》朝に重きをなしました。子に奈良時代前期に藤原不比等《ふじわらのふひと》の後を受けて政治を主導したが、藤原四氏によって自害に追い込まれた長屋王《ながやおう》がいます。

天武元年（六七二）に壬申の乱が勃発した時、高市は大津宮《おおつのみや》（滋賀県大津市）にいましたが、天武の命によって抜け出し、伊賀《いが》の積殖《つみえ》の山口（三重県伊賀市）で天武と合流しました。その後、美濃《みの》の不破《ふわ》（岐阜県関ケ原町）へ行き、不破道を押さえて天武を迎え入れました。

その時、天武が「近江方には左右の大臣や群臣が多く集まっているのに対して、自分には相談する相手もおらず、幼少の子どもがいるばかりである」と嘆きました。すると高市は、「近江方の群臣がいくらいようと天武の霊威に逆らうことはできない」と述べ、「臣高市が天武の命を受けて将軍らを率いて敵を征討するなら敵う者などおりません」と申し上げました。天武は大いに喜び、軍事の一切を高市に任せたといいます。

結局、壬申の乱は天武方の勝利に終わり、天武の命によって高市が近江方の群臣たちの処罰を行いました。

壬申の乱

天武朝においても重く用いられ、天武十四年（六八五）の冠位制において、浄広壱《じょうこういち》の草壁《くさかべ》皇子、浄大弐《じょうだいに》の大津皇子に次いで、浄大弐を授けられました。

さらに、朱鳥《しゅちょう》元年（六八六）正月二日、天武が大極《だいごく》殿《でん》で宴会を開いた時、無端事《あとなしこと》（なぞなぞのようなもの）を出して答えを求めた際に、高市は正しく答えたというので、蓁揩《はりすすき》の衣を三揃い、錦の袴《はかま》二揃い、絁《あしぎぬ》二十匹、絲五十斤、綿百斤、布百端を賜り、八月には、草壁・大津と共に食封《じきふ》四百戸の加増を受けています。

高市への信頼度は、天武の跡を継いだ持統《じとう》の時代になっても続きました。これは、壬申の乱の際の活躍ぶりもさることながら、生まれが卑母の出であり、皇位には遠い存在だったことも幸いしたと考えられます。

持統四年（六九〇）七月、前年の皇太子草壁の死を受けて高市は太政大臣となり、十月には公卿や百寮《ももつかさ》を従えて藤原宮《ふじわらのみや》（奈良県橿原市）の地を視察しています。

持統六年（六九二）正月、封戸《ふこ》として二千戸を加増され、それまでのものを合わせると五千戸に達しました。さらに、翌七年（六九三）には浄広壱を授けられました。高市は持統十年（六九六）七月十日に亡くなりますが、この時『日本書紀』は「後皇子尊」という尊称を用いています。

亡くなった時の年齢については、『公卿補任《ぶにん》』では四十二、あるいは四十三とし、『扶桑略記《ふそうりゃくき》』では四十三としています。

〈冠位制の変遷〉

603年（12階）	647年（13階）	649年（19階）	664年（26階）	685年（48階）	701年（30階）
推古	孝徳		中大兄皇子（称制）	天武	文武
	大小 織《しょく》 大小 繡《しゅう》 大小 紫《し》	大小 織 大小 繡 大小 紫	大小 織 大小 縫《ぶう》 大小 紫	正《しょう》（8階級）	正従 1 正従 2 正従 3
大小 徳《とく》	大 錦《きん》	大 花《か》 上下	大錦 上中下	直《じき》（8階級）	正《しょう》 4 上下 従《じゅ》 4 上下
大小 仁《じん》	小 錦	小 花 上下	小錦 上中下		正 5 上下 従 5 上下
大小 礼《れい》	大 青《しょう》	大 山《せん》 上下	大山 上中下	勤《ごん》（8階級）	正 6 上下 従 6 上下
大小 信《しん》	小 青	小 山 上下	小山 上中下	務《む》（8階級）	正 7 上下 従 7 上下
大小 義《ぎ》	大 黒《こく》	大 乙《おつ》 上下	大乙 上中下	追《つい》（8階級）	正 8 上下 従 8 上下
大小 智《ち》	小 黒	小 乙 上下	小乙 上中下	進《しん》（8階級）	大初位 上下 少初位 上下
	建武《けんむ》	立身《りゅうしん》	大小 建《こん》		

大津皇子《おおつのみこ》

文武に秀でた皇子

天武《てんむ》の第三皇子として、天智《てんじ》二年（六六三）に生まれました。母は天智の娘の大田皇女《おおたのひめみこ》で、名の由来は、百済《くだら》救援のために斉明《さいめい》天皇以下が筑紫《つくし》国へ出征していた際に娜大津《なのおおつ》（福岡市）で出生したことによるとされています。

大津皇子は文武の才能に恵まれていましたが、兄に大田皇女の妹である持統《じとう》（鸕野讃良皇女《うののさらら》）が産んだ草《くさ》壁《かべ》皇子がおり、このことが、のちに大津皇子に不幸をもたらすことになるのです。『日本書紀』には、「詩賦の興、大津より始まれり」とまで記されており、『懐《かい》風藻《ふうそう》』に四篇の詩を残すほか、『万葉集』にも石川郎《いしかわのいら》女《つめ》との贈答歌などがあります。『懐風藻』によると、身体がたくましく、幼い時から学問を好み、成長するにしたがって武を好むようになったといいます。また、性格は大らかで、規則に縛られないところがあったものの、自分の身を誇らず、人士を厚遇したので人望がありました。さらに、『懐風藻』には新羅《しらぎ》の僧である行心《ぎょうしん》が大津の骨相を見て、人臣の相ではないと述べたとされます。

壬申の乱の際には十歳であり、近江の大津宮《おおつのみや》（滋賀県大津市）にいましたが、天武の命を受けて兄の高市《たけち》皇子と共に脱出し、伊勢国（三重県）で天武と合流しました。

壬申の乱を経て、天武が即位すると、大津は草壁に次ぐ位置にあったと思われます。天武八年（六七九）五月、吉野の会盟に加わりました。これは、天武に引き連れられた皇后の持統、草壁、大津、高市、忍壁《おさかべ》らと、天智の皇子である河島《かわしま》、芝基《しき》らが吉野宮《よしののみや》に集まり、六人の皇子が互いに争わないことを誓い合ったものです。

このことは、裏を返すと、天武は将来、皇子たちによって争いが起こるのを案じていたことを示唆しているでしょう。その場合、最も心配だったのは皇太子の立場ですが、さほど取り柄のない草壁と、誰が見ても抜きん出ていると評価される大津の関係だったでしょう。

天武も大津のことは気に入っていたとみえ、天武十二年（六八三）、大津は二十一歳になったのを機に朝政に参加することを許されています。さらに、同十四年（六八五）正月には浄大弐を授けられ、朱鳥《しゅちょう》元年（六八六）八月、草壁・高市と共に食封《じきふ》四百戸を加えられました。

大津皇子の悲劇

しかし、朱鳥元年九月九日に天武が崩じると、大津を取り巻く状況が一変します。まず十月二日、大津は謀反を計画していたとして一味の三十余人と共に捕らえられました。そして、翌日には早くも訳語田《おさだ》（奈良県桜井市）の家において死を命じられるのです。時に二十四歳でした。この時、妃《きさき》の山辺《やまのべ》皇女は髪を振り乱し、裸足で駆けつけて殉死しました。

大津は謀反を起こす前に、密かに伊勢へ下り、斎王《さいおう》（未婚の皇族女性）だった姉の大来《おおく》皇女と逢っていたことが『万葉集』に残された反歌《はんか》によってわかります。

自らの微妙な立場を自覚していたのでしょう。

この謀反事件の発覚は、大津の朋友《ほうゆう》だった河島皇子の密告によるものとされますが、その処分については、大津以外は、礪杵道作《ときのみちつくり》が伊豆《いず》（静岡県）に流され、僧侶の行心《ぎょうしん》が飛騨《ひだ》（岐阜県）の寺院に移されたほかは、すべて赦免されています。こうしたことを考えるならば、この事件は、大津による謀反というよりも、むしろ、天武亡きあとの草壁の将来を心配した持統による謀略と見ることもできるのではないでしょうか。

大津の亡骸《なきがら》は、本薬師寺《もとやくしじ》跡の地（奈良県橿原市）に埋葬された後に、葛城《かつらぎ》の二上山《にじょうさん》に改葬されました。

飛鳥京跡　木簡「大津」（奈良県立橿原考古学研究所附属博物館提供）

VIII

出来事と事件

倭《わ》の五《ご》王《おう》

倭の五王の称号

倭の五王とは、倭国が五世紀に中国の南朝と交渉をもった五人の天皇のことで、『宋書《そうじょ》』には讃《さん》・珍《ちん》・済《せい》・興《こう》・武《ぶ》（『梁書《りょうしょ》』で、珍は彌とある）と記されています。

中国の史書をもとに、倭の五王と中国との間にみられる交渉の歴史を整理すると、以下のようになります。

四一三年　高句麗《こうくり》・倭国が東晋に入貢する。（『晋書《しんじょ》安帝本紀』）

四二一年　倭讃、宋に入貢す。除授《じょじゅ》（任官）あり。（『宋書』倭国伝）

四二五年　倭王讃、司馬曹達《しばそうたつ》を派遣して宋に入貢す。（『宋書』倭国伝）

四三〇年　倭国王、宋に入貢す。（『宋書』本紀）

四三八年　倭王珍、宋に入貢す。自ら「使持節《しじせつ》都督《ととく》倭・百済《くだら》・新羅《しらぎ》・任那《みまな》・秦韓《しんかん》・慕韓《ぼかん》六国諸軍事、安東《あんとう》大将軍倭国王」を称すが、「安東将軍倭国王」に任じられた。（『宋書』倭国伝）

四四三年　倭王済、宋に入貢す。安東将軍倭国王と任じられる。（『宋書』倭国伝）

四五一年　倭王済、宋に入貢す。「使持節都督倭・新羅・任那・加羅《から》・秦韓・慕韓六国諸軍事」を加え、安東将軍はもとの如くとされ、二十三人の軍・郡（将軍号と郡太守号）が任じられた。（『宋書』倭国伝）

四六二年　倭王世子興、宋に入貢す。「安東将軍倭国王」に任じられた。（『宋書』倭国伝）

四七七年　倭国王、宋に入貢す。（『宋書』本紀）

四七八年　倭王武、宋に入貢し、上表す。自ら「使持節都督倭・百済・新羅・任那・加羅・秦韓・慕韓七国諸軍事、

安東大将軍倭国王」を称すが、「使持節都督倭・新羅・任那・加羅・秦韓・慕韓六国諸軍事、安東大将軍倭王」に任じられた。（『宋書』本紀・倭国伝）

四七九年　南斉《なんせい》、倭王武を鎮東《ちんとう》大将軍に進号す。（『南斉書』倭国伝）

五〇二年　梁、高句麗王高雲《こううん》を車騎大将軍、百済王余大を征東大将軍、倭王武を征東将軍にする。（『梁書』）

四一三年に倭国が東晋に使者を派遣しています。『晋書』安帝紀義熙《ぎき》九年是歳条を見ると、高句麗と倭国、西南夷の銅頭《どうとう》大師が方物を献上したとの記事があります。また、『太平御覧《たいへいぎょらん》』巻九八一香部麝《じゃ》条所引の「義熙起居注」には倭国が貂《てん》皮と人参《にんじん》を献上したので、東晋が細笙《さいしょう》と麝香《じゃこう》を下賜したとの記述があります。倭国と高句麗との共同入貢説がありますが、献上された品は高句麗の特産品だと考えられるので、高句麗が捕虜にした倭人を伴って入貢したとする説もあります。

また、個別の入貢を一括して記したものとみて、倭国の単独入貢だったとする説も出されています。さらに、四七七年と四七八年の連年の使者派遣に関しては、史料の記載ミスで実際は四七七年の派遣はなかったとする説、四七七と四七八年の派遣は同じ使者で武が派遣したという説、武が二回に分けて使者を派遣したという説、四七七年は興が、四七八年は武が派遣したという説などが出されています。

上記の交渉一覧の記述から、珍・済・興の三名は「安東将軍倭国王」に任命されており、最初に宋に入貢して除授された讃も、この「安東将軍倭国王」の称号を与えられたとみられます。五王が宋に使者を派遣した理由は、この自称した称号を宋に承認してもらうためと考えられます。「倭国王」は倭国の支配者の地位を国際的に認定してもらうためのものであり、中国王朝の権威を借りて国内支配の安定を図る必要があったためとされます。また、「都督～諸軍事」の称号は軍事権の承認を示すもので、民政権は含まれず、指定された地域の最高の軍事権の委任を求めたものと考えられます。

称号に出てくる「任那・加羅」は広開土王《こうかいどおう》（高句麗の第十九代王）の碑文にも「任那・加羅」と記されており、「任那」が金官国《きんかんこく》を表す記載が朝鮮側の史料にもいつくか見られ、任那は南部加耶《かや》諸国の中心国である金官国を指していることがわかります。もう一方の加羅についても北部加耶諸国の中心だった大加耶を指すと考えられます。

倭国が称号に含めるよう求めている百済ですが、百済は三七二年に東晋に入貢しており、中国の南朝から「使持節都督百済諸軍事鎮東大将軍百済王」などの称号を得ていました。宋は百済を冊封《さくほう》していたため、倭国が要求する称号の中に百済を含めることを認めず、任那と加羅に分けて六国諸軍事権を認めたと考えられます。

また、称号の「秦韓・慕韓」は、辰韓と馬韓のことを指しています。三四六年に馬韓から百済が、三五六年に辰韓から新羅が成立するといわれていますが、新羅や百済に編入されていない地域が残っていたとされ、「秦韓・慕韓」はそれらの地域を指していると考えられます。

称号の最初に見られる「使持節都督」については、「使持節」、「持節」、「仮節」の三段階の官と「都督」、「監」、「督」の三種の官があり、順に地位が高いとされ、倭国は最高位の「使持節」と「都督」を称しています。「安東将軍」と「安東大将軍」の将軍号には大きな差があり、前者は第三品で後者は第二品とされます。

五世紀の東アジア関係

倭の五王が中国南朝に朝貢したこの時期は、中国と朝鮮半島、倭国との関係が複雑に関係していた時期にあたります。高句麗は四世紀半ばまで、中国の五胡《ごこ》十六国《じゅうろっこく》の王朝前燕《ぜんえん》などへの対応に苦労しており、南下は行っていませんでした。これに対して、百済は建国当初から、高句麗の南下にどのように対応するかが課題となっていました。

三六九年に高句麗は、故国原王《ここくげんおう》（高句麗の第十六代王）が歩騎二万を率いて百済を攻め、百済の住民を掠奪しますが、百済の近肖古王《きんしょうこおう》（百済の第十三代王）は太子を派遣して高句麗を撃破しました。さらに三七一年、再び高句麗が来襲しましたが、百済はこれも撃退します。十月には逆に近肖古王が三万の兵を率いて高句麗の平壌城を攻撃し、この時の戦いで故国原王が流れ矢にあたって戦死したため、百済が勝利しました。百済は三七二年に中国南朝の東晋に入貢し、鎮東将軍領楽浪太守に任じられています。

　高句麗との対立から、百済は東晋だけでなく、倭国との関係を築くために、倭国にも使者を派遣しています。『日本書紀』神功《じんぐう》紀四十七年（紀年を干支二運〔一二〇年〕下げて三六七年とされます）四月に百済使が来日しており、神功紀五十二年（紀年二五二年→修正紀年三七二）九月には久氐《くてい》らが来朝し、百済から七枝刀《ななつさやのたち》一口・七子鏡一面などを倭国に献上している記事があります。この七枝刀は石上《いそのかみ》神宮（奈良県天理市）に現存する七支刀《しちしとう》のこととされており、七支刀には、銘文があり、刀の表には、「泰□《(和)》四年十□《(一)》月十六日、丙午正陽、造百練□《(鉄)》七支刀。□辟百兵、宜供供候王。□□□□作。」、裏には、「先世以来、未有此刀。百済王世□《(子)》奇生聖音、故為倭王旨造伝示後世。」と刻まれています。内容の解釈については、東晋が倭国に授けたものを百済が仲介したとする説、百済が倭国に下賜したとする説、百済が倭国に献上したとする説、百済と倭の対等関係での贈物説などがありますが、銘文の内容から上下関係のない贈呈とする説が有力です。

　一方で、新羅《しらぎ》は中国の南朝に入貢しようとしても、その道中に高句麗と百済とが存在していたので、なかなか入貢することができませんでした。三七七年に華北の前秦《ぜんしん》に初めて使者を派遣していますが、このときも高句麗と共に朝貢しており、中国への新羅の使者派遣に関しては高句麗が媒介していました。高句麗が新羅への影響力を強く持っていた時期であり、高句麗は百済との戦いで故国原王が戦死したため、百済への南下政策ではなく、朝鮮半島の東岸部への進出を強め、それにより新羅と百済との対立が表れてくるという状況でした。

　百済と倭の交流が行われていた頃、広開土王碑に記された高句麗と百済の戦いが行われました。広開土王は高句麗の領域拡大に努めた人物で、この碑は広開土王の顕彰碑であり、高句麗の立場から記されたものです。碑文によると、三九六年に倭国が渡海して百済と新羅を臣民としましたが、この年に高句麗が百済を破り、百済王の弟と大臣十人を捕虜にしたとあり、四〇〇年には高句麗が五万の兵を派遣して新羅を救い、倭軍を撃退したと記されています。碑文には新羅と百済が倭国の臣民となったと記されていますが、高句麗は新羅から人質をとっているので臣民とは言えず、百済に関しても碑文に「百残」と記され、広開土王より以前に高句麗と百済は直接戦っているので、倭国の臣民ではなかったとされます。碑文では、もともと新羅や百済は高句麗に従っていたが倭国に臣民にされたので広開土王が取り返した、という内容で書かれているとの指摘もあります。碑文から、戦況は百済と倭国にとって不利な状況であり、高句麗の優勢が確立していたことは認められます。

倭王武の上表文には、興が死んで弟武が立つ。自ら使持節都督倭・百済・新羅・任那・加羅・秦韓・慕韓七国諸軍事、安東大将軍倭国王と称し、順帝の昇明二年（四七八）、使を遣して上表したとあります。さらに、亡き父である済は、高句麗が入朝しようとする倭の海路を塞いでいることに怒り、戦備を整え、これに百万の兵たちも感激し、大挙して出征しようとしたが、にわかに父と兄（興）が亡くなり、まさに成就しようとしていた功もむなしくなってしまった。私（武）は諒闇に籠って軍隊を動かすことができず、これゆえにいたずらに安息して、未だ高句麗に勝利していない。今に至り、軍備を充実させ、父兄の遺志を継ごうとしている、とあります。

ここから、過去に倭王済の時代に高句麗戦の準備とその中断があったことを述べ、武による高句麗戦の遂行の意思とそのための官爵仮授の執行を願っていることが窺えます。このように、倭国と高句麗との対立した時期に、倭王が宋に遣使をしていることがわかるのです。

倭の五王の比定

倭の五王の比定は古くから研究がされており、倭王について『宋書』では、讃と珍が兄弟関係、珍と済の関係は不明で、済の子が興とされ、興の弟が武であるとされます。倭王武をワカタケル＝雄略《ゆうりゃく》天皇として、記紀の系図と倭の五王の系譜を比較すると、済は允《いん》恭《ぎょう》天皇、興は安康《あんこう》天皇に比定することができ、この説が有力です。

倭の五王の比定は、

①名前の発音・音韻の一致性

②漢字の字形の一致・類似性

③『宋書』倭国伝に記載の続柄と記紀の系譜の同一性

の三つの方法で行われています。しかし、『宋書』倭国伝に記された一字と和風諡号《わふうしごう》からその一字をあてる方法は難しく、武を雄略天皇に比定できるものの、それ以外は一致しません。系譜についても、武を基点に父を允恭、兄を安康と比定することはできますが、名前の音韻は一致していないので、問題が残ります。倭の五王の比定はこのように慎重な検討が求められているといえます。

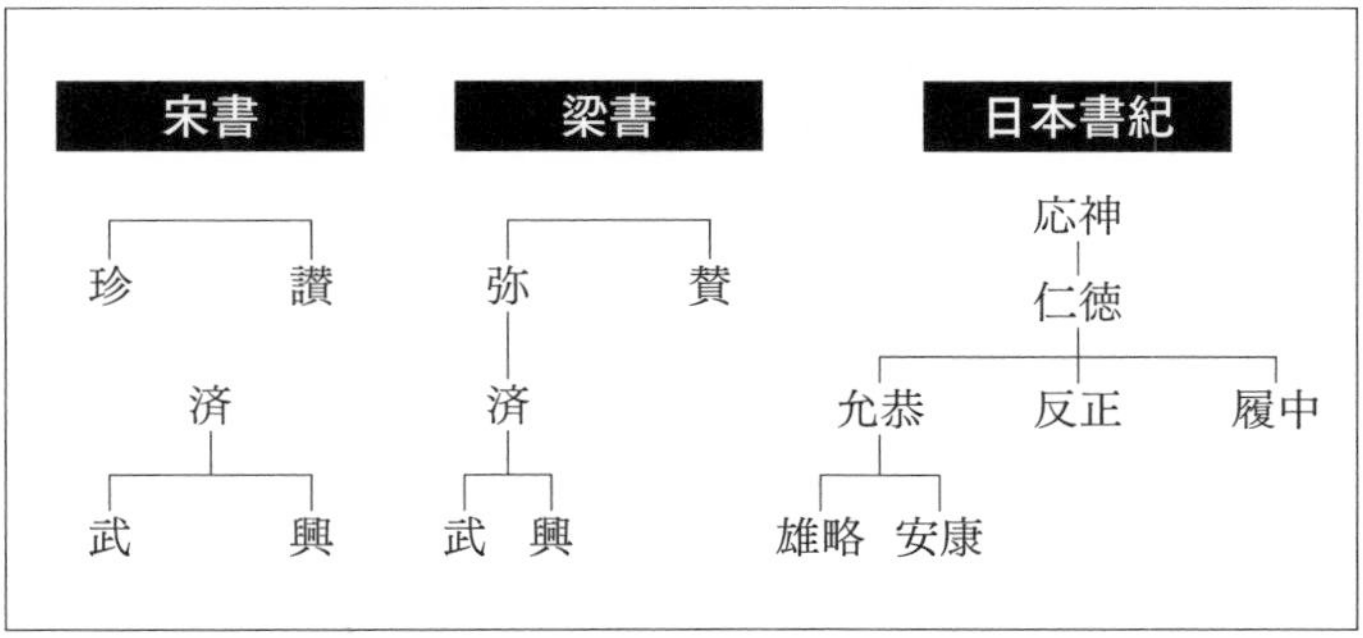

倭の五王の系図

相撲《すもう》の起源《きげん》

野見宿禰《のみのすくね》と当麻蹶速《たぎまのけはや》

相撲は、弥生時代の土偶《どぐう》や古墳時代の力士埴輪《はにわ》などに相撲の形態をしたものが出土しており、古くから現代の相撲の起源といってよいものが行われていたことがわかっています。「すもう」の語は「すまふ」という動詞の名詞化したものとされ、「あらそうこと」、「あらがうこと」という意味であるとされます。

『日本書紀』垂仁《すいにん》七年七月乙亥（七日）には、相撲の起源と考えられている記事が載っています。当麻邑《たぎまのむら》（奈良県葛城市當麻）に住む当麻蹶速という勇敢な人物が「四方に自分の力と並ぶ者はいない。生死を問わずに力くらべをしたい」と言っていました。これを聞いた天皇は、群卿《まえつきみたち》（重臣たち）に「蹶速と並ぶ強者はいないか」と尋ねたところ、出雲国（島根県）に野見宿禰という勇士がいると答えました。そこで、すぐに野見宿禰を召して二人を対戦させると、野見宿禰が蹶速を殺して勝利しました。蹶速の土地は野見宿禰に与えられ、野見宿禰はそのまま天皇に仕えたと記されています。

ここでは相撲という表記は見られず、「捔力《すまひと》らしむ」と記され、互いに蹴り合うものだったことがわかります。

一方、『古事記』では、有名な「国譲り神話」の中に登場します。タケミカヅチがオオクニヌシの息子のタケミナカタに服従するかを尋ねたところ、タケミナカタはタケミカヅチに力くらべを挑みました。タケミカヅチはタケミナカタの手を、若葦《わかあし》を取るように摑みつぶして投げ放ち、逃げるタケミナカタを諏訪《すわ》（長野県諏訪市）まで追いかけました。タケミナカタは命乞いをし、諏訪以外の土地には行かないことを約束して、国譲りを承諾したのです。

相撲と七夕

『日本書紀』の蹶速と野見宿禰との力くらべの日は七月七日とされ、『続日本紀《しょくにほんぎ》』天平《てんぴょう》六年（七三四）七月七日条にも「天皇、相撲の戯《わざ》を観《みそなは》す」と記されており、七夕の行事として相撲が行われていることがわかります。相撲は奈良時代には七月七日に行った例が多く見られますが、平安時代になると時期は一定せず、「相撲節会《せちえ》」という恒例の行事として実施されるようになります。七夕には、農耕儀礼としてこの時期に祖先を祀り、農作について一年の後半はどのようになるのかを占う年占《としうら》が行われ、その一つの手段として相撲が行われたのではないかと考えられています。

上記の垂仁紀以外にも、『日本書紀』には相撲の語句が四ヶ所見られ、まず雄略十三年（四六九）九月条に出てきます。木工《こだくみ》の韋那部真根《いなべのまね》という人物が石を台にして斧で材《き》を削っていたところ、終日削っても誤って刃をつぶすことはありませんでした。雄略天皇がそれを見て怪しんで、「誤って石に当てることはないのか」と尋ねると、真根は「誤ることはありません」と答えたので、真根の前で采女《うねめ》たちをふんどしの姿にして相撲をとらせたところ、真根は気をとられて、石に当ててしまい、刃を傷つけてしまいました。真根は天皇に責められて処刑されそうになりますが、仲間たちが彼の技術を褒める歌を詠んだのを聴いて、罪が許されたという話です。

皇極《こうぎょく》元年（六四二）七月二十二日条では、百済王《くだらおう》の子翹岐《ぎょうき》の前で膂力《りょりょく》の優れた人に命じて相撲をとらせたと記されています。

天武《てんむ》十一年（六八二）七月三日条では、隼人《はやと》が方物《ほうもつ》を献上するために朝廷へ来た時に、大隅《おおすみ》隼人と阿多《あた》隼人とが相撲をとり、大隅隼人が勝利したことが記され、持統九年（六九五）五月二十一日条でも天武紀の記事と同じく、大隅隼人の相撲を観たと記されています。つまり、隼人が朝廷へ朝貢に来た際に、天皇が相撲を御覧する場面が記されているのです。

男子立像（力士像）埴輪
（和歌山市蔵）

仏教伝来《ぶっきょうでんらい》──公伝《こうでん》と私伝《してん》

公伝の時期

仏教の公伝については、『日本書紀』の欽明《きんめい》十三年(五五二)十月条と、『上宮聖徳法王帝説《じょうぐうしょうとくほうおうていせつ》』、『元興寺《がんごうじ》伽藍縁起并流記資財帳《がらんえんぎならびにるきしざいちょう》』(以下『元興寺縁起』)の三点の史料が存在します。

まず『日本書紀』の欽明《きんめい》十三年十月条によると、百済《くだら》の聖明王《せいめいおう》から釈迦仏金銅像や経論《きょうろん》などが欽明天皇に贈られたとの記事が見え、天皇は仏法の素晴らしさや仏像の厳《おごそ》かな様子に感動し、群臣たちに仏教を信仰するかどうかを尋ねています。蘇我稲目《そがのいなめ》は西蕃《にしのとなりのくに》の諸国も崇拝しているので仏教を信仰することを主張し、物部尾輿《もののべのおこし》と中臣鎌子《なかとみのかまこ》は、わが国では天地社稷《あまつやしろくにつやしろ》、百八十神《ももあまりやそがみ》を拝んでいるので、蕃神《あたしくにのかみ》(異国の神)を拝むのは国神《くにつかみ》の怒りを招くと反対しました。天皇は稲目に仏教の信仰を許しましたが、国内に疫病が流行した際に、尾輿らは稲目が仏像を拝んでいるから疫病が流行したと天皇に奏上し、天皇は尾輿らの意見をききいれざるをえなくて仏像の廃棄を許したという記述が見られます。

しかし、この記事については七〇三年に漢訳された『金光明最勝王経《こんこうみょうさいしょうおうきょう》』の文とほぼ同じ文が記され、『日本書紀』編纂の際に修飾されたものと考えられ、史料としての信頼性に問題があるとされています。また、近年の研究では、その年紀についても末法思想の末法《まっぽう》元年に設定されているとされ、史実ではないとの指摘もあります。

一方の『上宮聖徳法王帝説』と『元興寺縁起』には、仏教公伝は戊午《ぼご》年(五三八)のこととされています。『上宮聖徳法王帝説』には、欽明天皇の戊午年十月十二日に百済国王の聖明王が、初めて仏像、経典と僧等を奉ったとあり、欽明は蘇我稲目宿禰大臣に授けて信仰させたと記されています。

また、『元興寺縁起』には、欽明天皇の戊午年十二月に百済聖明王から太子像と灌仏の器一具、仏起を説く書巻一筺が、仏教受容を進める上表文と共に送られてきたと記されています。従来の研究では、仏教公伝は欽明十三年よりも戊午年のほうが有力であるとされていますが、これらの年次の信頼性は低いものの、欽明朝に仏教が公伝したと考えられています。

先に挙げた『元興寺縁起』の内容について、近年、木簡《もっかん》の文字などを手掛かりに再検討が行われており、縁起の一部の内容は『日本書紀』成立以前の古伝が含まれている可能性も指摘されています。

仏教の受容をめぐって

崇仏派と排仏派の対立については、排仏派とされる物部氏の拠点から石上廃寺《いそのかみはいじ》（奈良県天理市）や渋川《しぶかわ》廃寺（大阪府八尾市）などが発掘された結果、物部氏も仏教を受容していたと考えられており、蘇我氏と物部氏の対立は政治的なものが関係していると指摘されています。

蘇我氏の崇仏については、蘇我氏が渡来人の管理や半島政策に関係していたために仏教の受容を積極的に支持したと考えられます。

仏教の私伝に関しては『扶桑略記《ふそうりゃくき》』に所引の『日吉山楽恒法師法華験記』に引用されている『延暦寺僧禅岑記』に、鞍部村主司馬達止が継体十六年（五二二）春二月に入朝し、大和国高市郡坂田原に草堂を設け、本尊を安置し、礼拝したことが見え、仏教が公式に倭国に伝えられる以前の継体天皇の時代に、渡来人の人々が私的に仏教を信仰していたと考えられています。

渋川廃寺出土の素弁八弁蓮華紋軒丸瓦（上）と忍冬唐草紋軒平瓦（下）（大阪府・八尾市立歴史民俗資料館提供）

70

遣隋使《けんずいし》・遣唐使《けんとうし》

遣隋使

遣隋使は、推古《すいこ》朝に隋へ派遣された使節のことで、『日本書紀』と中国の史料である『隋書《ずいしょ》』倭国伝の記事とを考慮して、第一回は六〇〇年とされ、次いで六〇七年、六〇八年、六一四年の計四回と考えられています。しかし、『隋書』煬帝《ようだい》紀の二回を含めて計六回とする説もあります。

『日本書紀』では、推古十五年（六〇七）七月に小野《おのの》妹子《いもこ》を隋に派遣し、翌年（六〇八）四月に大唐の使者裴世清《はいせいせい》らを伴って帰国しています。九月には裴世清が唐に帰国するのに合わせて、再び小野妹子を唐に大使として派遣しています。この時、高向玄理《たかむこのげんり》と僧の日文（旻《みん》）、南淵請安《みなみぶちのしょうあん》ら八人の留学生《るがくしょう》が隋に派遣されました。そして、推古二十二年（六一四）六月に犬上《いぬがみの》御田鍬《みたすき》が隋に派遣され、翌年（六一五）に帰国しています。

これら四回の遣隋使の記事が『日本書紀』にはありますが、一方の『隋書』倭国伝には開皇二十年（六〇〇）に倭から使者が派遣されたことを伝え、大業三年（六〇七）の遣隋使の派遣では、隋の皇帝のことを「海西の菩薩天子」と述べ、「仏教を再興したので使いを派遣して、僧侶を留学させたい」と述べています。このことは、倭が仏教文化を隋から受容しようとする動きを表しており、その影響が推古朝の憲法十七条や冠位十二階の制定などに影響を与えているとの指摘もあります。

また、この遣隋使派遣の時の倭の国書には「日出づる処の天子、書を日没する処の天子に致す」と記されていましたが、これは「東夷《とうい》（中国の東方の諸民族）の倭が天子と称すとは無礼なこと」であるとして、皇帝の不興を買いました。裴世清が小野妹子と共に倭に派遣された理由の一つに、この礼を失した倭国への訓令があったとされています。翌年（六〇八）に再び小野妹子を派遣した際の国書は、やわらいだ表現に変更されています。この「日出づる処」と「日没する処」という表現は、『大智度論《だいちどろん》』という仏典の表現を借用したものとの指摘があります。

遣唐使

遣唐使は、日本の朝廷から唐に派遣された使節のことで、二百年以上にわたる歴史があります。国際情勢に応じて、日本と唐の関係は様々に変化しました。

『日本書紀』に記載されている遣唐使は、①舒明《じょめい》二年（六三〇）八月丁酉条、②白雉《はくち》四年（六五三）五月壬戌条、③白雉五年（六五四）二月条、④斉明《さいめい》五年（六五九）七月戊寅条、⑤天智《てんじ》四年（六六五）是歳条、⑥天智六年（六六七）十一月己巳条、⑦天智八年（六六九。中国側の史料に六七〇年の入朝記事がある）までの七回であり、唐が建国され、隋末唐初の混乱を収め、唐の王朝が安定した時期にあたります。また、ちょうど朝鮮半島の高句麗《こうくり》・百済《くだら》・新羅《しらぎ》の三ヶ国の対立に、新羅を支援する唐、百済再興運動に協力する倭が対立し、白村江《はくすきのえ》の戦いで唐・新羅連合軍に倭軍が敗れるという時期にもあたります。

①の遣唐使は舒明天皇の時で、遣隋使経験者の犬上御田鍬と留学経験者の薬師恵日《くすしのえにち》が派遣されました。③の遣唐使には唐から地理・神名を問いただしたとの記事がありますが、翌年に唐の高句麗征討が実施されたため、唐による情報収集が行われたと考えられています。④の遣唐使は百済攻撃の情報封鎖のために幽閉《ゆうへい》され、百済滅亡後に解放されています。⑦の遣唐使は唐に恭順の意思を表すために派遣されたと考えられており、このあと三十年間、遣唐使の派遣は行われていません。

遣唐使が派遣されるルートには、南周りコースと北回りコースがあるとされ、七世紀の遣唐使は北回りコース（北路）を通ったと考えられています。北回りコースは朝鮮半島を経由して、長安《ちょうあん》に至る経路で、時間はかかるものの安全性が高いものでした。しかし、船や使節の編成も比較的小さい規模でした。そののち、八世紀以降に見られる一回に四～五百人余りの大編成の使節を派遣するようになると、南周りルートが使われるようになったと考えられています。

遣隋使一覧

任命（発遣）	帰　国	使　節	出　典
推古８（600）		不　明	隋書
推古15（607）	推古16（608）	小野妹子	書紀
推古16（608）	推古17（609）	小野妹子	書紀
推古18（610）		不　明	隋書
推古22（614）	推古23（615）	犬上御田鍬	書紀
		矢田部造	

遣唐使一覧

任命（発遣）	帰　国	使　節	出　典
舒明２（630）	舒明４（632）	犬上御田鍬	書紀
		薬師恵日	旧唐書
白雉４（653）	白雉５（654）	吉士長丹	書紀
		高田根麻呂	
白雉５（654）	斉明１（655）	高向玄理	書紀
		河辺麻呂	旧唐書
斉明５（659）	斉明７（661）	坂合部石布	書紀
天智４（665）	天智６（667）	守大石	書紀
天智６（667）	天智７（668）	伊吉博徳	書紀
		笠諸石	
天智８（669）		河内鯨	書紀
大宝１（701）	慶雲１（704）	粟田真人	続紀
		高橋笠間	旧唐書
霊亀２（716）	養老２（718）	多治比県守	続紀
		阿倍安麻呂	旧唐書
		大伴山守	
天平４（732）	天平６（734）	多治比広成	続紀
天平18（746）	〈中止〉	石上乙麻呂	正倉院文書
勝宝２（750）	勝宝５（753）	藤原清河	続紀
宝字３（759）	宝字５（761）	高元度	続紀
宝字５（761）	〈中止〉	仲石伴	続紀
宝字６（762）	〈中止〉	中臣鷹主	続紀
宝亀６（775）	宝亀９（778）	佐伯今毛人	続紀
宝亀９（778）	天応１（781）	布勢清直	続紀
延暦20（801）	延暦24（805）	藤原葛野麻呂	続紀
承和１（834）	承和６（839）	藤原常嗣	続後紀
寛平６（894）	〈中止〉	菅原道真	紀略

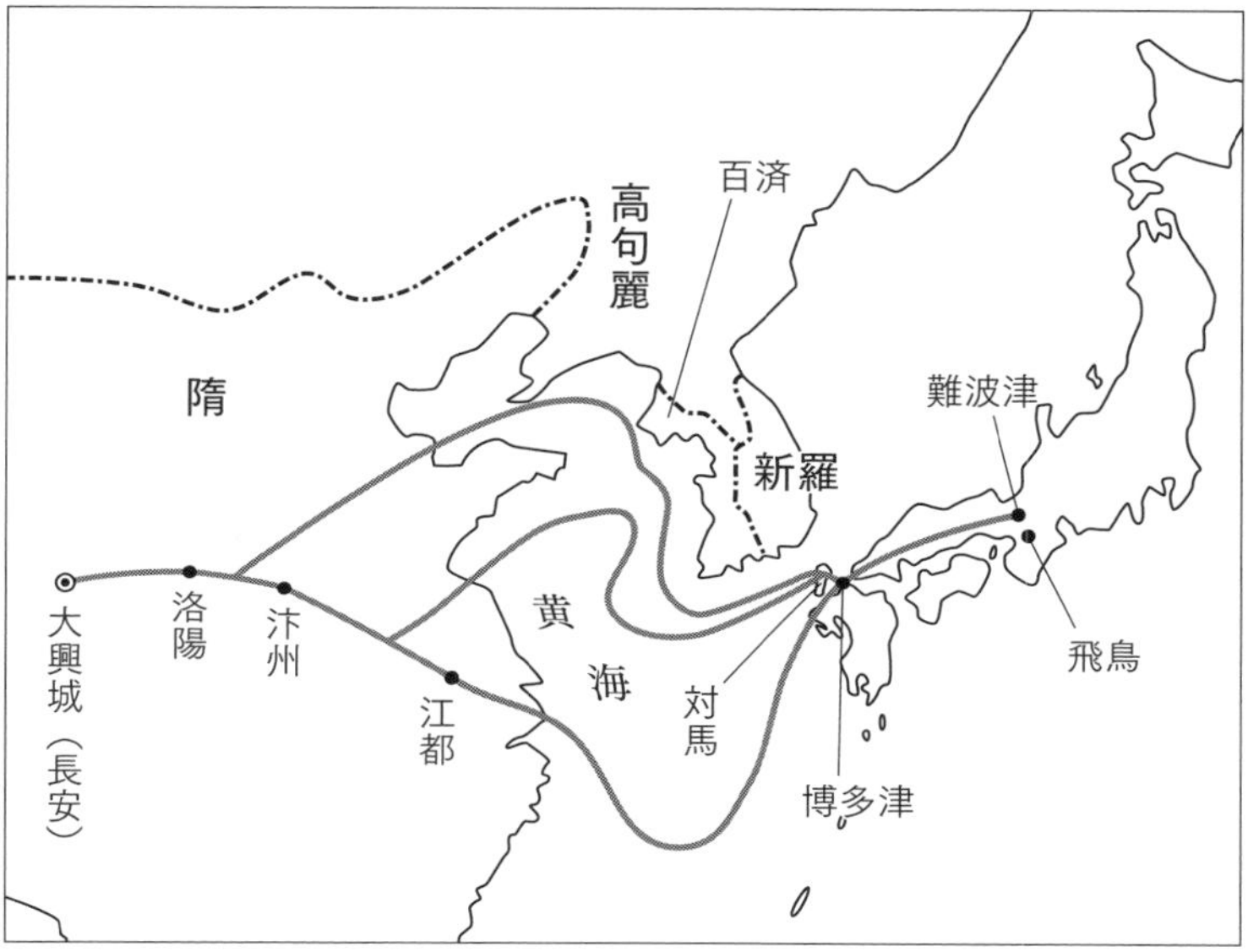

遣隋使のルート

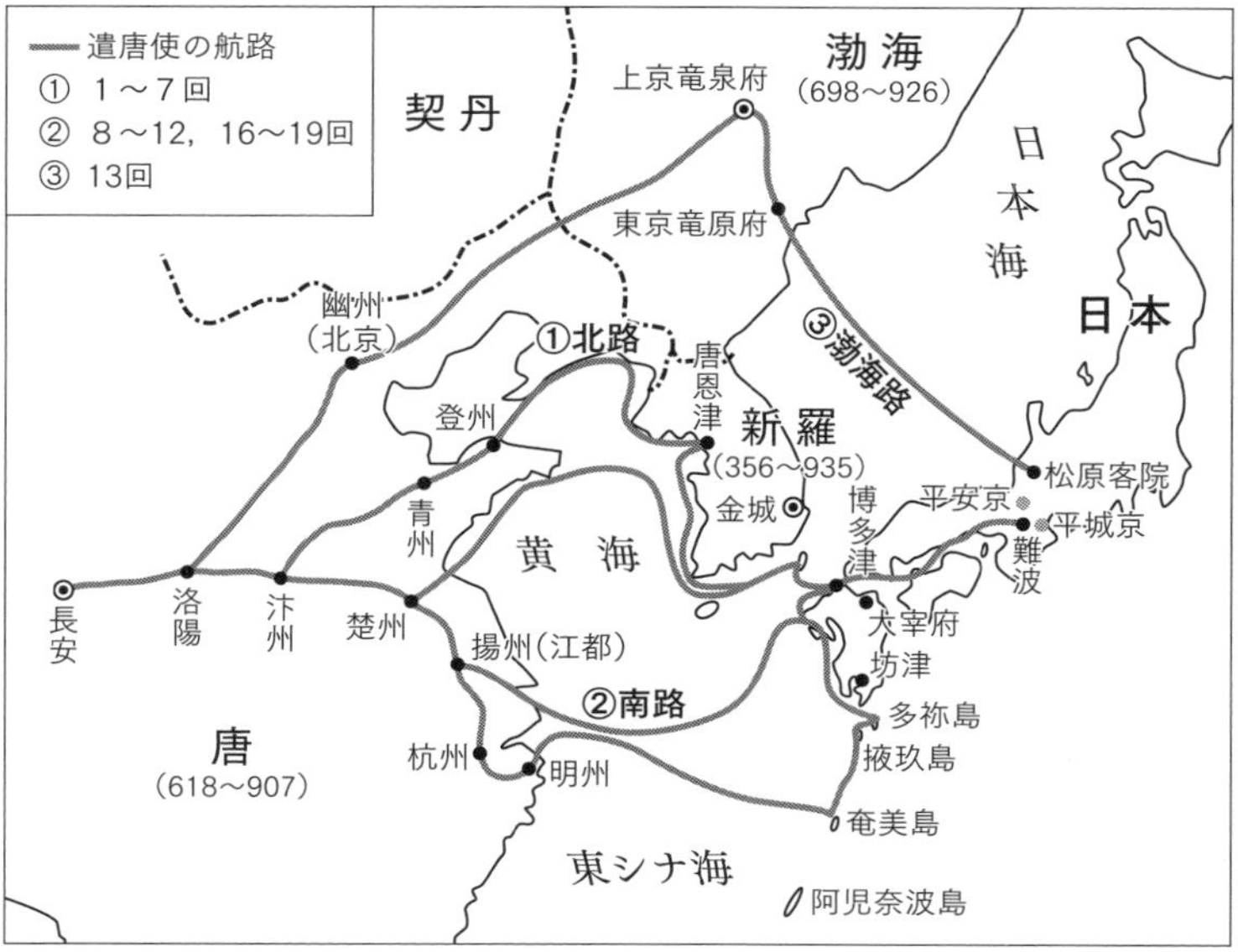

遣唐使のルート

冠位十二階《かんいじゅうにかい》

制定の意義

冠位十二階は、推古《すいこ》十一年（六〇三）十二月に制定され、翌年（六〇四）正月に施行された、わが国最初の冠位制度です。

六種類の儒教的徳目である徳《とく》・仁《じん》・礼《れい》・信《しん》・義《ぎ》・智《ち》を大と小とに分け、合わせて十二の組み合わせ（大徳《だいとく》～小智《しょうち》）をつくり、それらの冠位をそれまでの世襲制ではなくて、それぞれ個人の能力に応じて与えたところに特徴があります。憲法十七条と共に、官僚機構を整備するために実施された推古朝の重要政策の一つです。

冠位十二階の制定時期については、『日本書紀』の記述によると推古十一年ですが、『上宮聖徳法王帝説《じょうぐうしょうとくほうおうていせつ》』には「小治田天皇御世乙丑年五月」と記されています。この年は推古十三年（六〇五）にあたるとされます。また、中国の史料には煬帝《ようだい》の時に冠位が制定されたとあります。これを根拠として、煬帝が即位した年は正式には六〇五年にあたるとして、『上宮聖徳法王帝説』の年代と符号するので、推古十三年に制定したとする見解も出されています。

冠位十二階の制定については、遣隋使の派遣によって倭国でも「礼秩序」の確立と仏教文化の受容が求められるようになり、この「礼秩序」の確立を図るために冠位十二階を制定することが求められたとされます。また、対等外交を目指した六〇〇年の遣隋使の失敗から国内改革に向かい、国内体制の確立のために冠位十二階が制定されたとの説もあります。

制定者とその目的

冠位十二階の制定に誰が関わったのかについては、従来は厩戸皇子《うまやとのおうじ》（聖徳太子《しょうとくたいし》）が中心となって制定したと考えられていました。しかし、近年は、「聖徳太子」の人物像や業績について、それら全体像の再検討がなされています。この当時、政治を主導していたのは蘇我馬子《そがのうまこ》であると考えられます。また、蘇我氏が冠位の対象外となっていること、蘇我系の大夫《たいふ》（上級豪族）層が徳冠《とくかん》を権利として当初から授けられていることと、六〇〇年の遣隋使が失敗したために、礼秩序の導入の必要性を認識した馬子が冠位十二階の制定を主導したという説も出されています。

冠位を授けられた対象については、マエツキミ（重臣）層以下の中央豪族たち（律令制下でいう四位以下）であり、冠位十二階制定前から紫冠を用いていた蘇我氏や王族、地方豪族は冠位十二階の対象外だったとされます。

また、冠の色に関しては、紫冠が十二階とは別に大《おお》臣《おみ》固有の冠であるという従来からの説があります。これに対しても、大徳・小徳の冠は紫色、つまり、紫冠であり、それを与えられるのは「王以上」（皇子および諸王）、「上臣下臣」（大臣および大夫）がその対象となります。これらの紫冠は五行思想に基づいて設定された他の十階を超越した階層に賜与されたという意見もあります。

さらに、十二階の冠位が、のちの「四位以下初位以上」に相当する階層に与えられるもので、蘇我氏などの大臣には賜与されなかったという定説にも、再検討が加えられています。

冠位十二階は中国の官品制や百済をはじめとする朝鮮半島諸国の官位制を模範としたものです。この制度を制定することによって、それまで世襲制であった氏姓制度から個人の能力を重視する官僚制的な集団へと豪族たちを再編成しようとしたと考えられています。

〈冠位十二階〉

冠　位	冠の色
1．大徳	濃い紫
2．小徳	淡い紫
3．大仁	濃い青
4．小仁	淡い青
5．大礼	濃い赤
6．小礼	淡い赤
7．大信	濃い黄
8．小信	淡い黄
9．大義	濃い白
10．小義	淡い白
11．大智	濃い黒
12．小智	淡い黒

白村江《はくすきのえ》の戦《たたか》い

百済《くだら》の滅亡

『日本書紀』によると、斉明《さいめい》六年（六六〇）九月五日に百済からの使者が来朝し、百済滅亡と復興運動のことが倭国に伝えられました。

その後、唐・新羅《しらぎ》軍と戦っていた百済の鬼室福信《きしつふくしん》が使者を派遣してきて、唐の俘虜《ふりょ》百余人を倭国に献上し、当時、倭国に「質」として滞在していた王子豊璋《ほうしょう》（義《ぎ》慈王《じおう》の子）を帰国させて国王としたいこと、および援軍を派遣してほしいことを伝えてきました。これに対して、倭国は豊璋の帰国を認めて、百済に帰還させる際、斉明七年九月に豊璋に織冠《しょっかん》を授け、多臣蔣敷《おおのおみこもしき》の妹を娶《めと》らせて狭井連檳榔《さいのむらじあじまさ》らに五千の兵士をつけて百済に衛送《えいそう》しました。このことからは、倭国の臣下として豊璋を扱い、百済復興を援助しようとしていることが窺えます。

斉明は老齢でしたが、斉明七年（六六一）正月に太子である中大兄皇子《なかのおおえのおうじ》らと一緒に筑紫《つくし》の娜大津《なのおおつ》（福岡市中央区に比定）に向けて出立し、五月に前線基地の筑紫朝倉宮《あさくらのみや》に滞在しました。しかし、七月に斉明が亡くなり、中大兄皇子は称制《しょうせい》という形で大王（天皇）位を代行しました。

天智《てんじ》二年（六六三）三月に、中大兄皇子は前・中・後将軍を任命し、そのもとに、二万七千人の兵士を派遣して新羅を攻めることにしました。これは不利な戦況を打開するために新羅への攻撃を行ったとされます。一方の百済では、豊璋と福信が対立し、六月に豊璋が復興運動の中心人物だった福信を殺害させてしまいました。

八月に唐・新羅は大軍を派遣して、水陸から周留《する》城に迫りました。唐の水軍は白馬江《はくばこう》の河口（白村江）に陣を置き、待ち構えていたのです。二十七日、蘆原君臣《いおはらのきみ》（駿河《するが》国〔静岡県〕西部の蘆原《いおはら》郡を根拠とする豪族）が率いる倭の水軍が唐の水軍に戦いを挑んだものの敗退します。

翌二十八日、再び戦いが起こりますが、唐の軍船に挟撃され、倭軍は大混乱に陥って大敗しました。その際、たくさんの倭兵が白村江に飛び込み、溺死しました。豊璋は数人で船に乗り、高句麗《こうくり》に逃亡しました。倭軍は、残った兵士と亡命する百済人と共に帰国しました。

この戦いにおける倭国の軍隊は、地方豪族が兵を集めて編成した国造軍を中央豪族が将軍として引率するかたちでした。つまり、中央豪族は独自の兵をもっているものの、指揮命令系統が統一されていなかったことが敗北の理由だと指摘されています。

敗北以後の政策

『日本書紀』によると、敗戦後の防備対策として、「是歳、対馬《つしま》嶋・壱岐嶋《いきのしま》・筑紫国等に、防《さきもり》と烽《とぶひ》とを置く。又筑紫に、大堤を築きて水《みず》を貯へしむ。名けて水城《き》と曰ふ」と記されています。この年に対馬・壱岐・筑紫に防人と烽が置かれ、筑紫に水城が設けられました。

天智四年(六六五)八月には答㶱春初《とうほんしゅんそ》を長門《ながと》国(山口県)に、憶礼福留《おくらいふくる》と四比福夫《しひふくぶ》の二人を筑紫国に派遣して、長門国に城を、筑紫国に大野《おおの》城と基肄《きい》城を築かせました。この三人はいずれも亡命してきた百済人たちで、『日本書紀』には答㶱春初と憶礼福留について「兵法に閑《なら》う」と記されており、百済の築城技術によって朝鮮式の山城が築かれたと考えられます。

中大兄皇子は唐や新羅から大宰府《だざいふ》を守るため、筑紫に水城や大野城などの山城を築き、亡命百済人の技術指導を受けて、唐・新羅軍への防衛体制を整えたのでした。

亡命百済人については、『日本書紀』に「百済の百姓男女四百余人を以て、近江《おうみ》国の神前郡《かんさきのこおり》に居く」、「百済の男女二千余人を以て東国に居く」などと記されており、亡命百済人が近江(滋賀県)や東国に居住するように配置されました。これらの人々は国内や東国の開発に投入されていたようです。また、百済王の豊璋の弟である善光《ぜんこう》らの王族は難波《なにわ》に居住し、百済王家の血筋を倭国に残し、のちに百済王氏《くだらのこにきし》という氏名《うじめい》を賜与されています。

蘇我《そが》・物部《もののべ》戦争《せんそう》

蘇我氏と物部氏

蘇我氏は、六世紀から七世紀半ばにかけて大きな勢力を持った氏族です。特に、蘇我稲目《いなめ》が大臣《おおおみ》となってからのちは、欽明《きんめい》天皇に娘の堅塩媛《きたしひめ》と小姉君《おあねのきみ》を妃《きさき》にいれて、大王家と婚姻関係を結んで勢力を増しました。以後皇極《こうぎょく》四年（六四五）の乙巳《いっし》の変で蘇我蝦夷《えみし》・入鹿《いるか》が滅ぼされるまで、大臣の地位を独占し、権力を保持しました。

出自については、『古事記』の孝元《こうげん》天皇段によると、孝元天皇の孫である建内宿禰《たけのうちのすくね》の子、蘇賀（我）石河《いしかわの》宿禰《すくね》を蘇我氏の祖としています。そのあと満智《まち》、韓子《からこ》、馬背《うませ》（高麗《こま》）と続き、その子が稲目であると伝えられますが、石川宿禰から馬背までは伝承であると考えられています。

しかし、満智については、『日本書紀』履中朝に平群《へぐりの》木菟宿禰《つくのすくね》らとともに国事にあたったこと、韓子は『日本書紀』雄略九年に紀小弓宿禰《きのおゆみのすくね》らとともに新羅を討ったあと、小弓の子に殺されてしまうとの記事があることから何らかの事実に基づいて書かれたものと見る説もあります。

蘇我氏は王権の外交、財政部門や渡来人の掌握に関係していたとされ、それを通して新しい文物や技術の摂取に積極的な開明的な性格を持つ氏族だったと考えられています。

稲目は王権の直轄地である屯倉《みやけ》の経営に関係し、そこへ渡来人を派遣して屯倉の運営にあたらせるなどして、手腕を発揮しました。欽明にとっても蘇我氏と婚姻関係を結ぶことで権力基盤の強化を図ろうとしていたとされます。

他方、物部氏は『日本書紀』によると垂仁《すいにん》朝に物部十千根連《とおちねのむらじ》の記載があり、欽明元年（五四〇）に大伴《おおとも》氏が失脚するまで、大伴氏と共に物部氏も大連に就任していたことがわかります。その後、大伴氏の失脚によって物部氏が大連を独占するようになりますが、用明《ようめい》二年（五八七）の守屋《もりや》の殺害以後、大連は任命されなくなりました。
物部氏は軍事や警察、刑罰、神事を司る氏族とされます。物部氏の遠祖饒速日命《とおつおやにぎはやひのみこと》は、『日本書紀』の神武《じんむ》天皇即位前紀で天神の子天磐船《あまのいわふね》に乗って天上より降ったと記されており、天降りの神話を有している氏族でもあります。

物部麁鹿火《あらかひ》は筑紫君磐井《つくしのきみいわい》の反乱の際に、大将軍として派遣されており、次の物部尾輿《おこし》は大伴金村《おおとものかなむら》の朝鮮半島における外交政策の失敗を非難して、金村を失脚させています。また、尾輿は仏教公伝の際に、蘇我氏がとった崇仏に対抗して排仏を主張し、新興勢力の蘇我氏と対立しました。仏教をめぐる崇仏派と排仏派の対立は、単に仏教の受容のみにとどまらず、両者の政治的な対立が背景に存在していたのではないかと指摘されています。

戦いの経過

用明二年（五八七）四月丙午条によると、病気になった用明天皇が三宝《さんぽう》に帰依したいと言い、物部守屋は強く反対したものの、用明は賛成する馬子の意見を入れました。このあと、守屋は本拠地に戻って軍備を固めました。

用明が崩御した後、守屋は穴穂部皇子《あなほべのみこ》（欽明天皇の皇子で用明の異母弟）を天皇にしようとしましたが、同年六月七日に蘇我馬子は佐伯連丹経手《さえきのむらじにふて》、土師連磐村《はじのむらじいわむら》などに命じて、穴穂部皇子や宅部《やかべ》皇子を殺害させました。七月に馬子は、諸王子や群臣と謀って守屋を滅ぼすことを決め、泊瀬部《はつせべ》皇子（のちの崇峻《すしゅん》天皇）、竹田《たけだ》皇子、厩戸《うまやと》皇子（聖徳太子）をはじめ、紀男麻呂《きのおまろ》などと共に軍勢を率いて、守屋らの軍勢と戦い、守屋らを滅ぼしたと『日本書紀』には記されています。

欽明朝から、大臣は蘇我氏、大連は物部氏が任じられ、合議制がとられていました。しかし、崇峻は馬子を大臣に再任しましたが、大連を任じなかったので、蘇我氏が事実上、政治を主導するようになったとされます。

有力豪族の物部氏を滅ぼした蘇我氏は、このあと崇峻を暗殺して、強大な勢力を持つようになりました。推古《すいこ》朝でも厩戸皇子と馬子とによって、冠位十二階の制定をはじめとして、多くの政策が決定されました。

乙巳《いっし》の変《へん》と大化改新《たいかのかいしん》

蘇我《そが》本宗家の滅亡

蘇我氏は、稲目《いなめ》と馬子《うまこ》の父子が朝廷内に権力を築いてきましたが、続く蝦夷《えみし》と入鹿《いるか》の父子の時代に絶頂期を迎えます。しかし、自らの邸宅を「宮門《みかど》」と呼んだり、子を「王子《みこ》」と称したりと、その専横ぶりは目に余るようになりました。入鹿が聖徳太子の子の山背《やましろの》大兄王《おおえのおう》を襲撃したことも人々の怒りを買いました。

蝦夷と入鹿も、こうした人々の反感は十分に承知しており、甘檮岡《あまかしのおか》（奈良県橿原市）の邸宅には城柵や兵庫《つわものぐら》を備え、力の強い男たちに武器を持たせて家を守らせました。蝦夷は外出の際には、五十人の兵士を連れており、力自慢の彼らは「東方《あずま》の儐従者《しとべ》」（東国出身の従者）と呼ばれました。また、蝦夷と入鹿の邸宅の門は、もっぱら東漢直《やまとのあやのあたえ》が守備にあたりました。

こうした蘇我氏の打倒を計画したのは、中大兄皇子《なかのおおえのおうじ》と中臣鎌足《なかとみのかまたり》らです。皇極《こうぎょく》四年（六四五）六月八日、蘇我氏の一族である蘇我倉山田石川麻呂《そがのくらやまだのいしかわまろ》に三韓の調《ちょう》が献られる日には、その上表文を読んでほしいと告げ、入鹿斬殺の計画を打ち明けて、石川麻呂はこれを了承しました。

十二日、三韓の調が献られたという謀略の場が設けられ、皇極以下が出御《しゅつぎょ》しました。入鹿もこの席にやって来ましたが、剣を帯びていたので、俳優《わざおぎ》がおかしな動作で巧みに入鹿から剣を取り去りました。石川麻呂が三韓の上表を読み上げると、中大兄は衛門府《えもんふ》に警戒を命じ、一二の門を閉じました。そして、自ら長槍をとって殿舎の脇に隠れ、鎌足らは弓矢で中大兄を守りました。中大兄は佐伯子麻呂《さえきのこまろ》と葛城稚犬養網田《かずらきのわかいぬかいのあみた》に入鹿斬殺を命じました。

石川麻呂は、読み上げていた上表文が終わりに近づいたのに、子麻呂らが出てこないので流れる汗でびっしょりになり、声が震えて手がわななきました。それを見た入鹿が不審に思い、「どうしたのか」と尋ねたところ、石川麻呂は「天皇のそばなので恐れ多くて汗をかきました」と答えました。子麻呂が入鹿の威勢に恐れ、ぐずぐずしているのを見た中大兄は、叫び声を上げて子麻呂らと飛び出し、入鹿の頭や肩を斬りつけました。子麻呂も入鹿の片足を斬りつけました。入鹿は転がるように玉座《ぎょくざ》にすがりつき、皇極に「自分は何の罪を犯したというのでしょう」と訴えました。皇極はひどく驚き、中大兄に「一体、どういうことか」と尋ねました。中大兄は地に伏して、「入鹿は皇族を滅ぼし、皇位を断絶させようとしています」と申し上げました。これを聞いた皇極は席を立ち、宮殿の中に入ってしまいました。

この後、佐伯子麻呂と稚犬養網田とが、入鹿を斬殺しました。この日は雨が降っており、雨水が庭に溢れ出していました。人々は席障子《むしろしとみ》で入鹿の死体を覆いました。

中大兄は、すぐさま飛鳥寺（法興寺《ほうこうじ》、奈良県明日香村）に入り、備えを固めました。皇子以下、諸王・諸卿大夫・臣《おみ》・連《むらじ》・伴造《とものみやつこ》・国造《くにのみやつこ》のすべてが従いました。中大兄は、入鹿の死体を蝦夷のもとに送りつけました。この時、蘇我氏側は東漢直たちが一族を集め、鎧《よろい》をつけて蝦夷と共に戦おうとしていました。それを知った中大兄は、将軍の巨勢徳陀《こせのとこだ》を遣わして、降伏を呼びかけました。この呼びかけに高向国押《たかむくのくにおし》が応じると、ほかの者たちもちりぢりに逃走してしまいました。

十三日、蝦夷は戦うことを諦め、屋敷に火をかけて自殺しました。この時、『天皇記《すめらみことのふみ》』、『国記《くにつふみ》』をはじめ珍宝もことごとく焼きましたが、船恵尺《ふねのえさか》が火の中から『国記』を素早く取り出して中大兄に献りました。

これが乙巳の変と呼ばれる事件であり、この後、大化改新と称される一連の政治改革が展開されるのです。

改新政府の発足

蘇我本宗家があっけなく滅亡したのち、皇位を譲り合う事態が起きました。『日本書紀』を見ると、皇極は中大兄に譲位しようとしますが、中大兄は叔父の軽皇子《かるのみこ》を推薦しました。そこで、皇極は軽に皇位を譲りましたが、軽は何度も固辞して「古人大兄《ふるひとのおおえ》こそが皇位に就くべきだ」と主張しました。これを聞いた古人大兄は、「自分は出家して仏道修行に努めたい」と言って、髭《ひげ》や髪を剃って袈裟《けさ》をつけてしまいました。こうしたやり取りの末、軽は皇位に就き、孝徳《こうとく》となったのです。

　孝徳は中大兄を皇太子とし、阿倍内麻呂《あべのうちまろ》を左大臣、蘇我倉山田石川麻呂を右大臣、中臣鎌子《かまこ》を内臣《うちつおみ》、僧侶の旻《みん》と高向玄理《たかむこのくろまろ》を国博士として改新政府を発足させました。

改新の詔の宣布

　大化元年（六四五）十二月九日、改新の詔が宣布されました。その具体的な内容は、四箇条からなります。第一条は「昔在の天皇等の立てたまへる子代の民、処々の屯倉《みやけ》、および、別には臣・連・伴造・国造・村首《むらのおびと》の所有る部曲《かきべ》の民、処々の田荘《たどころ》を罷《や》めよ。（後略）」というもので、第二条は「初めて京師を修め、畿内・国司《こくし》・郡司《ぐんじ》・関塞《せきそこ》・斥候《うかみ》・防人《さきもり》・駅馬《えきば》・伝馬《てんま》を置き、および鈴契《すずしるし》を造り、山河を定めよ。（後略）」とあり、第三条は「初めて戸籍《こせき》・計帳《けいちょう》・班田収授《はんでんしゅうじゅ》の法を造れ。およそ五十戸を里《さと》とし、里ごとに長《おさ》一人を置け。（後略）」とあります。最後の第四条は「旧の賦役を罷めて、田の調を行へ。……別に戸別の調を収れ。（後略）」というものです。これらの内容を見てみるならば、第一条は公地公民の規定、第二条は地方の行政区画の決定、第三条は班田収授の実施、第四条は新しい税制の規定ということになります。

　これらのことは定説となっており、今も高等学校の日本史の教科書などに史料と共に載せられています。しかし、大化改新については、アジア太平洋戦争後から学界で多くの議論がなされています。そして、一九六〇年代には、改新の詔について、それ自体を疑う見解が出されるようになり、さらには大化改新全体をフィクションとする学説が提唱されました。

　たしかに、改新の詔を検討すると、第二条に見られる「国司」や「郡司」といった律令制下で使用される用語などが出ており、その信頼性に疑問が生じます。

　さらに、改新の詔の第一条の公地公民制に関しても疑問が見られます。従来の考えでは、この第一条によって公地公民制がスタートするのですが、天智《てんじ》二年（六六三）の白村江《はくすきのえ》の戦いによる敗北のために豪族たちの不満が高まり、その解消のために甲子《かっし》の宣《せん》を出して私有民を認めたのです。それが天武《てんむ》四年（六七五）の詔で甲子の宣が撤回されたと理解されてきました。

しかし、大化改新を否定する立場で考えると、天智三年（六六四）の冠位二十六階制で豪族の序列化を図り、私有民を民部《かきべ》と家部《やかべ》に分け、天武四年（六七五）の詔で部曲、すなわち民部が廃止されたとするならば、大化改新を想定せずとも公地公民は説明がつくというのです。

大化改新はあったのか

それでは現在、大化改新はどのように捉えられているのでしょうか。全くの虚構説はあまり見られなくなってきましたが、それは難波宮《なにわのみや》の発掘が進んできたことも影響しています。

難波宮跡は上下二層からなり、この内、下層の遺構が孝徳時代の前期難波宮とされます。内裏をはじめとして、朝堂院《ちょうどういん》・八角堂《はっかくどう》・倉庫群などが検出されており、各々の施設の大きさもさることながら、建設プランの面からも注目されています。それはまず、天皇の私的な場所である内裏と公的な朝堂院とが明確に区別されている点です。次に、宮の中軸線上に左右対称の建物群が整然と配置されており、これはのちの宮の原点といってもよいでしょう。これらの造都に見られる政治姿勢や、そのための大規模な動員の背景には、大化改新のような国内の大改革が想定されるというのです。

伝飛鳥板蓋宮跡（奈良県・明日香村教育委員会提供）

75

大化《たいか》の薄葬令《はくそうれい》

新しい葬送の規定

乙巳《いっし》の変で蘇我氏本宗家が滅亡した後、孝徳天皇や中大兄皇子を中心とした改新政府によって様々な政治改革がなされていきますが、その改革は人々の社会生活を変革するものでもありました。たとえば、大化二年（六四六）三月二十二日に出された詔《みことのり》がそれです。これによると、①葬送の薄葬化、②古い習俗の廃止③市の管理、④農繁期に美味い魚や酒を飲み食いすることの禁止が規定されています。

この詔の中で①こそが、まさに大化の薄葬令です。では、この命令はどのような内容のものなのでしょうか。それは次のようなものです。民衆が貧しい生活を送っているのは墓の造営のためであるから、今後は身分に応じて造営できる墓の規模を規定しようというものです。ここでの身分は、王（皇族）・上臣（大臣）・下臣・大仁《だいにん》と小仁《しょうにん》・大礼《だいらい》から小智《しょうち》・庶民までの六つの身分に分けられています。それらのうち、盛り土を施した墳丘《ふんきゅう》を伴う墓、つまり古墳を造営できるのは、下臣（のちの五位クラス）以上となりました。これは、それまでの葬送、すなわち古墳造営の状況に比べてはるかに薄葬であり、簡素化の規定となっているのです。

また、大化の薄葬令では、墓の規模以外にも葬送についての禁止規定があります。たとえば、殯《もがり》についての規定もその一つです。殯とは死後の遺体を安置して、再生・鎮魂の儀礼を行うことです。その殯について王から庶民に至るまで殯宮を作ることを禁止しています。

他にも亡くなった人のための人や動物の殉死や死者への副葬品、鎮魂のための誄《しのびごと》は旧俗であるとして禁止されています。つまり、大化の薄葬令は大化二年三月の詔の②古い習俗の廃止と関係があると考えられます。

それではこれらの薄葬令の規定はどれほど効果があったのでしょうか、あるいは守られたのでしょうか。たとえば、高橋照彦「律令期葬制の成立過程」（『日本史研究』五五九、二〇〇九年）によれば大阪府茨木市・

高槻市の阿武山古墳は薄葬令の規定に準拠しているとされるので、一定の効果はあったのかもしれませんが、庶民の状況などについては不明な点が多いというのが実情です。

　また、古墳のあり方について見るならば、七世紀になると、前方後円墳は作られなくなり、それに代わって円墳《えんふん》・八角墳《はっかくふん》・群集墳が作られるようになります。この七世紀から八世紀初頭にかけての古墳は終末期古墳と呼ばれています。例えば、高松塚《たかまつづか》古墳やキトラ古墳があり、これらは奈良県飛鳥地方を中心に分布しています。

大化の薄葬令の目的

　この法令が出された目的は、単純に墓の造営の簡素化というだけではありません。この問題については、いくつかの説が出されています。例えば、中国の儒教思想に基づく薄葬思想の影響によるという説、天皇の地位を絶対化し、豪族社会の新しい秩序化を図ろうとしたという説、身分序列の視覚化を目的としたとする説などがあります。

　ほかにも、この詔の中で墓の造営について使用すべき役夫《えきふ》の人数と日数を細かく規定していることに着目して、大化改新で公地《こうち》公民制《こうみんせい》が採用された結果、諸豪族が私有民を動員して葬送を行うことができなくなったので、それに代わって国家の手による葬送の方式を新たに規定した、いわば公葬制と呼ぶべき法令であるとする説もあります。

　ただし、薄葬令が旧例を廃止した詔の一部であることにも注意が必要でしょう。この詔を全体的に見ると、ここでは、民衆の生活を向上させる様々な政策が出されていることがわかります。その点から考えると、薄葬令は民衆の古い葬送習俗を廃し、文化的な葬礼を植えつけることが目的だったとする見解もあるのです。

壬申《じんしん》の乱《らん》

古代史上最大の皇位継承争い

天智《てんじ》の死後、子で太政大臣の大友皇子《おおとものみこ》と皇太子（皇太弟）であった大海人《おおあま》皇子が皇位をめぐって争い、大海人皇子が勝利して天武《てんむ》となったのが壬申の乱です。

天武の即位は天皇権力の強大化をもたらし、現人神化を実現させましたが、壬申の乱それ自体を知ろうとした場合、それはなかなか容易ではありません。その理由としては、第一に史料の問題が挙げられます。壬申の乱について具体的に記述されたものは、わずかに『日本書紀』の天武即位前紀条だけだからです。

さらに、この事件には、天武が甥の大友から皇位を奪い取ったという道徳的な問題も絡んでいます。『日本書紀』や『古事記』では、当然のことながら天智の次は天武となっていますが、これは両書が天武朝に編纂が始まっていることから、必ずしも真実を伝えていないのではというのです。天智のあとは、おそらく大友が即位したであろうという考えがあり、実際、『扶《ふ》桑略記《そうりゃくき》』やのちの『大日本史』は大友の即位を認めています。明治政府も即位を認めて弘文《こうぶん》天皇と追諡《ついし》しています。

壬申の乱にはこうした問題点が含まれていて、『日本書紀』をどのように読むかによって見解が分かれるところもあるのです。

壬申の乱前夜

『日本書紀』の天智十年（六七一）十月十七日、重病の天智は皇太子の大海人を招き、皇位を譲ることを申し出ました。大海人はそれを固辞し、「皇后の倭姫王《やまとひめのおおきみ》が即位して大友が補佐するのがよいでしょう」と述べました。そして、自分は「天智のために出家したい」と言い、それが許されると、内裏の仏殿の南で髭《ひげ》や髪を剃って僧の姿になり、吉野《よしの》（奈良県）での修行を願うのです。

これに対して、同じ『日本書紀』の天武即位前紀を見ると、天智に大海人が呼ばれた際、蘇我安麻呂《そがのやすまろ》から

「天智の言葉に気をつけるように」と助言を受けます。そして、天智からの譲位の話に耳を傾けず、出家して吉野へ行くことを願い、それが許されると、十九日には吉野へ入ることになりました。このように、大海人の行動については、同じ『日本書紀』でも天智紀と天武即位前紀とでは少しニュアンスが違うように思われるのです。

大海人の挙兵

近江《おうみ》の大津宮《おおつのみや》（滋賀県大津市）で天智が崩御すると、大友側と大海人側の双方で動きが見られました。『日本書紀』の天武元年（六七二）五月条によると、この月に大友側が美濃《みの》（岐阜県）と尾張《おわり》（愛知県）の国司《こくし》に対して山陵造りの人夫徴収を命じ、その人夫に武器を持たせたというのです。さらに、大津宮から飛鳥京（奈良県明日香村）までの道のあちこちに監視人を置き、菟道《うじ》橋の橋守に命じて、大海人側の食糧運送をストップさせようとしているというのです。

これを聞いた大海人も行動を起こします。六月二十二日、身を守るために村国男依《むらくにのおより》ら三人を美濃へ派遣して、兵の確保と不破《ふわ》道の閉鎖を命じます。そして二十四日、大海人自身も皇后の鸕野讃良《うののさらら》らと共に東国へ向かいました。

この時、大海人に従ったのは、草壁《くさかべ》皇子、刑部《おさかべ》（忍壁）皇子、舎人親王《とねりしんのう》ら二十人余りと女官十人ほどだったといいます。大海人も、初めは馬がなかったために徒歩でした。その後、二十五日に高市《たかいち》皇子が大津宮から駆けつけ、兵力も増し、二十六日には伊勢（三重県）の迹《と》大川《ほがわ》のほとりでアマテラスを遥拝《ようはい》しました。

一方、この頃の大友側では、騎兵による追撃案が出されますが、大友はこれを退けて、東国・飛鳥《あすか》・筑紫《つくし》（九州）・吉備《きび》（岡山県）などの各地へ兵の徴発を命じましたが、いずれもうまくいきませんでした。

六月二十七日、高市からの要請で大海人は不破へ入りました。すると、尾張国守の小子部鉏鉤《ちいさこべのさひち》が二万の兵と共に帰順してきました。兵を分けて各方面の道の守備につかせ、野上《のがみ》（岐阜県関ケ原町に比定）に到着すると、高市が出迎えて戦況を報告しました。二十九日、大伴吹負《おおとものふけい》が大海人側について挙兵しました。

攻撃の準備を整えた大海人側は、七月二日、紀阿閉《きのあへ》麻呂《まろ》ら数万が倭（大和）へ向かい、村国男依らも数万を率いて近江へ進撃しました。三日、大伴吹負は乃楽《なら》山《やま》の上に駐屯しました。その時、荒田尾赤麻呂《あらたおのあかまろ》の意見により、飛鳥の古京を守るために赤麻呂と忌部子人《いんべのこびと》を遣わしています。四日、吹負は大友側の大野果安《おおののはたやす》と戦って惨敗しました。五日、大友側の田辺小隅《たなべのおすみ》が田中足《たなかのたり》摩侶《まろ》を奇襲して勝利しますが、六日、小隅は多品治《おおのほんじ》のために敗走しました。

村国男依らは七日、大友側の境部薬《さかいべのくすり》を斬り、九日、さらに秦友足《はだのともたり》を斬りました。十三日、栗太《くりた》郡（滋賀県）にいた大友方を討ち、追撃します。男依らは、たび重なる激戦を制して、ついに二十二日、瀬田《せた》（滋賀県大津市）に到着しました。瀬田橋の西には、大伴が自ら群臣を率いて陣を構えていました。その兵力は無数で、後方がどこまで続くか見えないほどでした。ここに瀬田橋をめぐって両軍の激闘が開始されることになるのです。軍勢の旗は野を覆い、兵らによって掻き立てられる塵《ちり》は天にまで届くほどでした。打ち鳴らす鉦鼓《しょうこ》の響きは数十里まで轟き、矢は雨のように降り注ぎました。

大友側の将軍の智尊《ちそん》は精兵を率い、先頭に立って防戦しました。大友側は、橋の中ほどを三丈（約九メートル）ばかり断ち切り、そこに長い一枚板を敷いて、板を踏んで渡ろうとする大海人側の兵を、板を引いて川へ落とそうとしました。大海人側が攻めあぐねている中、大分稚臣《おおきだのわかおみ》が現れ、鎧《よろい》を重ねてつけ、刀を抜いて一気に板を踏んで渡り、矢を受けつつも敵陣へ突入しました。

これを機に大友側は劣勢となり、智尊もついに斬られました。大友と左右大臣は、やっとの思いで逃走しました。男依らは、粟津岡《あわづのおか》（大津市）の麓《ふもと》に軍を集めました。羽田矢国《はたのやくに》と出雲狛《いずものこま》は、近江の三尾城《みおのき》を攻め落としました。

二十三日、男依らは大友方の将軍だった犬養五十君《いぬかいのいきみ》と谷塩手《たにのしおて》とを粟津市で斬りました。大友は、一旦は逃走したものの逃げ場を失い、山崎で首をくくって自殺しました。この時、大友側の左右大臣や群臣たちはみな逃げ去り、わずかに物部麻呂《もののべのまろ》と一、二人の舎人だけが従っていただけでした。

こうして壬申の乱は大海人の勝利に終わり、九月十

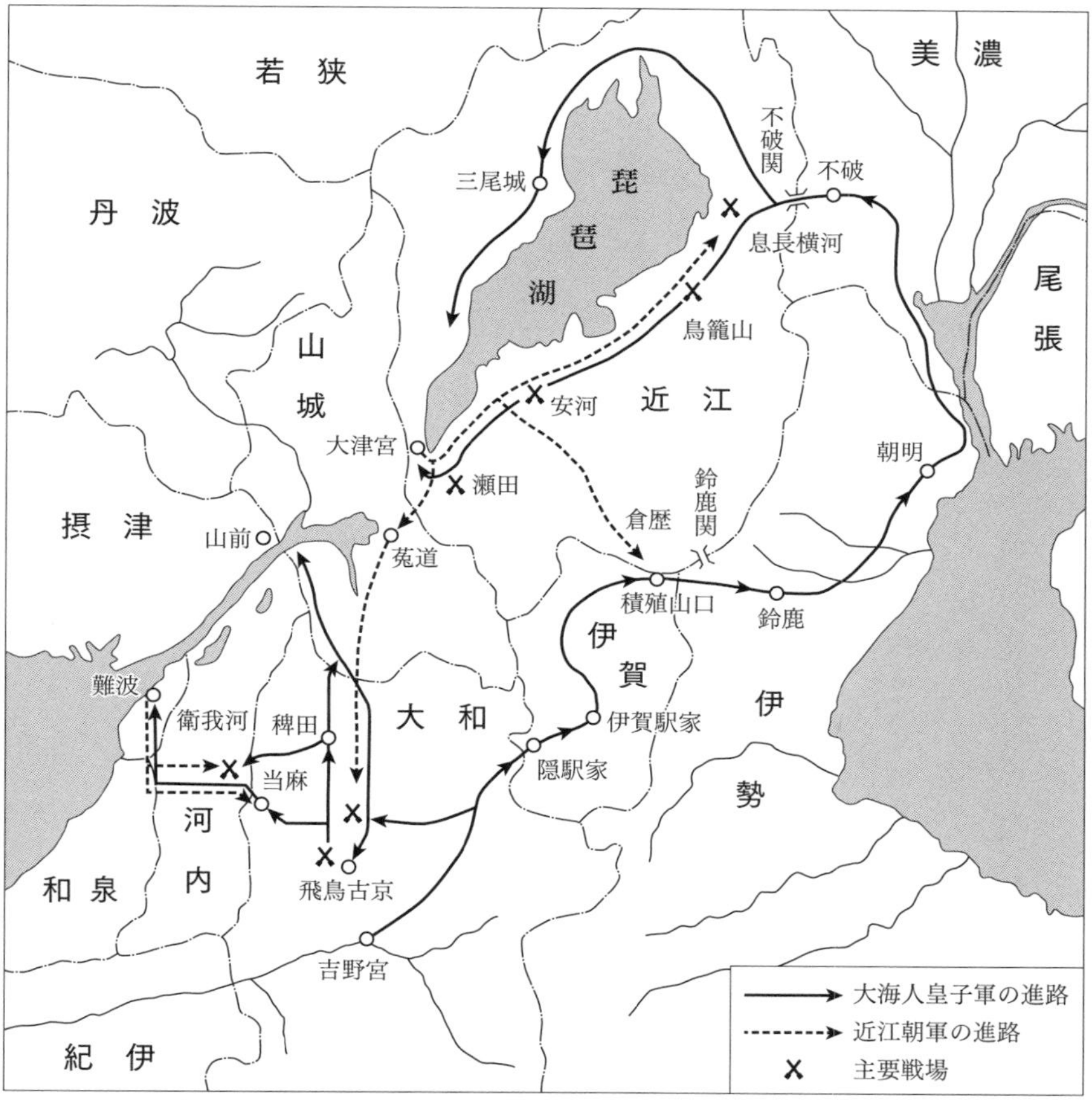

壬申の乱行軍図(『国史大辞典』7巻所収図を元に作成)

二日、大海人は飛鳥へ入りました。そして、翌天武二年(六七三)二月二十七日、飛鳥《あすか》浄御原宮《きよみはらのみや》で即位して天武となるのです。

基本史料である『日本書紀』によって、壬申の乱の経過について大まかにたどりましたが、これを見る限り、大海人側のさまざまな動きに対して、大友側はあまりにも策がなさすぎるように感じられます。この点は、戦いに勝利した大海人側の立場からの叙述であるから仕方がないといえばそれまででしょうが、まさしく「勝者の歴史」というべきでしょう。

富本銭《ふほんせん》

遺跡から出土する富本銭

この銭は七世紀後半頃、天武《てんむ》天皇の時代に鋳造《ちゅうぞう》された銅銭であり、日本列島最古の貨幣と考えられています。その存在は昭和四十四年（一九六九）以降、藤原京跡や平城京跡ですでに知られており、平成九年（一九九七）から始まった奈良県飛鳥池《あすかいけ》遺跡の発掘調査では、富本銭の鋳造工房が確認されています。

この遺跡は、蘇我馬子が最初の本格的寺院として創建した飛鳥寺の東南に接する谷間に立地し、天武・持《じ》統《とう》両朝の宮である飛鳥浄御原宮《あすかきよみはらのみや》とも近い距離にあります。そこから工房群が検出され、鋳張《いば》りのついた銭や鋳棹《いざお》、鋳型片、坩堝《るつぼ》、羽口《はぐち》、木炭など、富本銭鋳造に関連するものが出土しています。

飛鳥池遺跡の銅銭を見てみると、完形品の径は約二十四・四ミリ、厚さは約一・五ミリ、重量は約四・三グラム前後を測ります。中央には一辺約六ミリの方孔《ほうこう》があき、その左右には陰陽五行《いんようごぎょう》と関わる七曜文《しちようもん》が配されています。孔の上下に見られる富と本の二文字は、後漢《ごかん》の光武帝《こうぶてい》が前漢《ぜんかん》の貨幣を再発行した際の故事である「民を富ませる本は食貨にあり」から由来していると考えられています。

また、成分分析も行われており、銅を主成分にしてアンチモンが四〜二十五％、銀や砒素《ひそ》はわずかに含まれ、錫《すず》や鉛《なまり》がほとんど含有していないことがわかっています。

史料と発掘調査の成果との関連性

そして、この銅銭が天武十五年（六八六）と記された木簡《もっかん》と同じ土層から見つかり、加えて、その上の土層から七〇〇年以前に操業していた瓦窯《かわらがま》が確認されたことで、文献史学からの注目を集めました。なぜなら、『日本書紀』の天武十二年（六八三）四月条に「今より以後《のち》、必ず銅銭《あかがねのぜに》を用いよ。銀銭《しろかねのぜに》を用いること莫《なか》れ」と記されており、富本銭がこの銅銭にあたる可能性が高まったからです。

このことは、天武天皇が律令国家づくりの一環として貨幣鋳造を行っていたことや、七世紀後半の日本列島では銅の産出量が安定していたことを物語っています。さらには、武蔵《むさし》国秩父《ちちぶ》郡（埼玉県）の純銅産出をきっかけとして、和銅《わどう》元年（七〇八）に発行された和《わ》同開珎《どうかいちん》が最古の貨幣である、といった従来の通説を改める契機になりました。

銅工房の遺物（奈良文化財研究所提供）

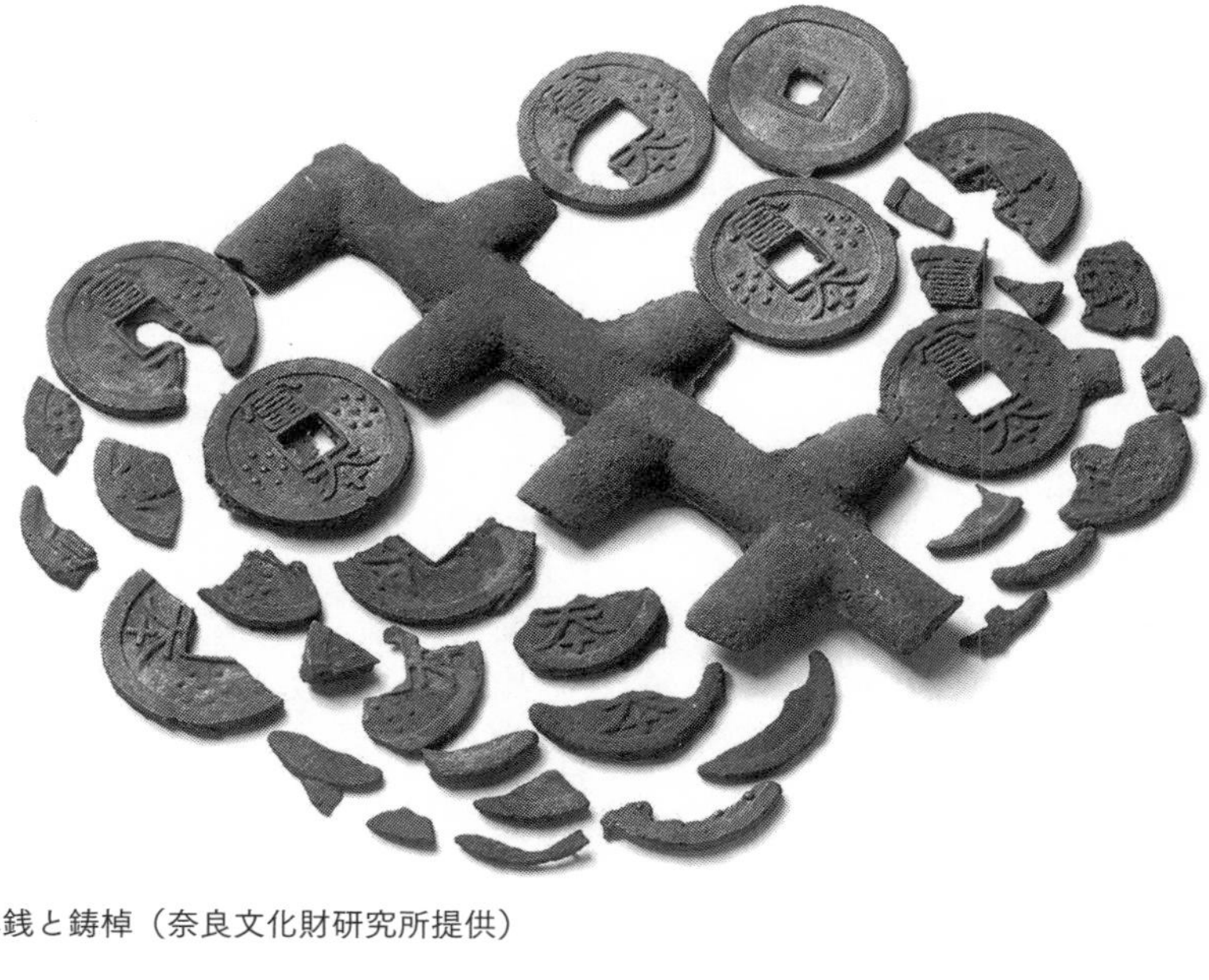

富本銭と鋳棹（奈良文化財研究所提供）

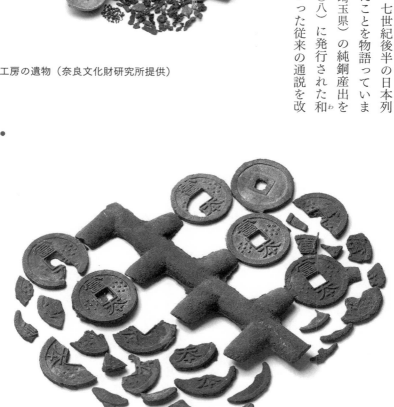

律令《りつりょう》の制定《せいてい》

律令制への指向

刑法である律と行政法である令とによって規定された国家体制を律令制と言います。中国で成立、発達し、東アジアの諸国が採用した制度であり、日本も例外ではありませんでした。

中国での律令の発達を概観すると、まず秦《しん》や漢《かん》の時代に律が整備されました。当時、令はまだ補足的な法律に過ぎなかったようです。それが、西晋《せいしん》の時代に至って、律と令が併立する法体系が整えられました。さらに、南北朝時代のあと、六世紀末に成立した隋《ずい》、それを受けて七世紀初頭に成立した唐の時代に律・令および、それを補完する格《きゃく》・式《しき》、すなわち律令格式による法制度が確立されることになります。

そうした国際状況の中で、日本でも七世紀後半に至って、律令の導入がいわれだし、その摂取が試みられるようになったのです。

近江令《おうみりょう》と飛鳥浄御原令《あすかきよみはらりょう》

日本における最初の律令は、近江令とされる。天智《てんじ》の時代、天智七年（六六八）に中臣鎌足《なかとみのかまたり》らによって制定されたといわれ、令二十二巻からなりますが現存していません。そのこともあり、近江令には存在説と共に根強い非存在説が見られます。

まず、存在説については、『藤氏家伝《とうしかでん》』や『弘仁格《こうにんきゃく》式《しき》』の序に、制定の記載が見られることによります。しかし、『日本書紀』には近江令の制定についての記事が見られません。

こうしたことから、近江令に関しては、全く存在しなかったとする説、ある程度の令が編纂されたとする説、編纂されたが体系的なものではなかったとする説など、いまだに多くの説が見られるのです。

次いで、飛鳥浄御原令ですが、『日本書紀』の天武《てんむ》十年（六八一）二月二十五日、天皇が皇后の持統《じとう》（鸕《う》野讃良皇女《ののさららのひめみこ》）と共に大極殿《だいごくでん》に出御《しゅつぎょ》して、親王・諸王・諸臣に律令の制定を命じたことに端を発します。しかし、この法典は天武の治世中には完成することなく、次の持統朝に至って成立をみました。すなわち、持統三年（六八九）六月二十九日には、諸司に令一部二十二巻を頒布したとありますが、これについても現存していません。また、律に関しては記載が見られません。これについては、律も制定・施行されたとする説がある一方で、令二十二巻のみの公布であり、律は唐律を準用したとする見方があり、こちらが有力とされています。

　七世紀後半以来の律令の編纂が基本的に完成したものが大宝《たいほう》律令です。大宝律令は文武《もんむ》四年（七〇〇）の段階で令が完成し、律は翌年に撰修が終わり、ここに大宝元年（七〇一）八月三日にいたって大宝律令として制定されました。『続日本紀《しょくにほんぎ》』の同日条に、概ね「浄御原朝廷を以て准正とす」と記されていることからもわかるように、基本的には飛鳥浄御原令を踏襲していると見られます。しかし、律と令とが揃って成立した本格的な律令という点では画期的といえます。律は大宝二年（七〇二）、令は大宝元年にそれぞれ施行されました。

大宝律令は、律六巻、令十一巻からなり、唐の永徽《えいき》律令を模範としています。刑部《おさかべ》親王を総裁とし、藤原《ふじわらの》不比等《ふひと》が副総裁を務めました。大宝律令そのものについては現存していませんが、『令集解《りょうのしゅうげ》』所引の古記などによって逸文《いつぶん》を知ることができ、また部分的な復元が可能です。

　大宝律令を改修したものが、藤原不比等らが中心となって撰修した養老《ようろう》律令です。律十巻十二編、令十巻三十編からなり、成立は養老二年（七一八）とする説が定説ですが、ほかにも、養老二年から編纂が始められたとする説などがあります。内容は、大宝律令を踏襲しているとされ、律は名例律《みょうれいりつ》・衛禁律《えごんりつ》・闘訟律《とうしょうりつ》の一部と職制律《しきせいりつ》・賊盗律《ぞくとうりつ》以外は現存しませんが、『唐律《とうりつ》疏議《そぎ》』と対照することによって大部分を知ることができます。令についても倉庫令・医疾令以外は『令義解《りょうのぎげ》』と『令集解』とに収められており、先の二つの令も逸文などから復元されています。このように、『養老律令』は概ねその全体を見ることができるため、これによって律令制の諸々の問題について論じられることが一般的です。

藤原京遷都《ふじわらきょうせんと》

持統《じとう》・文武《もんむ》・元明《げんめい》三代の都

藤原京以前の都（宮）は、天皇一代限りのもので、天皇が替わると都も遷るというのが一般的でした。それに対して藤原宮は、本格的な都城制に基づいて築かれ、恒常的な施設を持った最初の都だったのです。平城京と平安京が唐の長安《ちょうあん》城を模倣した点が多いのに対し、藤原京はそれよりもむしろ、北魏《ほくぎ》の洛陽《らくよう》城や『周礼《しゅらい》』に記された都との共通点が多いといわれています。

天武《てんむ》朝から造営が始められましたが、『日本書紀』によれば、持統《じとう》四年（六九〇）以降になって藤原宮の造営が本格化します。例えば、同年十月二十九日には、高市皇子《たけちのみこ》が公卿・百寮《ももつかさ》を引き連れて藤原宮を視察していますし、翌五年（六九一）十月二十七日には使者を遣わして、「新益京《あらましのみやこ》」の鎮祭を行わせています。この新益京が藤原京のことです。持統六年（六九二）五月二十三日、難波王《なにわおう》らを派遣して藤原宮の地を鎮祭させ、二十六日には幣帛《へいはく》を伊勢・大倭・住吉・紀伊大神に献って、新宮（藤原宮）のことを報告させました。

持統七年（六九三）二月十日、造京司《ぞうきょうし》の衣縫王《きぬぬいおう》らに詔して、藤原宮造営のために破壊した墳墓から出てきた遺骸を収納させせました。同年八月一日には藤原宮に行幸しています。

こうした経過をたどり、持統八年（六九四）十二月六日、持統は藤原宮へ遷り、以後、藤原宮は和銅《わどう》三年（七一〇）三月に元明が平城京に遷都するまでの十六年間にわたり、持統・文武・元明の三代の都となったのです。

藤原京の謎

藤原京に関しては、いくつかの謎が指摘されています。最大の謎の一つが宮の位置です。一般に「天子、南面す」という言葉に従い、宮は都の北方に置かれます。しかし、藤原宮は藤原京の中心に配置されているのです。このことが、平城京遷都への理由の一つにも挙げられています。すなわち、宮の周囲に京域が形成されるため、衛生面などでの問題が起きるというのです。

　また、遷都の理由として、従来は人口の増加が挙げられていました。以前は、藤原京は下ツ道・中ツ道・横大路・山田道といった古道を基準にして設計されたと考えられていたのです。そのため、京域は東西二・一キロ、南北三・二キロとされ、平城京の外京《げきょう》を除くおよそ三分の一程度の大きさと思われていました。そこから人口増加によって手狭になったというのです。しかし、この点についても近年の発掘成果から、藤原宮が従来の想定よりも大きいということがわかってきました。すなわち、大藤原京プランと呼ばれるものであり、この説が有力になってきています。

　それによると、藤原京の東西は五・三キロまで広がることが明らかになっています。南北についても東西と同じ五・三キロ、もしくは四・八キロといったプランが出されているのです。

　このことは、藤原京の大きさにも当然のことながら変化を及ぼすことになりました。すなわち、手狭になったために平城京へ遷都したという説明は難しくなったのです。

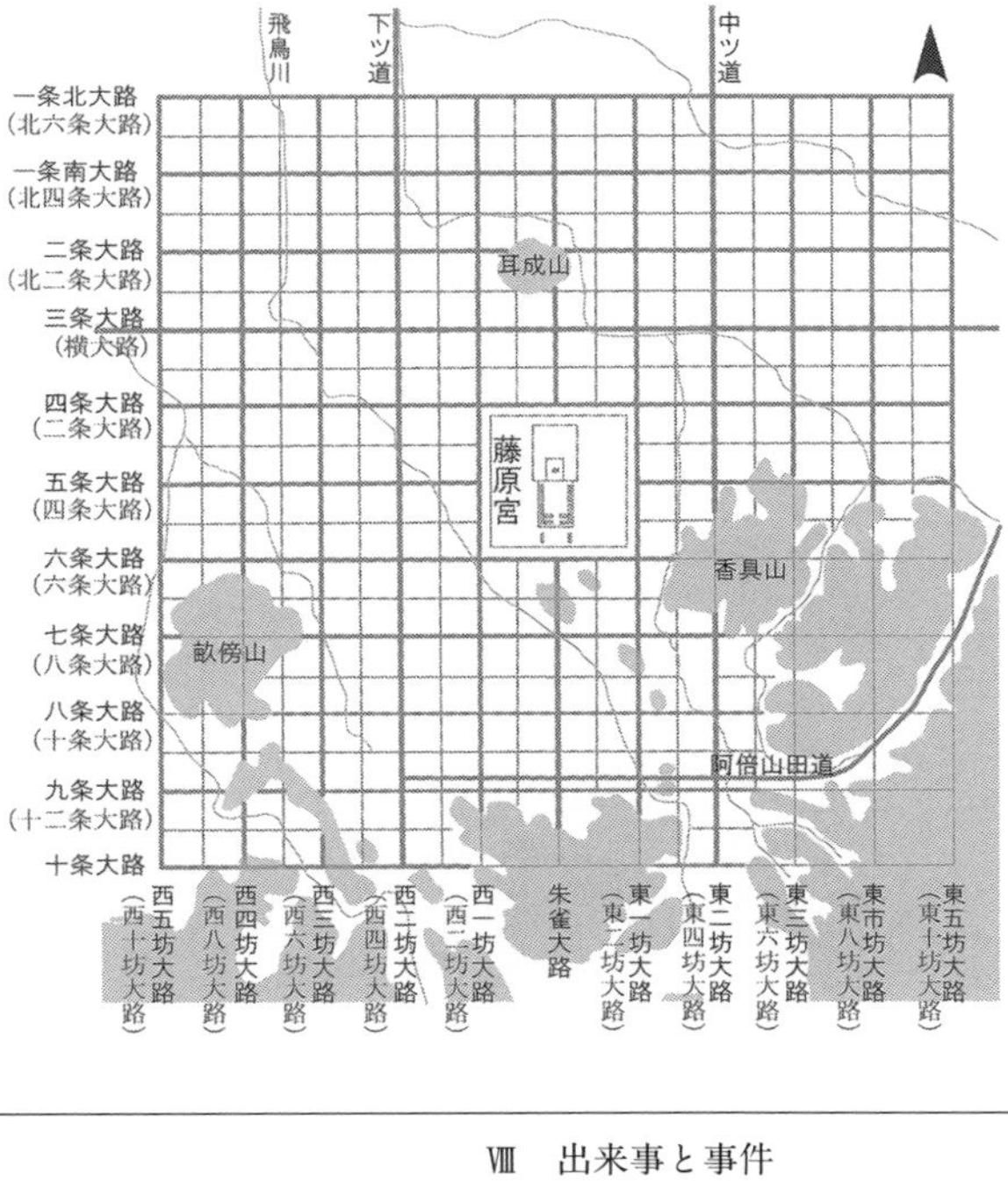

藤原京条坊復原図（1／120000）（奈良県立橿原考古学研究所附属博物館提供）

80 火《か》葬《そう》

仏教思想に基づく火葬

六世紀中頃、火葬が仏教の伝来と共に日本へ伝えられました。日本で初めて火葬されたのは、六五三年に入唐《にっとう》し、唐僧の玄奘三蔵《げんじょうさんぞう》の弟子となり、帰国して法《ほっ》相宗《そうしゅう》の開祖となった高僧道昭《どうしょう》といわれています。『続《しょく》日本紀《にほんぎ》』の文武《もんむ》四年（七〇〇）三月条には、道昭が飛鳥《あすか》の栗原《くりはら》で火葬され、「天下の火葬これより始まる」と記されています。

また、同書の大宝《たいほう》二年（七〇二）十二月条には、持《じ》統《とう》天皇が病のため崩御したのち、一年間の殯《もがり》期間を経て、火葬され、天武《てんむ》天皇の墓に合葬されたことが記録として残っています。火葬はこれを契機として、初めは都やその周辺に住む歴代天皇や貴族たちの間で普及していき、その後、地方豪族も行うようになったのです。

そして、『続日本後紀《しょくにほんこうき》』には、承和《じょうわ》七年（八四〇）に淳和《じゅんな》天皇が「葬儀に関する準備はすべて簡素にすべきである。そして、人の魂は死ぬと天に帰り、墳墓を長く放置すると鬼による災いが起こるので、死後は骨を砕いて粉にして山中に散布すべき」といった遺《い》詔《しょう》を残したことが記されています。

道昭以前の火葬

縄文・弥生時代の遺跡からは、焼けた人骨が出土することがあり、これを焼人骨《しょうじんこつ》と呼んでいます。発掘調査の成果をいくつか見ていくと、新潟県村上市にある上野《かみの》遺跡では、縄文時代後期の初め頃に属する焼けた人骨がまとまって確認されており、研究者の注目を集めています。

また、長崎県大村市の竹松《たけまつ》遺跡では、検出された穴とその周辺において、少なくとも未成年を含む三体分の焼かれた骨が細かく砕かれ、撒かれていたことがわかってきました。時代は弥生時代後期です。焼かれた骨の散布については、火がもつ浄化作用によって墓域を清浄にするために行われた祭祀儀礼だった可能性が推測されています。

古墳時代には、柱材で組んだ骨組みに粘土を覆った横穴式木芯《もくしん》室に遺体を納めて火葬し、そのまま埋葬する、いわゆるカマド塚と呼ばれるものがありました。こういった火葬を採用する墓制は、六世紀後半から七世紀初頭の近畿・東海地域に多く見られ、事例としては大阪府堺市の陶器千塚《とうきせんづか》古墳群などがあります。

横穴式木芯室での火葬は、須恵器窯《すえきがま》から発想を得ていることが想定されており、そこに埋葬されているのは須恵器生産に関わった人々だった可能性が高いと考えられています。また、仏教思想に基づく火葬であるのか否かは、研究者間で意見が分かれています。

新潟県上野遺跡出土の焼人骨拡大（新潟県教育委員会提供）

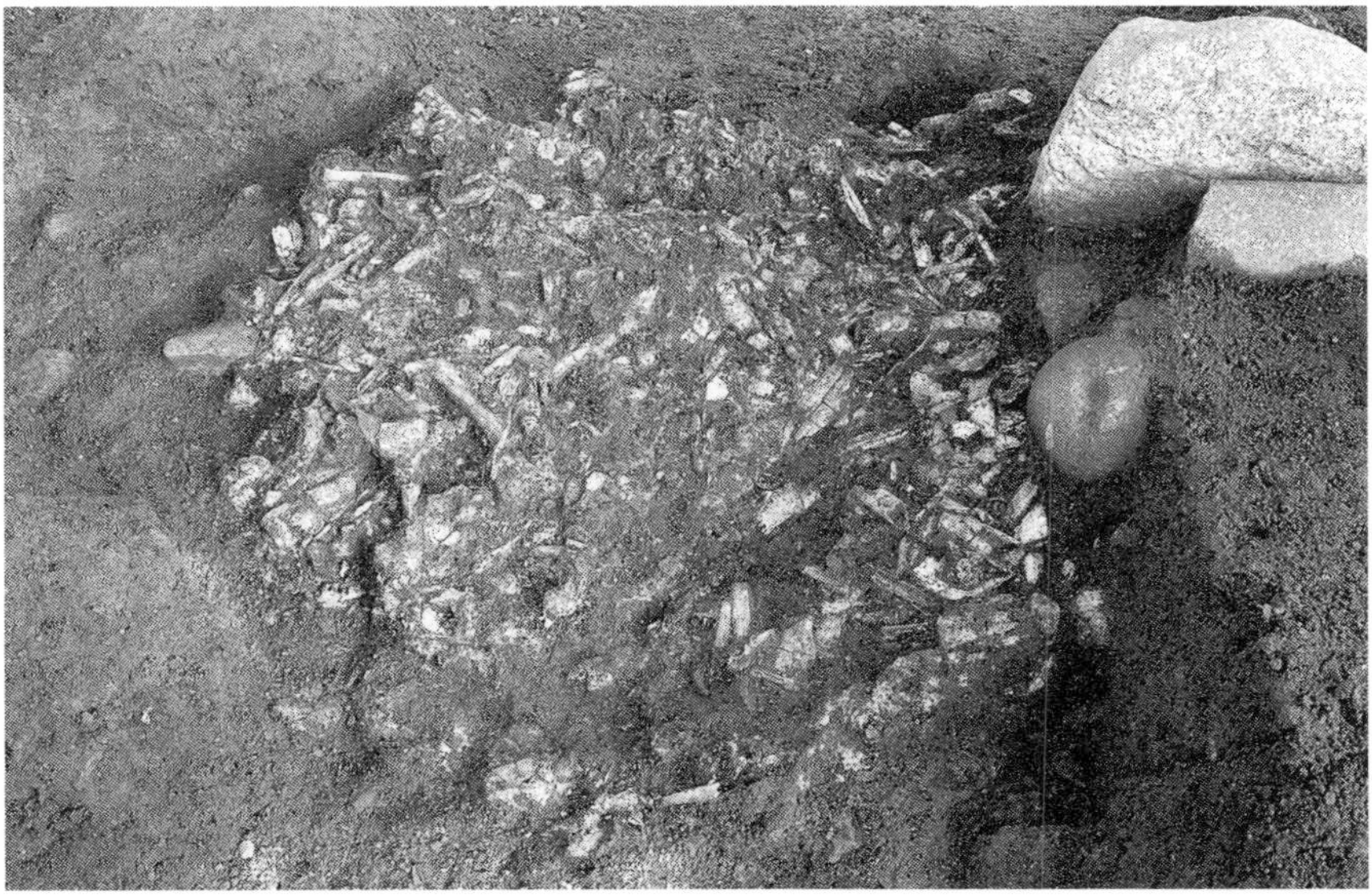
新潟県上野遺跡　焼人骨土坑全景（新潟県教育委員会提供）

IX

日本書紀に関わる人々

藤原不比等《ふじわらのふひと》

謎の幼少期

　藤原不比等は、鎌足《かまたり》の第二子として斉明《さいめい》五年（六五九）に生まれました。出生については、天智《てんじ》の皇胤《こういん》とする説がありますが、あまり信頼性のあるものとはされていません。

　幼少期には、田辺史大隅《たなべのふひとおおすみ》に養われていたとされ、「ふひと」の名前はそれに由来するものといわれています。十一歳の時に父鎌足が亡くなりました。天武《てんむ》元年（六七二）に起きた壬申《じんしん》の乱の時はまだ十四歳であり、不比等自身は事件には拘らなかったと思われますが、一族の中臣金《なかとみのかね》らが大友皇子《おおとものみこ》（天智の第一皇子）側についたため、不比等の出世が遅れたともいわれています。

　天武九年（六八〇）、蘇我連子《そがのむらじこ》の娘との間に長男の武智麻呂《むちまろ》が誕生し、さらに二男の房前《ふささき》、三男の宇合《うまかい》をもうけました。のちには、五百重娘《いおえのいらつめ》との間に四男である麻呂《まろ》が生まれました。これらの四人は、後にそれぞれ南家《なんけ》・北家《ほっけ》・式家《しきけ》・京家《きょうけ》の四家を起こし、藤原氏の繁栄の礎を築くことになるのです。

　天武朝において、不比等は鎌足の子としてそれなりの存在感はあったと思われますが、不思議と歴史の表面には姿を見せていません。表舞台に不比等が登場するのは、次の持統《じとう》朝になってからです。

不比等の登場と台頭

　持統三年（六八九）、不比等は判事に任ぜられました。これが正史に登場する初めですが、この時すでに直広肆《じきこうし》（従五位下に相当）であり、貴族となっています。持統の信任の篤さが窺われます。以後、文武・元明・元正といった歴代の天皇の信頼は変わることなく、不比等を政治の中央へと押し上げていくことになりました。

　娘の宮子《みやこ》は文武《もんむ》の夫人となって首皇子《おびとのみこ》（のちの聖武《しょうむ》）を産み、そのほかにも娘が長屋王《ながやおう》や橘諸兄《たちばなのもろえ》の妻になっており、さらには光明《こうみょう》皇后もいます。

　大宝《たいほう》元年（七〇一）、『大宝律令』が完成すると、副総裁としての功績から正三位大納言となりました。和《わ》銅《どう》元年（七〇八）に元明《げんめい》が即位すると右大臣となり、和銅三年（七一〇）には平城京への遷都を主導しました。養老《ようろう》元年（七一七）に左大臣だった石上麻呂《いそのかみのまろ》が亡くなると、政界の第一人者として政治を牛耳りました。そして、『養老律令』の編纂に努めるのです。『養老律令』は養老二年（七一八）の制定とされますが、この制定年については異論が多く出されています。

不比等は、養老四年（七二〇）八月に六十二歳で歿しました。死後、太政大臣・正一位を贈られ、のちに淡海公《たんかいこう》と称せられました。

不比等はこのように栄華を極めましたが、近年、『日本書紀』との関係が指摘されています。すなわち、『日本書紀』は養老四年五月に完成しており、不比等が存命中のことです。国家の大事業であるにもかかわらず、従来、不比等の関与はあまりいわれてきませんでした。しかし、『日本書紀』の完成期に不比等が介入しなかったとは考え難いのです。むしろ、編纂の中心にいたとするほうが妥当でしょう。例えば、蘇我氏の扱いです。蘇我氏は政治を独占し、誅殺された一族とされますが、その情報源は『日本書紀』に拠るところが大きいのです。藤原氏の正しさを強調するために、不比等によって『日本書紀』の内容に対して介入があったと考えることも十分に可能性があるでしょう。

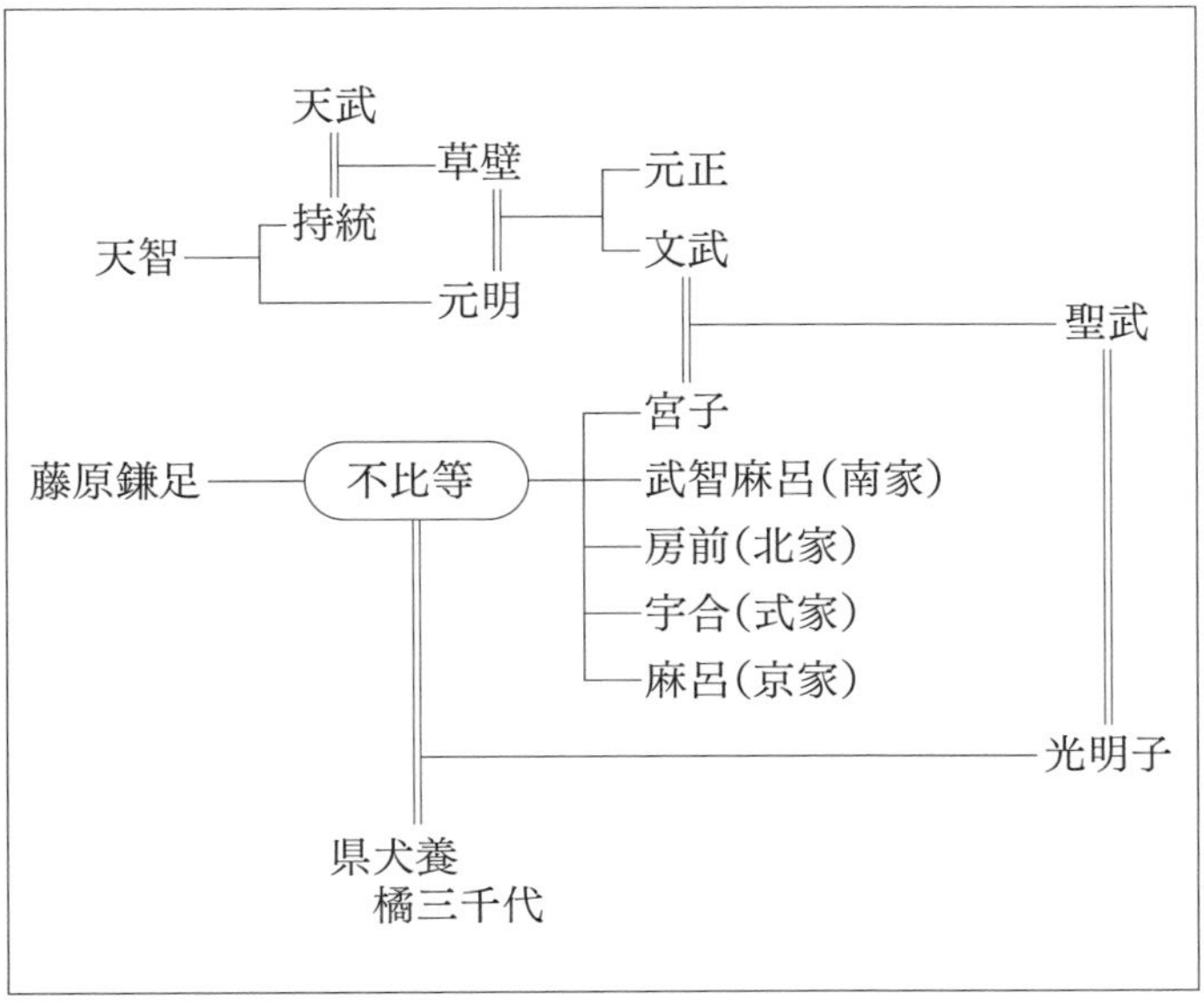

藤原不比等とその周辺

舎人親王《とねりしんのう》

『日本書紀』の奏上

舎人親王は、天武《てんむ》の皇子として天武五年（六七六）に誕生しました。母は天智《てんじ》の娘の新田部皇女《にいたべのひめみこ》です。子に大炊王《おおいおう》（のちの淳仁《じゅんにん》）がいます。

持統《じとう》九年（六九五）正月、浄広《じょうこう》弐の位に叙せられました。大宝《たいほう》元年（七〇一）の『大宝律令』の制定に伴う位階制度の改変によって二品《にほん》となり、その後、養老《ようろう》二年（七一八）正月に一品《いっぽん》に叙せられました。翌三年（七一九）には元正《げんしょう》の命を受けて、異母弟の二品新田部親王と共に皇太子の首皇子《おびとのみこ》（のちの聖武《しょうむ》）の補佐にあたりました。このことからもわかるように、舎人は新田部親王と共に皇親《こうしん》の中で長老的な存在になっていたと思われ、内舎人二人・大舎人四人・衛士《えじ》三十人を与えられ、さらに封八百戸を加えられて合計二千戸となりました。

養老四年（七二〇）五月、天武朝に端を発した『日本書紀』が奏上され、舎人は総裁として編纂者の筆頭に名を挙げられました。しかし、当時の実質的な政権担当者が藤原不比等《ふじわらのふひと》だったことなどを考えると、実際にどのくらい関わっていたかについては疑問も残ります。むしろ、名誉職としての総裁という色彩が強いとも指摘されています。奈良時代の前半は、不比等をはじめとする藤原氏と皇親勢力とが政権をめぐって事あるごとに対立していたと考えられ、『日本書紀』という最初の正史についても、どちらがリーダーシップをとるかについては綱引きがあったと考えられます。

『日本書紀』が奏上された養老四年八月に右大臣の不比等が亡くなると、舎人は知太政官事《ちだいじょうかんじ》に就任し、太政官の首班となりました。知太政官事は、八世紀前半に皇親側が藤原氏をはじめとする貴族の太政官政治を抑制するために置いた特殊な官職と考えられます。のち十世紀の初めにまとめられた『延喜式《えんぎしき》』にもその規定は見えるものの、任じられた時期は大宝三年から天平《てんぴょう》十七年（七四五）に限られます。知太政官事に就任した人物についても、舎人のほか、刑部《おさかべ》親王・穂積《ほづみ》親王・鈴鹿王《すずかおう》の四人のみで、いずれも皇親に限られています。

知太政官事となった舎人は、弟の新田部親王や兄の高市《たかいち》皇子の子である長屋王《ながやおう》と共に皇親政権を担ったと考えられます。

神亀《じんき》元年（七二四）、聖武の即位に際して封五百戸を加えられ、従来のものと合わせて二千五百戸になりました。しかし、藤原不比等の子である四子（武智麻呂《むちまろ》・房前《ふささき》・宇合《うまかい》・麻呂《まろ》）が台頭してくると、四子に沿った動きをするようになり、四子政権の成立に協力する姿勢を見せました。

例えば、神亀六年（七二九）二月に長屋王の変が起きると、長屋王を糾問する立場になり、さらに同年八月には光明子《こうみょうし》の立后《りっこう》の勅を宣《の》べている。また、天平《てんぴょう》三年（七三一）八月、政務を行う上で公卿らが不足しているとして人材の登用を推薦する勅を宣べており、これによって藤原宇合・麻呂ら六名が新たに参議に就任し、結果的にはこれで藤原四子は全員、議政官《ぎじょうかん》になることになりました。

天平七年（七三五）九月、新田部親王が亡くなると、聖武の命で親王の邸宅へ赴き、弔意を述べています。そのわずか一ヶ月半後の十一月十四日、舎人自身も亡くなり、即日、太政大臣を贈られました。

天平宝字《てんぴょうほうじ》二年（七五六）に七番目の子である大炊王が即位して淳仁になると、翌三年（七五七）、崇道尽《すどうじん》敬皇帝《きょうこうてい》と追号されました。

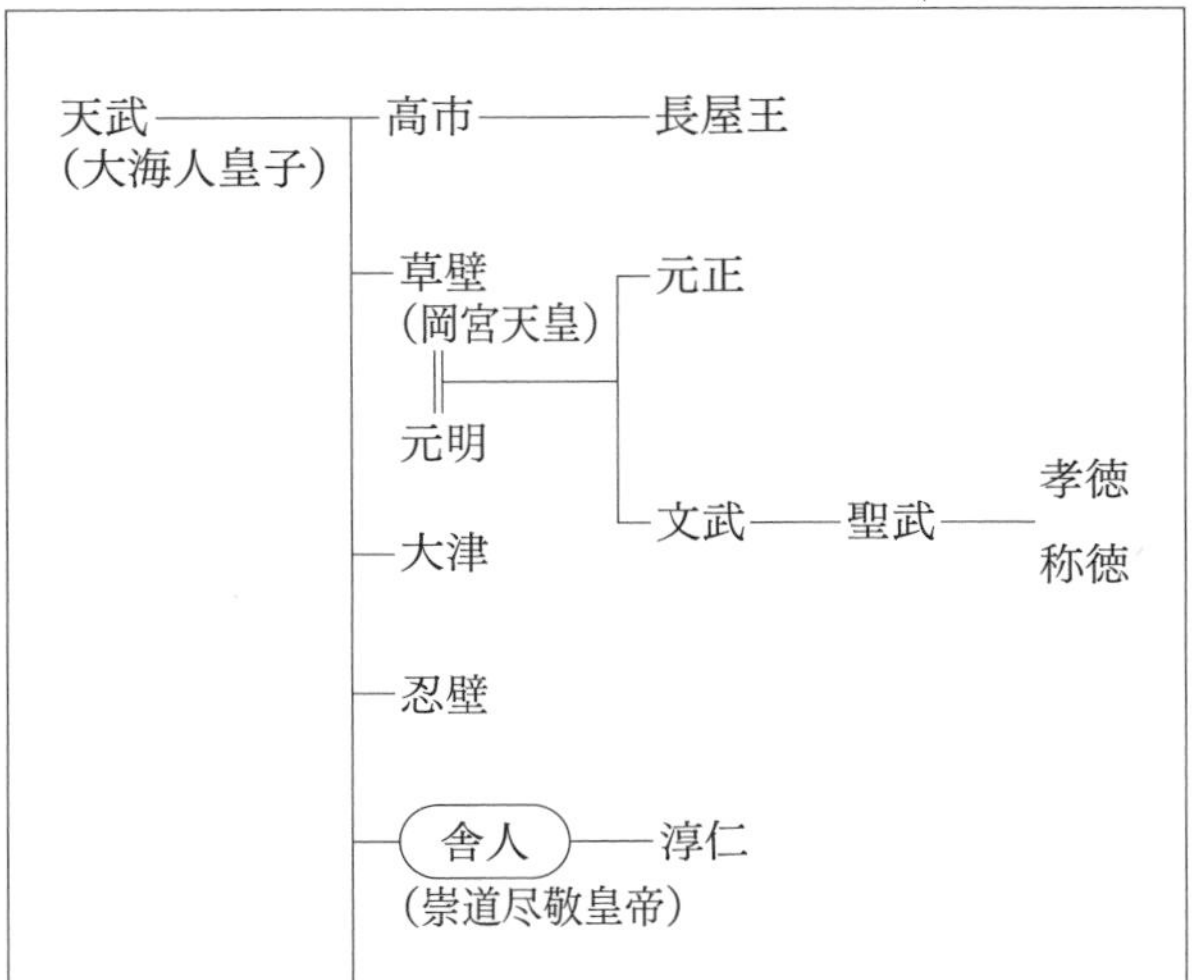

舎人親王関係略系図

元正《げんしょう》

複雑な系譜

元正は天武《てんむ》の孫で、天武九年（六八〇）に誕生しましたが、同時に天智《てんじ》の孫でもあります。すなわち、天智の娘である元明《げんめい》と天武の子である草壁皇子《くさかべのみこ》との間にできた娘が元正なのです。和銅《わどう》八年（七一五）に母の元明から皇位を譲られますが、この時の理由は皇太子の首《おびと》（のちの聖武《しょうむ》）が幼弱のためということでした。女性の天皇が二代続くことになったのです。

女性天皇については、かつては男性天皇の間にあって中継ぎ的な役割を担う存在とされてきました。しかし近年は、女性天皇にも経済力や発言力を持つ者もおり、すべての女性天皇を中継ぎ天皇としてひとくくりにすることはできないと指摘されるようになってきています。しかし、元正の場合は中継ぎ的な要素が強いといってよいでしょう。

元正の治世

和銅八年（七一五）に即位した元正は九年にわたって在位しますが、その大部分は藤原不比等《ふじわらのふひと》が政権を掌握していた時代です。したがって、『日本書紀』が成立した養老四年（七二〇）もその時代の中にあることから、編纂に関しては不比等の介入があったといわれているのです。

元正の時代の主な出来事を見てみると、まず、養老二年（七一八）に不比等らによって『養老律令《ようろうりつりょう》』が編纂されています。元正が統治した九年間は、『大宝《たいほう》律令』を基本とする律令制の矛盾が表面化した時期とされ、それをいかに改善するかという問題に迫られていました。したがって、『養老律令』の編纂は急務でしたが、その実施は天平宝字《てんぴょうほうじ》元年（七五七）の孝謙《こうけん》の時代まで三十九年間も待たなければなりませんでした。

元正の統治下を具体的に見ると、飢饉に襲われており、そのための賑恤《しんじゅつ》や調《ちょう》・庸《よう》の改制などが行われています。そのような中の養老四年（七二〇）五月に舎人《とねり》親王《しんのう》や不比等らによって『日本書紀』が撰上されたのです。この年の政治状況は、二月に隼人《はやと》の乱が起こり、九月には蝦夷《えみし》の乱が起こるという慌ただしさで、それぞれの鎮圧のために兵を派遣しなければなりませんでした。そうした中で九月に不比等が歿します。

元正は、不比等亡きあと、養老五年（七二一）正月に皇親の代表である長屋王《ながやおう》を右大臣とし、さらに十月には不比等の子の房前《ふささき》を内臣《うちつおみ》に起用して政治を行いますが、十二月には母の元明太上《げんめいだいじょう》天皇が亡くなっています。

政治は長屋王の主導のもとに行われ、特に、土地制度に変化が見られました。養老六年（七二二）の百万町歩開墾計画がそれであり、当時、荒廃田の増加や人口増加などによる口分田《くぶんでん》不足の解消を目指しましたが、うまくいきませんでした。そこで、翌七年（七二三）には、三世一身《さんぜいっしん》の法を出すに至りました。この法令は、新たに土地を開いた場合には三代にわたって、また荒廃田を再開発した場合は一代に限り、それぞれ私有を認めるというものであり、公地公民を原則とした律令制を大きく揺るがすものでした。

その後、養老八年（七二四）二月に皇太子だった聖武に譲位し、太上天皇となった元正は、天平二十年（七四八）四月に六十九歳で崩御しました。

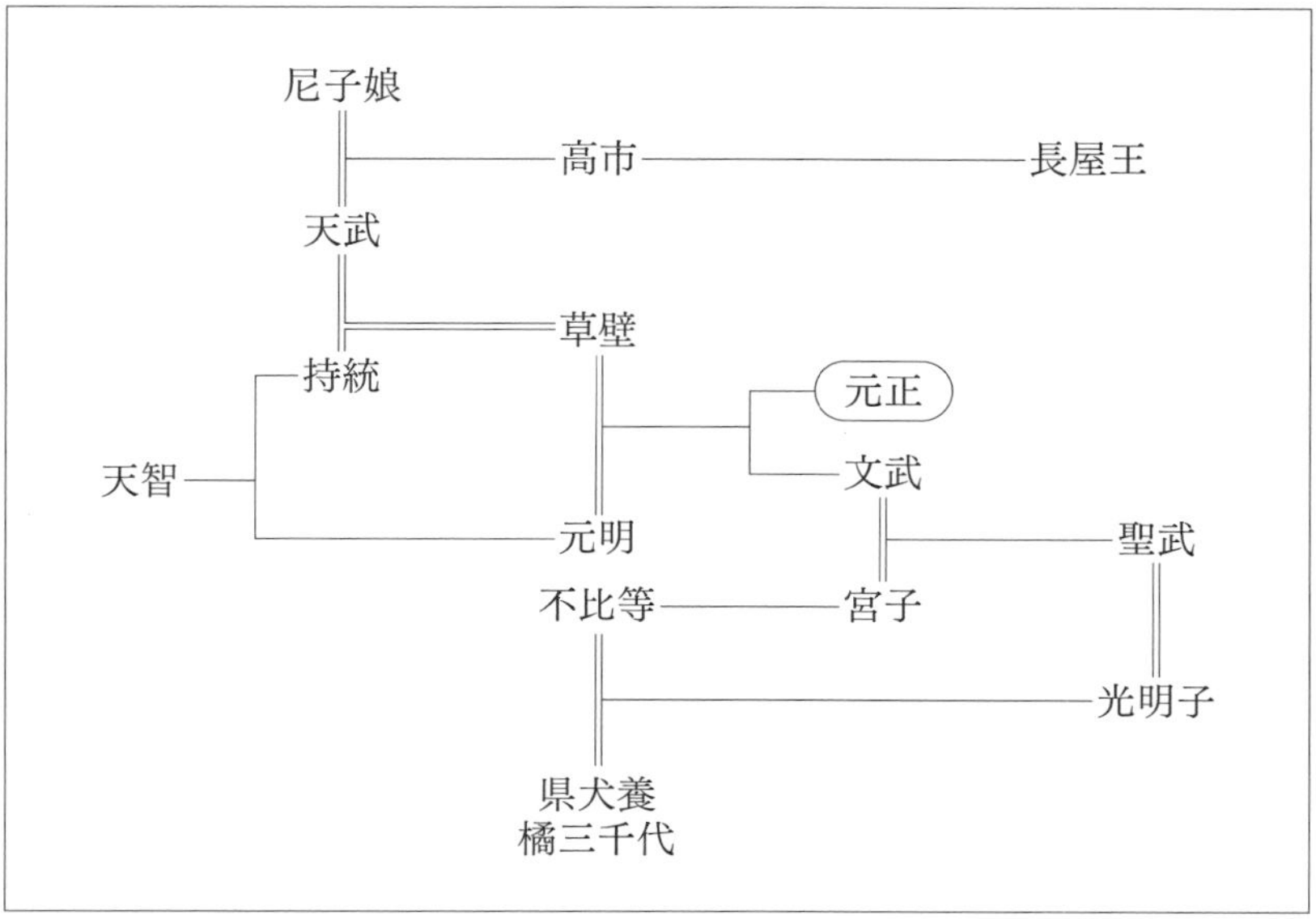

元正天皇とその周辺

X

日本書紀と考古学

荒神谷《こうじんだに》遺跡《いせき》・加茂岩倉《かもいわくら》遺跡《いせき》

荒神谷遺跡――大量の青銅器が埋納された遺跡

この遺跡は、島根県出雲市斐川《ひかわ》町神庭《かんば》にある弥生青《やよいせい》銅器《どうき》埋納《まいのう》遺跡です。昭和五十九年（一九八四）に実施された発掘調査によって、出雲平野の東南端にある丘陵斜面の中腹から三百五十八本という大量の銅剣《どうけん》が確認されました。

さらに、翌六十年（一九八五）には銅剣が出土した地点から約七メートル東へいった場所から銅鐸《どうたく》六個と銅矛《どうほこ》十六本が見つかり、三種類の青銅器が一括埋納された初めての事例として、研究者の注目を集めました。なぜなら、この遺跡の発見によって、銅鐸は近畿地方、平形《ひらがた》銅剣が瀬戸内海沿岸中部、銅矛・銅戈は北部九州に分布が集中するといった、いわゆる青銅器分布論への再検討が必要となったからです。

この銅剣の大量出土によって、それまで三百本程度だった日本の銅剣総出土数が倍以上になり、その結果、青銅器研究が大きく進展しました。出土した銅剣については、すべて弥生時代中期から後期にかけて造られたものであること、そして、それらが中細形C類という類型に分類されることが指摘されています。

加茂岩倉遺跡――一ヶ所から出土した銅鐸数最多の遺跡

この遺跡は、島根県雲南市を流れる岩倉川の最上流にある丘陵斜面に立地し、荒神谷遺跡から見て東南約三キロの位置にあります。付近には景初《けいしょ》三年の紀年銘を持つ銅鏡《どうきょう》が出土した神原《かんばら》神社古墳があります。平成八年（一九九六）に実施された農道整備の際に偶然発見されたあと、二年かけて発掘調査が行われました。

調査の結果、国内最多の出土数となる三十九個の銅鐸が埋納されていることが明らかとなりました。出土状況は、農道を整備するために重機で丘陵斜面を削っていたことが影響して、吊り手部分などが欠損した銅鐸も見られましたが、いくつかは完全な形で残っていました。それらを観察していくと、大きい銅鐸の中に小さな銅鐸が入っている入れ子状態のものや、銅鐸の両側面にある鰭《ひれ》の部分を立てた状態で埋納されたものが確認されています。出土した銅鐸の中には、ウミガメや人の顔が描かれているものもあり、いずれも弥生時代中期に造られたものと考えられています。

また、確認された三十九個の内、三個が同じ鋳型で造られたこと、さらに、他県で出土した銅鐸と同笵《どうはん》（鋳造に同じ鋳型を用いている）関係のものも見られることがわかってきたため、鋳造地に関する議論が活発になされています。

大量埋納の意味

武器などの実用の道具として大陸から日本列島へ入ってきた青銅器は、徐々に祭祀の道具として使用されることに重きが置かれていきました。その内、銅剣と銅矛は悪霊を払い、銅鐸は神を招くカネだったと考えられています。また、弥生時代の銅剣と『日本書紀』に出てくる三種の宝物の一つである草薙剣《くさなぎのつるぎ》との関連性が推測される場合はあるものの、両者の繋がりを示す明確な根拠は未だ提示されていません。

話を戻しますが、青銅器は弥生時代前期から後期へと移りゆく中で大型化する傾向が見られ、銅鐸は実際に鳴らす「聞く銅鐸」から、鳴らさず遠くから仰ぎ見る「見る銅鐸」へと変わっていくことはよくいわれています。

この青銅器を大量に埋めることは何を意味するのでしょうか。この問題については、様々な説が出されています。例えば、通常は地中に保管し、祭りの時のみ取り出す地中保管説や、当時貴重だった青銅器を地中へ大量に納めることで神の加護を得ようとする青銅器供献説、そして、単に不要となったから埋めたという廃棄説などがあります。しかし、大量の青銅器を何のために埋めたのか、についての明確な答えは出ていません。

二つの遺跡を繋ぐもの

荒神谷遺跡から出土した三百五十八本の銅剣の内、三百四十四本において、柄を差し込む茎《なかご》の部分に「×」印の刻線が確認されています。また、加茂岩倉遺跡の銅鐸十四個にも同様な印があります。この

「×」印は、荒神谷遺跡と加茂岩倉遺跡の青銅器に限って見られる特徴です。このことから、両遺跡で確認された青銅器の一部が埋納されるまでのある時期、同じ集団・場所で管理されていたことが推測されています。すなわち、銅剣は荒神谷遺跡へ、銅鐸は加茂岩倉遺跡へ分配した結果なのかもしれません。

また、「×」印は誰に付けられたのか、青銅器を鋳造した工人、はたまた祭祀の担い手か、さらに印を付ける意味は何だったのか、鋳造完了の印もしくは何かを封じ込めた合図なのか、未だ不明な点は多いです。

荒神谷遺跡　銅剣出土状況
（島根県古代文化センター提供）

（上）荒神谷遺跡　銅剣に記された×印
（右）荒神谷遺跡　銅鐸・銅矛出土状況
（ともに島根県古代文化センター提供）

加茂岩倉遺跡　発見時の銅鐸（島根県埋蔵文化財調査センター提供）

加茂岩倉遺跡出土銅鐸の鈕に記された×印

加茂岩倉遺跡　銅鐸の出土状況
（ともに島根県埋蔵文化財調査センター提供）

景初三年銘銅鏡《けいしょさんねんめいどうきょう》

卑弥呼《ひみこ》が賜った百枚の銅鏡

「魏志倭人伝《ぎしわじんでん》」には、景初三年（二三九）、鬼道《きどう》（呪術）を得意とした邪馬台国《やまたいこく》女王の卑弥呼が大夫難升米《たいふなしめ》らを魏に送り、明帝《めいてい》からの冊封《さくほう》を受け、「親魏倭王」の金印紫綬《しじゅ》と「銅鏡百枚」などを賜ったことが記されています。

この卑弥呼が使者を送った年、景初三年の年号を持つ銅鏡が二枚確認されています。一つは大阪府和泉市の黄金塚《こがねづか》古墳の画文帯神獣鏡《がもんたいしんじゅうきょう》であり、もう一つは島根県雲南市の神原《かんばら》神社古墳の三角縁神獣鏡《さんかくぶちしんじゅうきょう》です。特に後者の三角縁神獣鏡については、卑弥呼に下賜《かし》された銅鏡にあたるといった説が出されています。

そして、畿内を中心とした有力な古墳に三角縁神獣鏡が盛んに副葬されたこと、加えて、京都府木津川市の椿井大塚山《つばいおおつかやま》古墳から当時最多となる三十二面の三角縁神獣鏡が出土し、その鏡と同じ鋳型で造られた鏡が各地の古墳に副葬されていたことが明らかになると、畿内の有力者のもとに卑弥呼が一括して賜った鏡が伝承され、それを分配することで各地の豪族との繋がりを強められ、ヤマト政権が円滑に展開していったと考えられているのです。

三角縁神獣鏡を卑弥呼が賜った鏡とする問題点

しかし、三角縁神獣鏡と卑弥呼が得た銅鏡とを同一視する考えには、いくつか問題点が指摘されています。まず、三角縁神獣鏡が中国では一面も発見されていないことです。これについては、下賜《かし》用の特注品だったためや、中国南部の呉《ご》の工人が渡来して鋳造したためなど、様々な考えが出されていますが、結論には至っていません。

また、卑弥呼が使者を送った翌年にあたる「景初四年」の銘が入った三角縁神獣鏡が、京都府広峯《ひろみね》一五号墳（福知山市）などで確認されていることも問題視されています。なぜなら、その年は改元で正始《せいし》元年となっており、景初四年が実在しない年号となっていたからです。

　これについては、渡来した呉の工人が改元したことを知らなかったとする考えで解決できそうですが、実はそう単純な話ではありません。なぜなら、「景初」が魏の年号であることから、呉の工人がなぜ自国の年号を使わなかったのか、という疑問がすでに指摘されているからです。

　このように見ていくと、三角縁神獣鏡を卑弥呼が下賜された銅鏡とする議論は、まだしばらくは続きそうです。

神原神社古墳　景初三年銘三角縁神獣鏡と景初三年銘部分の拡大
（島根県・雲南市教育委員会提供）

椿井大塚山古墳の三角縁神獣鏡の出土状況
（京都府・木津川市教育委員会提供）

七支刀《しちしとう》

石上神宮《いそのかみじんぐう》に伝世する社宝

　奈良県天理市の布留《ふる》に鎮座する石上神宮には、特異な形態の有銘鉄剣が伝わっています。鍛造《たんぞう》された両刃の両側からは、左右交互に三本の枝刀を出し、中央の切っ先と合わせて七枝となることから七支刀と呼ばれています。全長は七十四・九センチを測り、目釘穴《めくぎあな》がなく、茎《なかご》の部分が短いという特徴を持っています。

　刀身の表裏両面には、計六十一文字の金象嵌《きんぞうがん》の銘文《めいぶん》が刻まれています。文字の欠落などですべては判読できませんが、表面には製作年や品名、吉祥句《きっしょうく》、作者名、裏面にはそれが誰と誰の間でどのような目的で受け渡されたのか、について記されています。

　その内、製作年である泰和《たいわ》四年については、中国東《とう》晋《しん》の太和《たいわ》四年（三六九）と解釈するのが通説となっていますが、議論は継続して行われています。もし、三六九年とした場合、それは倭《わ》の五王《ごおう》が活躍する前の時代にあたります。

　裏面の銘文については、百済王《くだらおう》から倭王に献上されたものとするのか、はたまた倭王へ下賜《かし》されたものと解釈すべきかで、意見が分かれています。また、銘文が百済王（上）から倭王（下）に向けて命令的文書の形式になっていることが指摘されており、釈文する際の一つの手掛かりとなるでしょう。

『日本書紀』に記された七枝刀《ななつさやのたち》

　石上神宮に伝わる七支刀が、『日本書紀』の記事を裏づける遺物と考えられています。なぜなら、『日本書紀』神功皇后摂政《じんぐうこうごうせっしょう》五十二年九月の条には、百済から七枝刀一振、七子鏡《ななつこのかがみ》一面など、様々な重宝を献《たてまつ》ったと記されており、この七枝刀が石上神宮の七支刀にあたると推測されているからです。

　しかし、『日本書紀』の記事には「献る」とある一方で、七支刀の銘文には献上を意味する文言が見られません。すなわち、『日本書紀』の記事と七支刀の銘文との間には、倭国と百済との関係性について矛盾が見られることになるのです。

このように、七支刀をめぐっては多くの問題が未だ解決されていないのが現状です。いずれにしても、七支刀が初期の日朝関係史を明らかにする上で重要な情報を提供してくれるのは間違いありません。

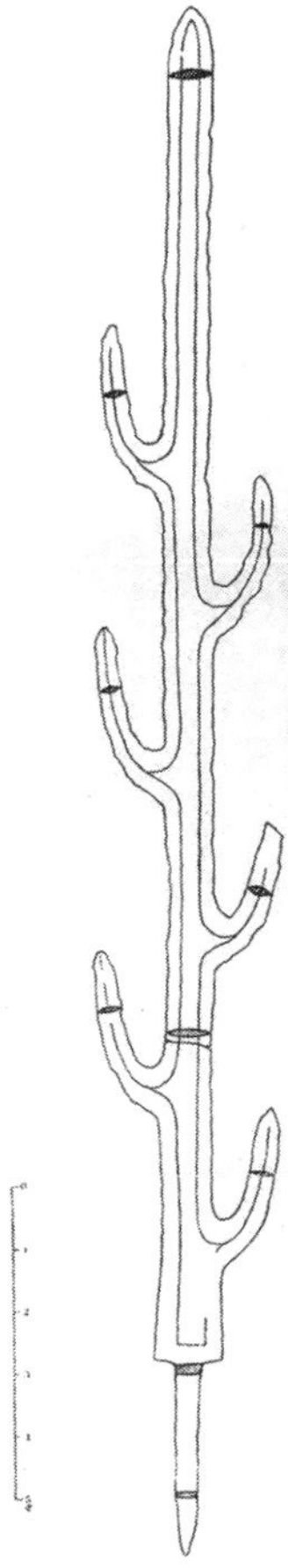

七支刀の実測図『石上神宮宝物誌』（石上神宮編、昭和五年、国立国会図書館蔵）

七支刀　表面（石上神宮提供）

隅田《すだ》八幡宮《はちまんぐう》銅鏡《どうきょう》

銘文が刻まれた人物画象鏡

和歌山県橋本市に在る隅田八幡宮には、古くから銅鏡が所蔵されています。この鏡は、天保《てんぽう》八年（一八三七）に出された紀伊《きい》国の地誌書である『紀伊国名所図《きいのくにめいしょず》会《え》』や、同十年（一八三九）に和歌山《わかやま》藩によって編纂された『紀伊続風土記《きいぞくふどき》』の中で紹介されています。

鏡の径は十九・九センチを測り、背面の内区には騎《き》馬《ば》・歌舞《うたまい》の人物、外区には四十八文字で構成された銘文が施されており、その特徴から隅田八幡宮人物画象鏡などと呼ばれています。

この鏡は仿製《ぼうせい》鏡、すなわち中国製の画像鏡を手本にして造った日本製の銅鏡であることが考えられており、中国鏡には見られない半円方形帯が鏡背面に確認できます。また、表面に赤色顔料の付着が確認できることから、紀ノ川《きのかわ》流域の古墳に副葬されていたものだった可能性が指摘されており、その古墳は橋本市妻《つま》にあった妻古墳と推測されています。

四十八文字から成る銘文については、歴史学や国語学において注目されており、多くの研究者がその内容について検討しています。

銘文から読み取れること

左回りに配置された銘文を見ていくと、まず冒頭の「癸未年《みずのとひつじ》」が西暦のどの年のことを指すのか意見が分かれています。癸未年が六十年ごとにくる干支年であることを踏まえて、三八三年・六二三年といった説も出されてはいますが、四四三年と五〇三年のいずれかとする説が有力です。また、銘文の中に出てくる「大王《おおきみ》」についても允恭《いんぎょう》天皇・継体《けいたい》天皇をはじめとして、応神《おうじん》天皇や仁賢《にんけん》天皇など諸説あります。

銘文にある「意柴沙加《おしさか》」や「開中《かわち》」は地名と考えられており、前者は『日本書紀』に出てくる忍坂《おしさか》にあたるとされ、それは現在の奈良県桜井市の忍坂だったことが推測されています。また、これらの地名が漢字の音《おん》を使って日本語として表記されていること、言い換えるならば、漢字がのちの万葉《まんよう》仮名《がな》のように使用されていることが指摘されています。

銘文の中に登場する「斯麻《しま》」は、この鏡を造った人物とされます。ただし、この点に関しては、鋳造は大王が管理する官営工房で行われ、銘文上は臣下《しんか》が造ったように記したものであった可能性が推測されています。つまり、隅田八幡宮の銅鏡は、大王から服属者へ下賜《かし》されたものと考えられているのです。

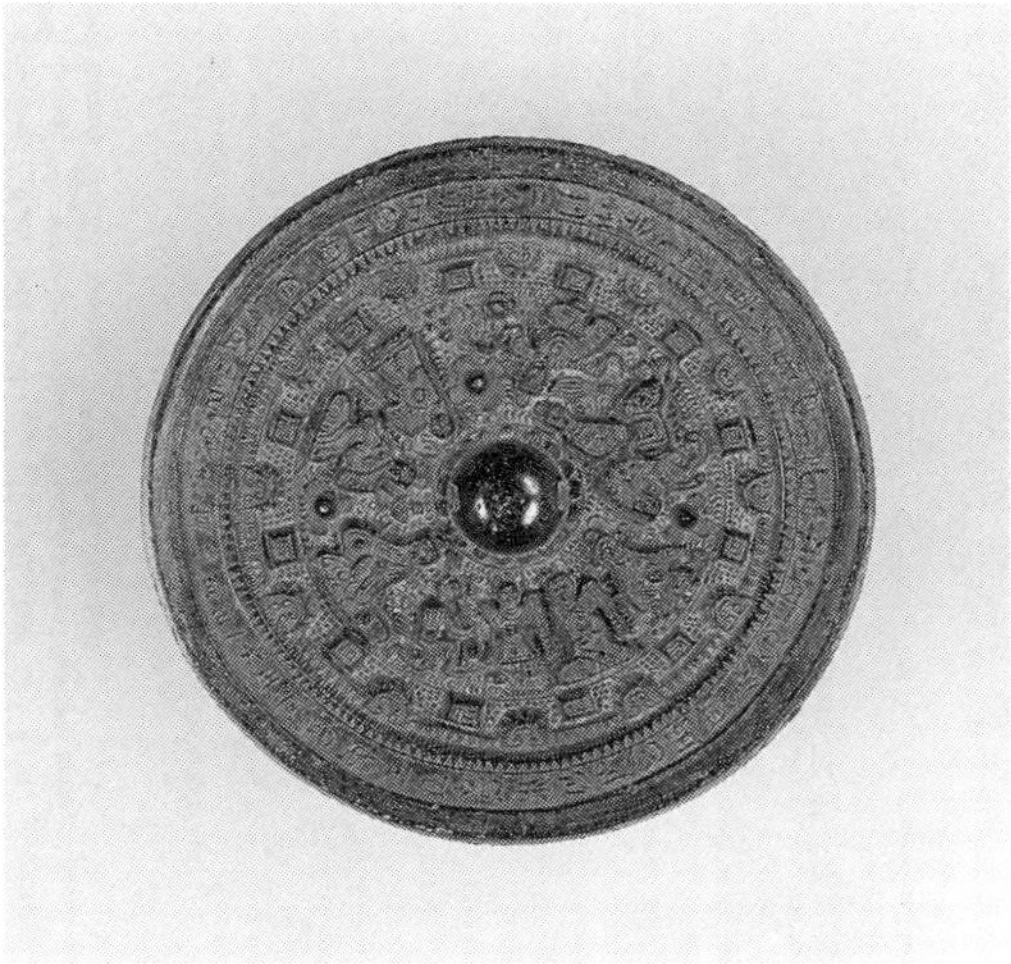

人物画象鏡
（隅田八幡神社蔵、東京国立博物館提供）

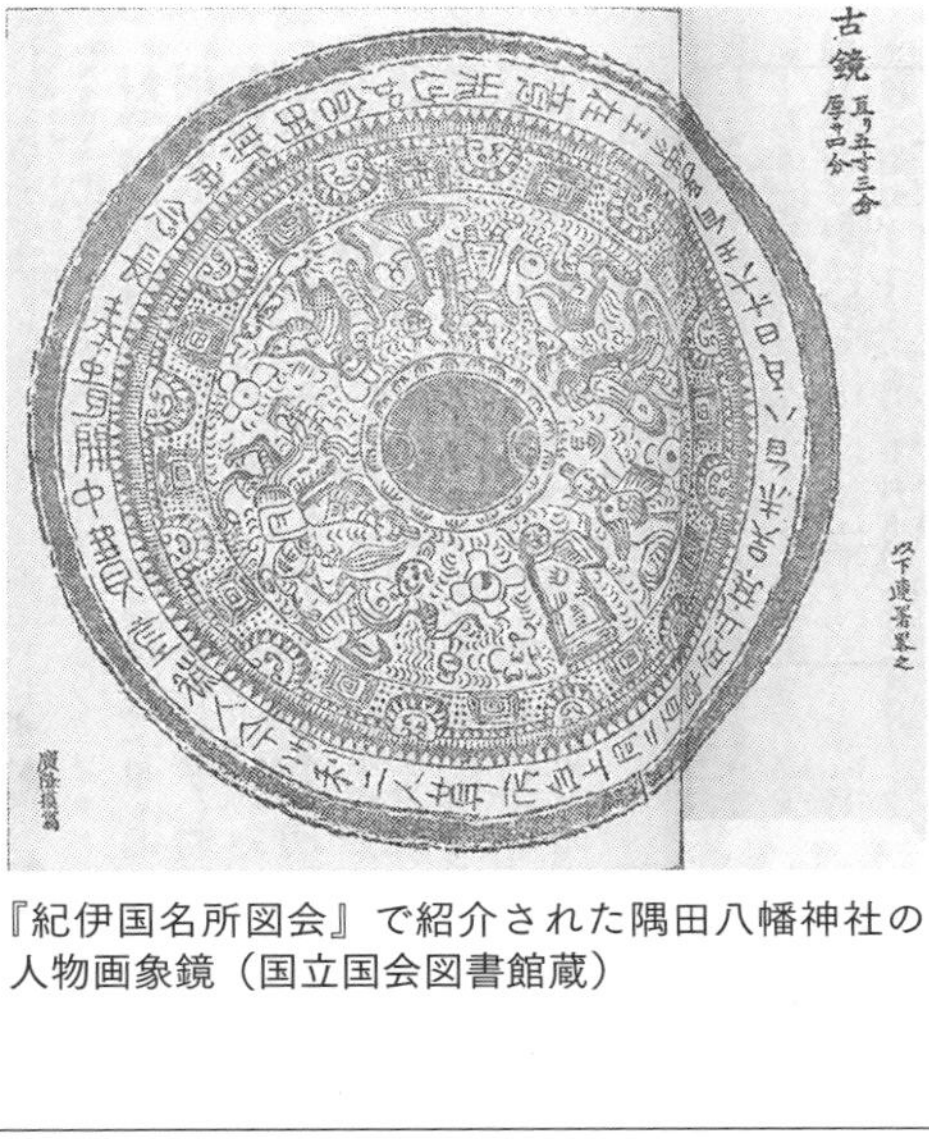

『紀伊国名所図会』で紹介された隅田八幡神社の人物画象鏡（国立国会図書館蔵）

人物画象鏡背面の拡大（部分）
（隅田八幡神社蔵、東京国立博物館提供）

江田船山古墳出土大刀《えたふなやまこふんしゅつどたち》

国宝九十二件が眠る古墳

熊本県玉名《たまな》郡和水《なごみ》町にある清原《せいばる》台地には、虚空蔵塚《こくぞうづか》古墳や塚坊主《つかぼうず》古墳といった複数の古墳が形成されており、それらを総称して清原古墳群と呼んでいます。そして、この台地のほぼ中央に江田船山古墳があります。三段築成の墳丘は、長さ六十六・八メートル、後円部直径四十六・五メートル、前方部幅四十五メートル、高さ約七メートル前後を測る前方後円墳です。左右のくびれ付近には造出し部があり、その内の右造出し部では須恵器《すえき》・形象埴輪《けいしょうはにわ》などがまとまって出土していることから、祭祀場だったことが推測されています。また、周りには溝をめぐらし、円筒埴輪が樹立していたこともわかっています。

埋葬施設は、後円部のほぼ中央付近から検出されており、阿蘇凝灰岩《あそぎょうかいがん》製の切り石を組み合わせて構築した横口式石棺式石室です。出土品には、神人車馬画像《しんじんしゃばがぞう》鏡《きょう》・画文帯神獣鏡《がもんたいしんじゅうきょう》などの銅鏡、銀象嵌銘大刀・竜《りゅう》文素環頭《もんそかんとう》大刀などの刀剣類、金製長鎖三連式耳飾・金製心葉形垂飾《しんようがたすいしょく》付耳飾などの耳飾り、狭帯式《きょうたい》金銅製冠・金銅龍文透彫冠帽《すかしぼりかんぼう》などの冠帽、金銅飾履《しょくり》、鉄衝《しょう》角付冑《かくつきかぶと》などの甲冑類、轡《くつわ》・鐙《あぶみ》などの馬具類、ヒスイ製・ガラス製勾玉《まがたま》などの玉類といった多種多様な副葬品が確認されました。

その他にも、朝鮮半島からもたらされた陶質土器やヤマト政権が管理した陶邑《すえむら》窯跡群の須恵器《すえき》が出土しており、築造年代は五世紀後半頃と考えられています。

銀象嵌銘が施された大刀

銘文が確認された大刀は、現存長九十一センチ、刃幅四センチ、棟厚〇・八センチ、現重量一千九百七十五グラムを測り、切先先端と茎《なかご》部の大半が欠失しています。大刀の表面には馬などの銀象嵌文様が確認でき、その背面にも魚と鳥の姿が象嵌されています。また、銘文は棟《むね》部に見られ、七十五文字が小さく一行に銀で象嵌されていました。このことから、日本における最古の漢字使用例の一つとして知られています。銘文冒頭にある「獲□□□鹵大王」については、埼玉県行田《ぎょうだ》市の稲荷山《いなりやま》古墳の鉄剣銘にある「獲加多支鹵大王」と同一人物であり、すなわち、それは雄略《ゆうりゃく》天皇のことを指しているとする考えが有力です。

この発見された大刀は、稲荷山古墳の鉄剣と合わせて述べるならば、五世紀後半においてヤマト政権が東から西までその勢力を及ぼしていたことを示す重要な資料といえるでしょう。

大刀全体と魚・鳥の象嵌

馬の銀象嵌文様

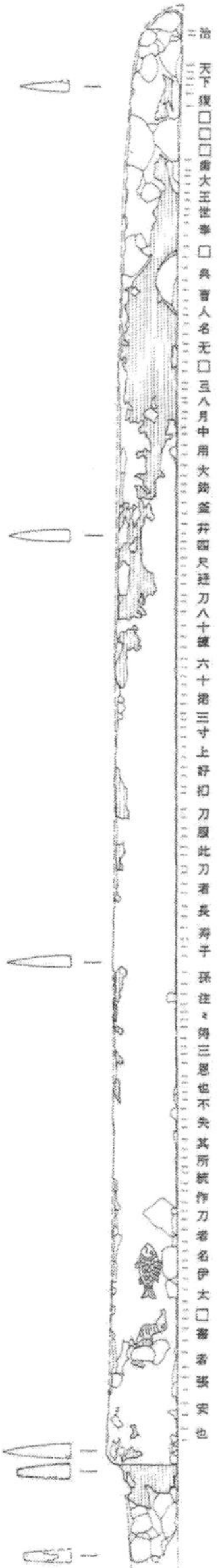
実測図

銘文冒頭の拡大

（すべて『菊水町史　江田船山古墳編』和泉町発行、平成19年より）

稲荷山古墳出土鉄剣《いなりやまこふんしゅつどてっけん》

武蔵地域の首長墓・埼玉《さきたま》古墳群

埼玉県行田《ぎょうだ》市にある埼玉古墳群は、関東平野のほぼ中央、利根川と荒川とに挟まれた標高二十メートル弱の低台地に形成されています。この古墳群については、天正十八年（一五九〇）の石田三成《いしだみつなり》の水攻めで有名となった忍城《おしじょう》の様子と共に『新編武蔵風土記稿《しんぺんむさしふどきこう》』に記載があり、江戸時代から知られていたことがわかります。

当初は前方後円墳十基と円墳三十六基によって構成されていましたが、今は全長百三十五メートルの二子《ふたご》山《やま》古墳を含む前方後円墳八基と、浅間塚《せんげんづか》古墳と丸墓山《まるはかやま》古墳の円墳二基のみ現存します。これらは五世紀から七世紀前半にかけて、武蔵地域に君臨していた首長たちの墓だったと考えられています。

特筆すべき古墳を挙げると、まず二子山古墳は六世紀初頭に築造された武蔵地域で最大の規模を誇る古墳です。また、丸墓山古墳は墳丘径が百二メートルを測り、その規模は日本最大級です。埋葬施設は未調査ではあるものの、葺石《ふきいし》や埴輪《はにわ》は確認されており、六世紀前半に築造されたものと考えられています。

そして、将軍山《しょうぐんやま》古墳の埋葬施設からは環頭《かんとう》大刀・銀装大刀・衝角付冑《しょうかくつきかぶと》・銅鋺《どうわん》・馬冑《ばちゅう》・蛇行状鉄器《だこうじょうてっき》が出土しました。蛇行状鉄器は、鞍《くら》に旗竿をつけるための金具であり、その出土は全国的に見て珍しいものです。築造年代は、六世紀後半頃とされます。

国宝・鉄剣を持つ稲荷山古墳

稲荷山古墳は、その古墳群の中の一基です。墳丘は全長百二十メートル、高さ十一・七メートルの前方後円墳で、築造年代は五世紀末頃と考えられています。昭和四十三年（一九六八）に実施された発掘調査によって、二つの埋葬施設が確認されました。

一つは盗掘《とうくつ》を受けており、それほど状態は良くありませんでしたが、もう一つの埋葬施設からは画文帯環《かん》状乳《じょうにゅう》神獣鏡・鉄剣・挂甲小札《けいこうこざね》・F字形鏡板付轡《くつわ》や鈴杏葉《すずぎょうよう》といった馬具など、多くの副葬品が見つかりました。そして、確認された鉄剣の一本から金象嵌銘《きんぞうがんめい》文《ぶん》が発見されて大きな話題となり、昭和五十八年（一九八三）、埋葬施設で確認された出土遺物は、一括して国宝に指定されました。

　また、造出《つくりだ》し部からは須恵器坏《すえきつき》・高坏《たかつき》・有蓋脚付《ゆうがいきゃくつき》短頸壺《たんけいこ》や土師器《はじき》坏・高坏などが出土しており、古墳の年代を検討する手掛かりとして重視されています。

銘文から読み取れること

　銘文は長さ七十三・五センチ、身幅三・一五センチを測る鉄剣の表裏に百十五文字確認できます。

　まず、銘文冒頭の「辛亥《しんがい》年」については、四七一年と五三一年の二つの説がありますが、前者が有力視されています。

　そして、銘文の約半分を使い、「乎獲居臣《おわけのおみ》」の系譜やその一族が「杖刀人《じょうとうじん》の首《おびと》」となって朝廷に仕えていたこと、さらには乎獲居臣が「獲加多支鹵大王《わかたけるのおおきみ》」に近侍していたことなどが記されています。

　その内、乎獲居臣からの系譜的繋がりで登場する「意富比垝《オホヒコ》」は、『日本書紀』の崇神《すじん》十年秋七月条に見られる四道将軍《しどうしょうぐん》の一人として北陸に派遣された「大彦命《おほびこのみこと》」にあたると考えられています。大彦命は開《かい》化《か》天皇の兄であり、崇神天皇の全国平定のために遣わされた人物とされます。

　また、乎獲居臣が近くで仕えた獲加多支鹵大王については、雄略《ゆうりゃく》天皇とするのが通説となっています。

　この銘文を踏まえて、五世紀末頃にはヤマト政権の支配が東国にまで及んでいた可能性が推測されています。

埼玉古墳群の保存と整備

　現在、埼玉古墳群は国史跡に指定され、「さきたま風土記の丘」として保存・整備されています。敷地内には、古墳公園や博物館も設置されています。

　公園では、九基の古墳がそれぞれ遊歩道によって結ばれており、将軍山古墳では出土した円筒埴輪や朝顔型埴輪のレプリカが並べられています。また、後円部の下に設置された地下展示室では、当時の埋葬状況が復元されています。

　埼玉県立さきたま史跡の博物館では、埼玉古墳群から出土した遺物が展示されています。国宝展示室と銘打った空間では、国宝に指定された稲荷山古墳の鉄剣など、多くの副葬品を近くで見ることができます。

稲荷山古墳出土金錯銘鉄剣（表）（文化庁所有および写真提供）

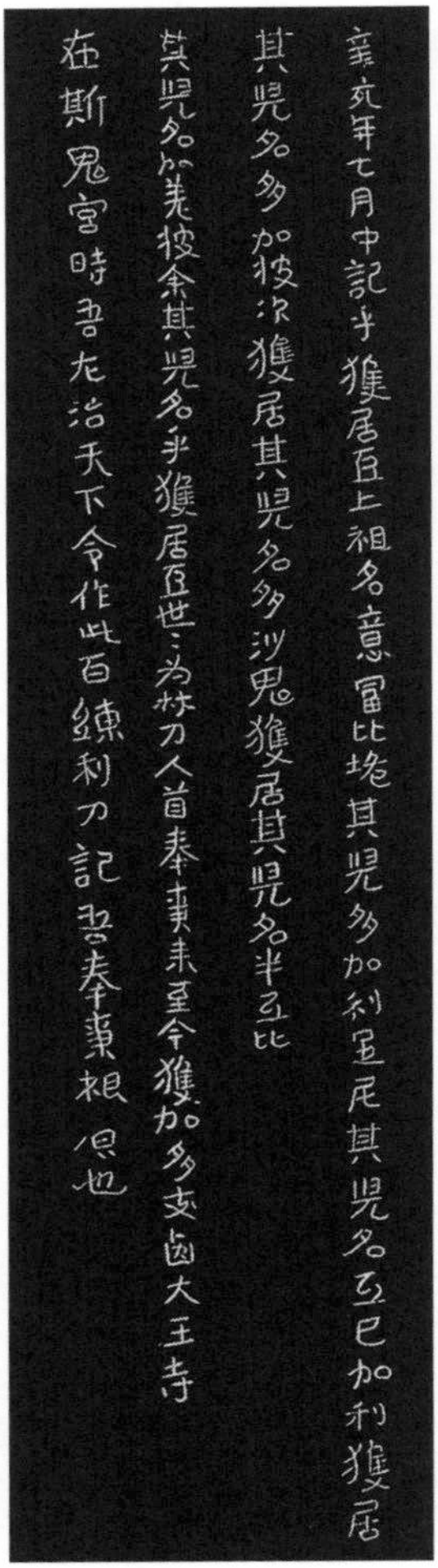
辛亥年七月中記乎獲居臣上祖名意冨比垝其児多加利足尼其児名弖已加利獲居
其児名多加披次獲居其児名多沙鬼獲居其児名半弖比
其児名加差披余其児名乎獲居臣世々為杖刀人首奉事来至今獲加多支鹵大王寺
在斯鬼宮時吾左治天下令作此百練利刀記吾奉事根原也

金錯銘鉄剣銘文　トレース図（埼玉県立さきたま史跡の博物館提供）

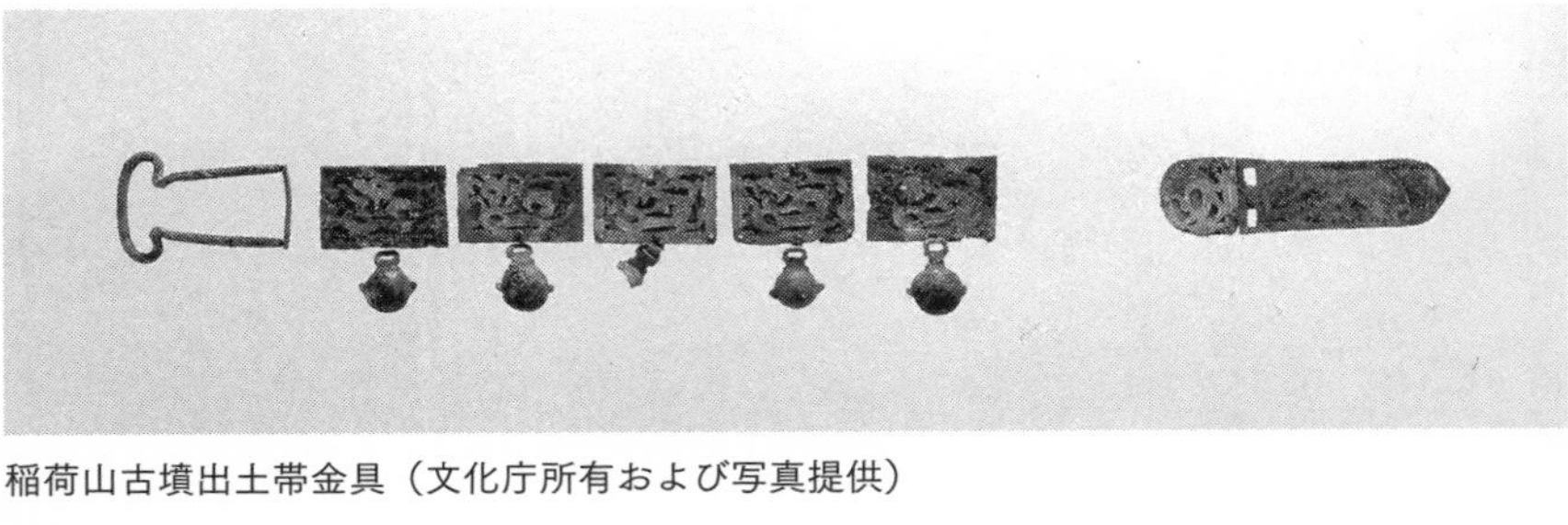

稲荷山古墳出土帯金具（文化庁所有および写真提供）

稲荷山古墳出土画文帯環状乳神獣鏡

稲荷山古墳出土三環鈴

（文化庁所有および写真提供）

将軍山古墳出土品から復元した騎馬武人

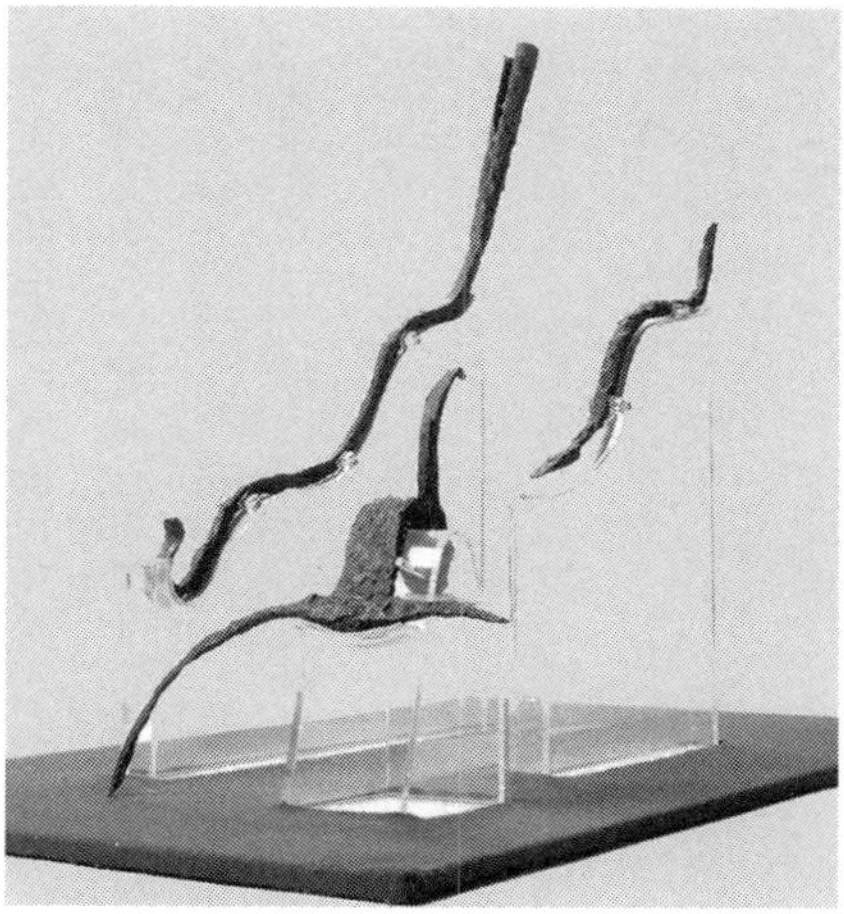

将軍山古墳出土蛇行状鉄器

（埼玉県立さきたま史跡の博物館提供）

岡田山《おかだやま》一号墳《いちごうふん》出土《しゅつど》の鉄製大刀《てっせいたち》

発掘調査によって明らかにされたこと

岡田山一号墳は、島根県松江市にある意宇《おう》平野西縁の低丘陵上に形成された七基の古墳の中の一つです。この古墳は、島根県立八雲《やくも》立つ風土記の丘の敷地内にあり、六世紀後半に築造された前方後方墳として知られています。三段築成された墳長は約二十四メートルを測り、その周囲には円筒埴輪《えんとうはにわ》が並べられていたことがわかっています。

また、大正四年（一九一五）に発見された全長約五・六メートル、高さ二・二メートルの横穴式石室では、家形石棺や長さ一・五メートルの組合式の箱式石棺《はこしきせっかん》が置かれ、さらには、豊富な品々が副葬されていたことが明らかになっています。主な副葬品としては、中国製内行花文鏡《ないこうかもんきょう》や銀装円頭大刀、銀環《ぎんかん》、金銅製馬具、金銅製空玉《うつろだま》、須恵器《すえき》などが挙げられます。被葬者については、副葬品の様相などから、出雲地域でも最有力の氏族だったことが推測されています。

「額田部臣《ぬかたべのおみ》」の銘文発見

古墳が発見されてから、特に錆《さび》の進行が早い金属製品に関して保存処理が施されました。その際に行ったX線透過撮影によって、円頭大刀の刀身部に銀象嵌《ぎんぞうがん》で施された文字が確認されました。

このニュースは、昭和五十九年（一九八四）一月の新聞で大きく取り上げられ、翌年には副葬品一式が重要文化財に指定されました。

確認された文字は全部で十二文字ありますが、全体の文意は不明です。その中の「各田卩臣」（額田部臣）の銀象嵌銘は文献史学からの注目を集めています。

なぜなら、この「額田部臣」がヤマト政権の一つの支配形態である部民《べみん》制を示す最古の史料であり、少なくとも記紀よりも前、六世紀後半まで成立期が遡れることが明らかとなったからです。

『日本書紀』の推古《すいこ》即位前紀の記事を踏まえて、額田部は推古天皇として即位する額田部皇女の養育を担った集団だったと考えられています。また、「額田部」は全国的に見られますが、「額田部臣」となると出雲地域でのみ確認できることが指摘されています。これらのことから、出土した大刀はヤマト政権と出雲地域との間の政治的関係を見ていく上で、重要な手掛かりといえるでしょう。

岡田山一号墳出土品（六所神社蔵、島根県古代文化センター提供）

（右）岡田山一号墳出土の銀装円頭大刀
（左）銘文部分の拡大
（六所神社蔵、島根県古代文化センター提供）

岡田山一号墳の石室と家形石棺（島根県古代文化センター提供）

91

王賜銘鉄剣《おうしめいてっけん》

東京湾を望む稲荷台《いなりだい》一号墳

稲荷台古墳群は千葉県市原市《いちはら》に在り、房総半島中央部を南北に貫いて流れる養老川《ようろうがわ》の下流右岸、海岸平野から約一・二キロ東方の台地上に立地します。東京湾を望むことができるこの古墳群は、円墳十二基で構成されています。

その中でも最大規模を有するのが、稲荷台一号墳です。二段築盛の円墳は径二十七・五メートル、高さ二・二メートルを測り、周溝をめぐらしています。木棺直葬《もっかんじきそう》の埋葬施設が二つあり、中央施設では鉄剣五・短甲《たんこう》一・鉄鏃《てつぞく》十以上・刀子《とうす》一、北施設では鉄刀一・鉄鏃十以上・胡籙《やなぐい》金具一・削り工具一・砥石《といし》一が副葬されていました。

また、墳丘外表や周溝からは須恵器《すえき》や土師器《はじき》が出土しており、その内の須恵器は大阪府陶邑窯《すえむらかま》のものとの共通性が指摘されています。築造年代は五世紀中葉とされ、被葬者は武人としてヤマト政権に奉仕した人物だった可能性が高いです。

そして、発掘調査から十年後の昭和六十二年（一九八七）に行われたX線調査によって、中央施設から出土した鉄剣の一本に銀象嵌銘文が発見され、大きなニュースとなったのです。

銘文から語れること

銘文は、全長約七十三センチの剣身部下方の裏表に施されていました。剥落・欠損が見られるものの、それぞれ六文字で構成される銘文が想定されており、短文で簡潔という特徴を持っています。その内容は、まず「王賜」とあることから王から下賜された剣であること、そして、その王はヤマト政権を示すことが考えられています。

また、稲荷山《いなりやま》古墳（埼玉県行田市《ぎょうだ》）の鉄剣銘や、江田船山《えたふなやま》古墳（熊本県玉名郡和水町《なごみ》）の大刀銘とは異なり、年号・干支を欠いているために時期が限定・明示されていないこと、加えて「王」に続く人名がなく、「賜」

の次にくるはずの個人名も見られないことが指摘されています。

このような文型となった背景として、下賜する対象者を限定せず、同じ銘文が入った鉄剣を複数下賜するためだったことが推測されています。つまり、この王賜銘鉄剣は出来事を記念したり、限定された個人の顕《けん》彰《しょう》を目的に造られたりしたものではない、と考えられているのです。

そして、稲荷山古墳と比べてかなり規模の小さい円墳から銘文鉄剣が出土したことは、関東地方における中小規模の円墳の性格を検討する上で重要な手掛かりとなっています。

実測図と透過X線写真（『「王賜」銘鉄剣　概報』吉川弘文館、昭和六十三年より）

「王賜」銘鉄剣（千葉県・市原市教育委員会提供）

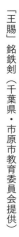

勾玉《まがたま》

遺跡から出土する勾玉

勾玉は縄文時代からすでに見られ、形状の種類は複数あるものの、「く」もしくは「C」の字を左右逆にしたような形を呈していることが多く、端には紐を通すための孔があけられているものをいいます。材質はヒスイや碧玉《へきぎょく》（ジャスパー）、ガラス、琥珀《こはく》、土、金など多様であり、珍しいものだと紫水晶《むらさきすいしょう》（アメジスト）を用いた勾玉も確認されています。出土範囲は日本列島全域にわたり、建物跡、墓、河川・水田・井戸跡などの水辺、山の中など、様々な場所から出土しています。

また、出土状況からは、装身具としてだけではなく、身分・権力の表示物だったり、葬送儀礼や祭祀に使用する道具など、時代・地域・場面・階層の違いによって勾玉の役割も多岐に及んでいたことが指摘できます。

例えば、弥生時代では各地域にいた有力者が、古墳時代ではヤマト政権が積極的に勾玉を用いました。六世紀末から七世紀前半の時期にあたる飛鳥時代になると仏教思想との繋がりが見てとれ、奈良県明日香村の飛鳥寺《あすかでら》では塔心礎《とうしんそ》の鎮壇具《ちんだんぐ》の一つとして勾玉が確認されています。

そして、勾玉の形状や材質、分布、用いられ方、性格は時間の経過と共に変化しました。このことから、勾玉が複雑な要素で成り立つ多面的なものだったことを推測できます。

起源や呪力・宗教性について

起源については、獣牙《じゅうが》や魚、釣針、胎児、肝臓、月神など、いくつかの説が出されていますが、未だに定説はありません。呪力・宗教性については、まず勾玉を身に着けることで獣類が持つ威力を自身に付与した可能性が推測されています。

また、人間の霊魂が身体から出たり入ったりするもので、それを具体的に象徴化したものが玉であるという考えがあります。これを受けて、勾玉が墓からよく出土することと勾玉の形状とを関連させて、鉤《かぎ》形の装身具には体から遊離する魂を繋ぎ止め、さらに外部から侵入してくる邪霊を防ぐ役割が想定されています。

勾玉の色という観点では、『万葉集』巻第十六の三八八九から人の魂が青色をしていることが読み取れ、さらには、古代において青色の中に緑色が含まれていたことが指摘されています。そうであるならば、ヒスイや碧玉の色と魂の色との間に共通性が出てくることになります。

八世紀の勾玉

『日本書紀』が成立した時期、すなわち奈良時代の勾玉の事例としては、元興寺《がんごうじ》（奈良県奈良市）の鎮壇《ちんだん》具《ぐ》として納められた複数の勾玉や、東大寺法華堂《とうだいじほっけどう》（奈良市）の本尊である不空羂索《ふくうけんさく》観音像の宝冠に飾りつけられたヒスイ製・ガラス製の勾玉などが挙げられます。確認された勾玉の多くは、古墳時代からの伝世品です。これらを踏まえて、中央で国家的な祭祀や寺院の造営を行う時には、勾玉を含めた玉の存在が不可欠だったことが推測されています。

また、奈良時代の人々にとって「玉」は、①装身具、②祭具、③器物を装飾するもの、④鎮壇具、⑤観賞されるもの、⑥遊びに関連するもの、といった多様な性格を具えたものだったと考えられています。

『日本書紀』から見た三種の神器《じんぎ》と勾玉

『日本書紀』や『古事記』の中に、いわゆる「三種の神器」の話が出てくると思われがちですが、実は両書において三種の神器という単語は一度も出てきません。『日本書紀』神代《じんだい》下第九段第一の一書には、八坂《やさか》瓊曲玉《にのまがたま》・八咫鏡《やたのかがみ》・草薙剣《くさなぎのつるぎ》を総称して三種の宝物としています。また、同様な記事が載っている第二の一書では宝鏡のみ記述があり、必ず三種が揃って出ているわけではないのです。これらから、古代においては皇位の象徴を示す三種の神器という用語およびその観念は成立していなかった可能性が指摘されています。

ただし、鏡・剣と共に勾玉が皇位を示すレガリアとしての意味を持っていなかったのか、というとそうではありません。神代上第七段第三の一書に記された、天岩戸《あまのいわと》に隠れたアマテラス大神を外に出すために、榊《さかき》の上方・中方・下方にそれぞれ鏡・勾玉・木綿を掛けた話は有名です。また、勾玉・鏡・剣が榊に掛けられた事例は、景行《けいこう》十二年九月条や仲哀《ちゅうあい》八年正月条でも見られます。特に後者の記事には、天皇を出迎えた五十迹手《いとて》が、八尺瓊《やさかに》の美しく勾っているようにこまやかに天皇が天下を治めくださるように、といった意味を込めて勾玉を榊に掛けて献上したことが記されています。

これらのことから、鏡や剣と共に勾玉には天皇との結びつきが見られ、さらには呪力・宗教性を持つ特別なものとして認識されていたことが推測できるのです。

江戸時代に出雲大社に隣接する命主《いのちぬし》神社から銅戈《どうか》とともに出たと伝えられる弥生時代のヒスイ製勾玉（出雲大社蔵、島根県立古代出雲歴史博物館提供）

勾玉を用いた祭祀のようす。伊藤龍涯「天照大神」（神宮司庁提供）

松江市の上野１号墳から出土した古墳時代前期の瑪瑙製勾玉（島根県教育委員会蔵、島根県立古代出雲歴史博物館提供）

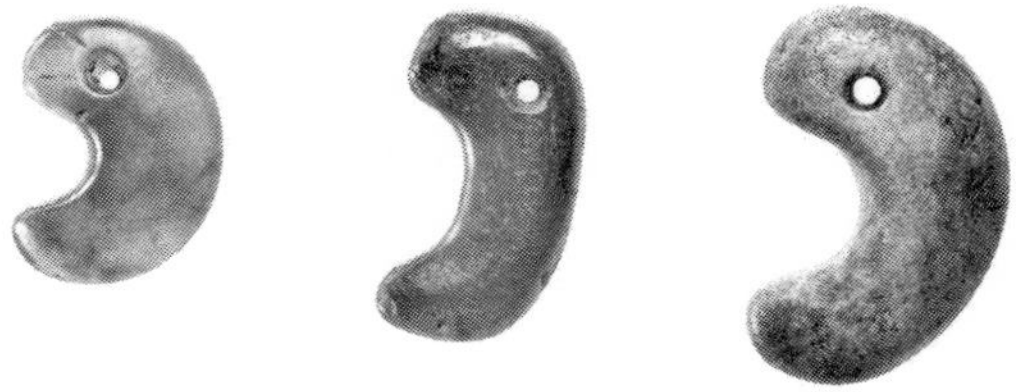

飛鳥寺舎利埋納物の勾玉（奈良文化財研究所提供）

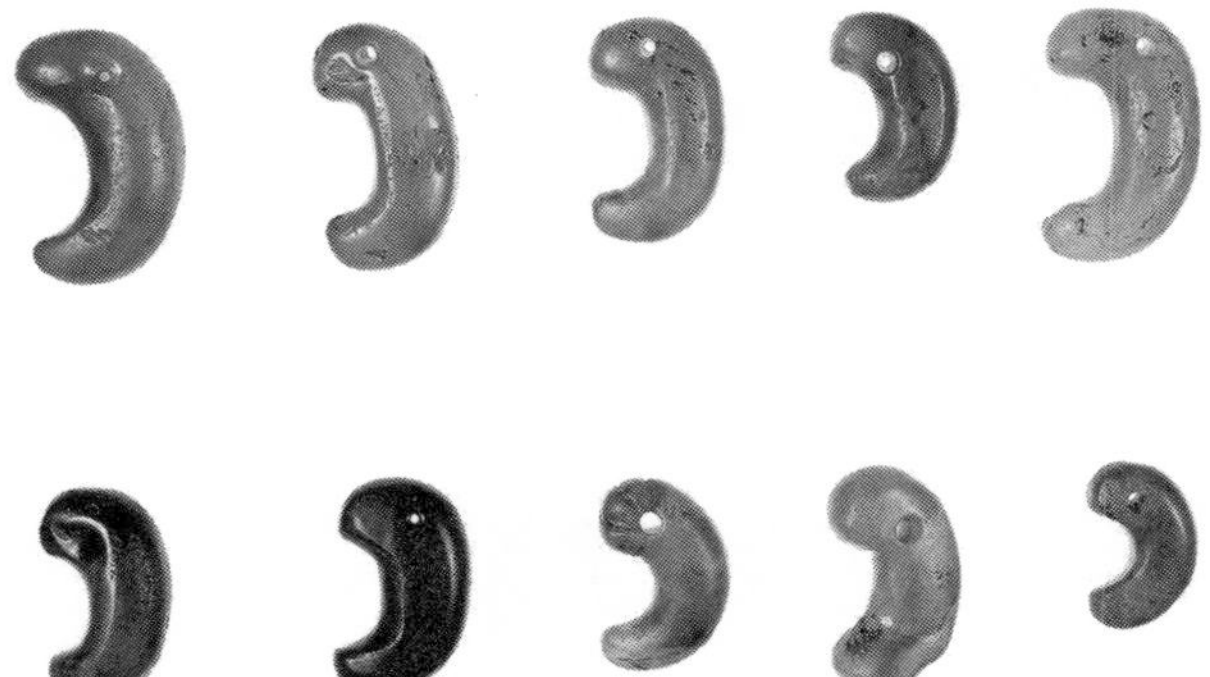

元興寺塔跡に鎮壇具として納められた勾玉
（奈良県・元興寺（塔跡）／奈良時代、奈良国立博物館提供）

大山古墳《だいせんこふん》

日本最大の前方後円墳

この古墳は、大阪府堺市大仙町《だいせん》にある日本最大の前方後円墳です。百舌鳥《もず》古墳群の中で最も有名な古墳であり、現在は伝仁徳《にんとく》天皇陵として宮内庁が管理しています。

立地は大阪湾を望む台地上にあり、規模は全長四百八十六メートル、後円部の径は約二百四十九メートル、高さ約三十五・八メートル、前方部の幅は約三百七メートル、高さ約三十三・九メートルを測ります。

また、三段に構築された墳丘のくびれ部の両側には造出し部があります。墳丘の周りには、三重の濠がめぐらされていますが、外濠《そとぼり》は明治時代に掘り直されたものです。墳丘の斜面上には葺石《ふきいし》が用いられ、円筒埴輪《えんとうはにわ》や人物・鹿・家・水鳥などの形象《けいしょう》埴輪が立てられていたことがわかっています。

遺物としては、造出し部から須恵器甕《すえきかめ》が出土しており、古墳の年代を考える上で重要視されています。

また、明治五年（一八七二）に見つかった前方部の竪穴式石室《たてあなしきせきしつ》からは長持形石棺《ながもちがたせっかん》が検出されました。加えて、鉄刀や金銅製の甲冑《かっちゅう》、ガラス製の壺・皿が出土したことが伝えられているものの、これらの出土品は再び埋め戻されたといわれています。

平成三十年（二〇一八）の冬には、宮内庁が中心となって、墳丘を二重に囲む堤のうち、内側の第一堤の東南部の三ヶ所が発掘調査され、円筒埴輪が確認されました。その埴輪の特徴から、従来考えられてきた五世紀中葉から後半頃という築造年代について再検討を迫られています。

生前に造られた陵墓

『日本書紀』の仁徳六十七年冬十月の条には、五日に仁徳天皇が河内《かわち》の石津原《いしつのはら》に行幸《みゆき》して、陵地を定め、十八日には陵を築き始めました。その時、鹿が倒れて死んだため、その急死の原因である傷を探した際、鹿の耳の中を食い破るようにして百舌鳥が飛び出してきたことから、この地が百舌鳥耳原《もずのみみはら》と呼ばれた、と記されています。その二十年後の一月六日には天皇が崩御し、十月七日に百舌鳥野陵《もずののみささぎ》へ埋葬されました。これらから、仁徳天皇の陵墓が生前に造られる寿陵《じゅりょう》だったことが指摘できます。

水鳥形埴輪（宮内庁書陵部蔵）

人物形埴輪（宮内庁書陵部蔵）

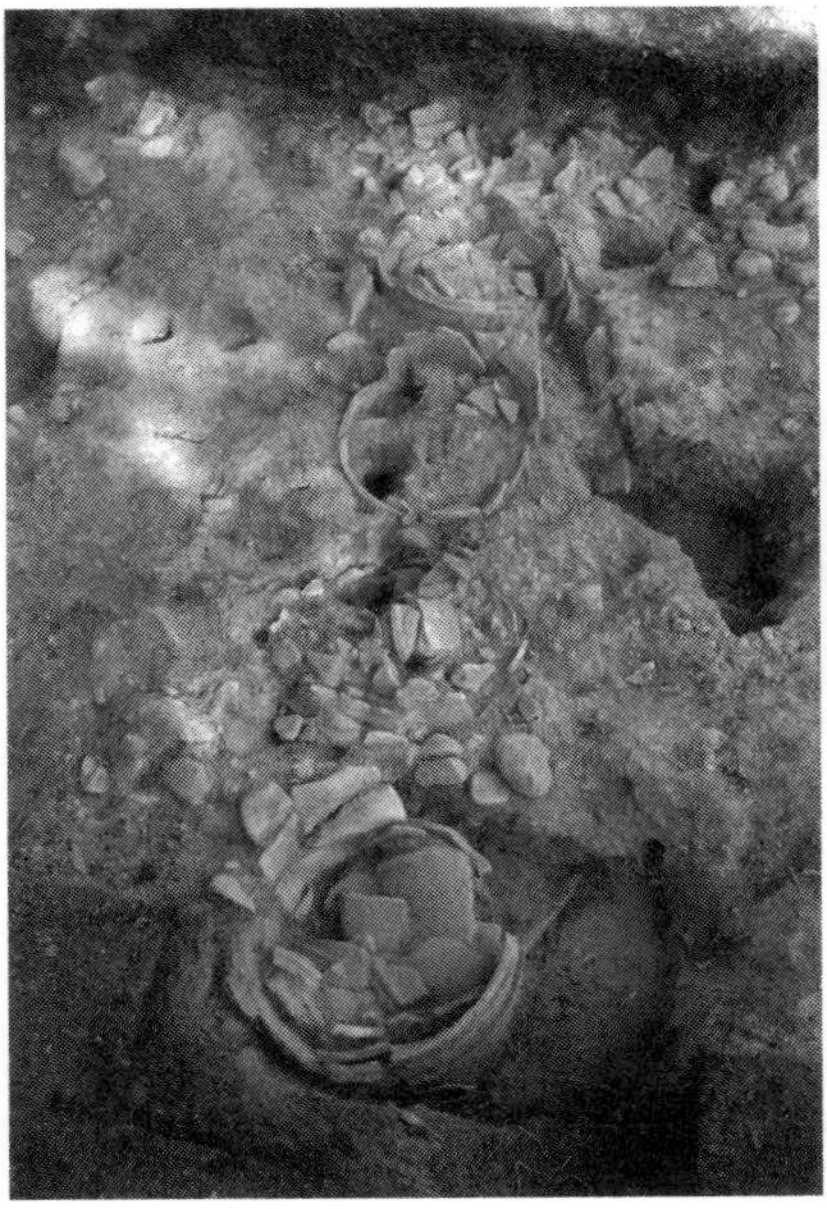

馬形埴輪（宮内庁書陵部蔵）

平成30年度の調査により確認された円筒埴輪列（『書陵部紀要』第71号〔陵墓篇〕より）

誉田御廟山古墳《こんだごびょうやまこふん》

容積全国一位の前方後円墳

古市《ふるいち》古墳群は、大阪府羽曳野《はびきの》市と藤井寺《ふじいでら》市にまたがる羽曳野丘陵《きゅうりょう》北辺の台地上に形成され、そこでは四世紀末から六世紀前半頃にかけて築造された大小の古墳がおよそ百基以上確認されています。誉田御廟山古墳は、その中で盟主的な存在として知られる前方後円墳であり、伝応神《おうじん》天皇陵として、宮内庁が管理している古墳としても有名です。

墳丘の長さは四百十五～四百三十メートル、後円部径は二百六十七メートル、高さが三十六メートル、前方部端の幅は三百三十メートル、高さが三十五メートルを測ります。墳丘長は全国第二位ですが、くびれ部が大山《だいせん》古墳（大阪府堺市）よりも太いため、容積は第一位です。

三段に築かれた墳丘のくびれ部両側には、造出し部が付設され、二重の濠がめぐったその周りには方墳主体の陪塚《ばいちょう》群が点在しています。墳丘には葺石《ふきいし》が用いられ、円筒埴輪《えんとうはにわ》や家・蓋《きぬがさ》・盾・靫《ゆぎ》・馬・水鳥形などの形象《けいしょう》埴輪も立っていたことがわかっています。加えて、濠内からは蓋形木製品や魚形土製品も確認されています。これらの遺物から、築造年代は五世紀前半頃と考えられています。

また、この古墳は摂津河内地震（一五一〇年）によって崩れた可能性が高く、その時の地震の規模はおよそマグニチュード七・一だったことが推測されています。

応神天皇陵をめぐる奇妙な話

『日本書紀』には、応神天皇陵の造営に関する記事は見られません。しかし、雄略《ゆうりゃく》九年秋七月条には、この陵墓をめぐる不思議な話が記されています。飛鳥戸郡《あすかべのこおり》の伯孫《はくそん》が、自分の娘の出産祝いのために婿の家へ行った帰り道、誉田陵《ほむたのみささぎ》の所を通った時に赤馬に乗った者と逢いました。その馬は龍のように身をくねらせ、鴻《かり》のように飛び上がりました。伯孫はその馬を欲して、赤馬に乗っている者に交渉を持ちかけて、自分の葦毛《あしげ》の馬と交換してもらいます。伯孫は喜びながら家に帰り、赤馬を厩《うまや》に入れて鞍《くら》をはずし、秣《まぐさ》を与えて眠りました。翌朝、赤馬は埴輪の馬に変わっていました。伯孫は不思議に思って誉田陵に探しに行ったところ、埴輪の馬の間に交換したはずの葦毛の馬がいたのです。伯孫はその馬を連れていく代わりに埴輪の馬を置きました。ここに出てくる「誉田陵」が応神天皇陵にあたるとされています。

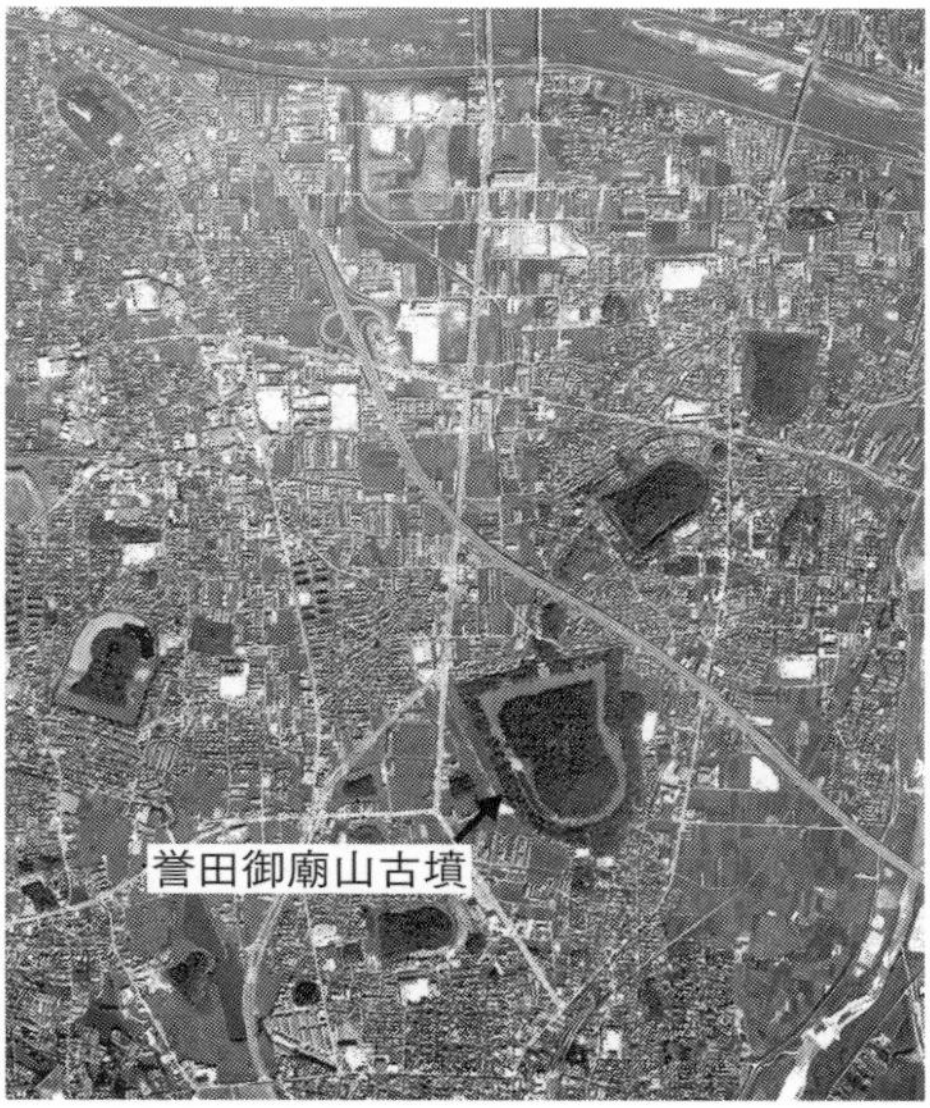

古市古墳群の航空写真（大阪府・藤井寺市教育委員会提供写真を一部改変）

蓋形埴輪
（宮内庁書陵部蔵）

家形埴輪
（京都大学総合博物館蔵、大阪府立近つ飛鳥博物館提供）

都塚古墳《みやこづかこふん》

発掘調査から何がわかったのか

この古墳は、奈良県明日香《あすか》村に所在する六世紀後半から七世紀初頭に築造された大型方墳です。

復元された墳丘規模は、東西約四十一メートル、南北約四十二メートル、高さ四・五メートル以上を測ります。また、墳丘全体が段状を呈する多段築《ただんちく》の構造であることや、墳丘裾部に河原石《かわらいし》が施されていたことも明らかになっています。

埋葬施設は、飛鳥石《あすかいし》とも呼ばれる石英閃緑岩《せきえいせんりょくがん》を用いた両袖式の横穴式石室《よこあなしきせきしつ》で、石室の規模は全長十三・八メートル、最大高三・二六メートルです。また、玄《げん》室《しつ》には二上山《にじょうさん》産の凝灰岩《ぎょうかいがん》を使用した刳抜式家形石棺《くりぬきしきいえがたせっかん》が安置され、棺蓋の内面には朱が残存していました。石棺の規模は長さ約二・三メートル、幅約一・五メートル、高さ約一メートルを測ります。

出土遺物には、鉄鏃や刀子《とうす》、土師器《はじき》、須恵器《すえき》、石製品などがありました。

また、この古墳は蘇我《そが》氏の邸宅や天武《てんむ》天皇の皇子である草壁皇子《くさかべのみこ》の「嶋宮《しまのみや》」とされる島庄《しまのしょう》遺跡などの重要な施設が集中している地域に立地しています。さらに、古墳が造営されてしばらくすると、蘇我馬子《うまこ》が建てた国内最初の本格的寺院である飛鳥寺《あすかでら》（法興寺）の造営が始まりました。これらのことから、都塚古墳と蘇我氏との関連を想定する研究者もいます。

東アジア情勢と都塚古墳

都塚古墳で確認された多段築構造は、朝鮮半島の高《こう》句麗《くり》や百済《くだら》から影響を受けたものと考えられています。この古墳が造営された頃の高句麗・百済と倭国との繋がりを見てみると、例えば『日本書紀』の欽明《きんめい》十三年（五五二）十月条からは、百済の聖明王《せいめいおう》から仏教が公に伝えられ、先進的な文物も安定的に供給されていたことが読み取れます。

また、『日本書紀』の敏達《びだつ》元年（五七二）五月条によると、欽明三十一年（五七〇）に高句麗の国使が北陸の海岸に漂着したことを契機として、倭国と高句麗との国交が開始されました。倭国側の窓口は蘇我氏であり、その倭国は仏教関係の文物を積極的に求めたことが推測されています。

これらのことから、蘇我氏が主導的に進めた高句麗・百済との親密な外交的立場に加えて、積極的に先進的文物を導入する姿勢が背景となって、都塚古墳に多段築構造が採用された可能性が指摘されています。

玄室に安置された石棺

検出された多段築の墳丘

（写真はすべて『都塚古墳発掘調査報告書　飛鳥の多段築墳の調査』明日香村教育委員会発行、平成二十八年より）

島庄遺跡《しまのしょういせき》

乙巳《いっし》の変のあと、馬子の邸宅跡に造られたのが「嶋宮《しまのみや》」です。『日本書紀』の天武《てんむ》即位前紀の記事によると、大海人《おおあま》皇子が壬申《じんしん》の乱の折、最初に入ったのが嶋宮でした。乱に勝利し、飛鳥浄御原宮《あすかきよみはらのみや》に宮を移したあとも嶋宮は維持されていき、その後は草壁皇子の宮となり、奈良時代まで存続しました。草壁皇子は天武天皇の皇太子であり、母に持統《じとう》天皇を持つ人物です。

また、嶋宮にあった「勾乃池《まがりのいけ》」では鳥が放し飼いになっていたことが、『万葉集』巻第二の一七〇から読み取れます。

嶋宮の範囲については、『万葉集』巻第二の一七九に「橘之嶋宮《たちばなのしまのみや》」とあることから、現在の島庄から飛鳥川を挟んだ対岸、東橘の地までを含む広範囲に及んでいたことが想定されています。

発掘成果から見えてきた馬子の邸宅と嶋宮

島庄遺跡は、馬子の墓といわれている石舞台《いしぶたい》古墳の西方で見つかった、飛鳥時代を中心とした縄文時代から中世にかけての複合遺跡です。発掘調査によって、七世紀代に属する建物群や一辺四十メートルを超える

史料に記された蘇我馬子《そがのうまこ》の邸宅と草壁皇子《くさかべのみこ》の宮

蘇我馬子は蘇我稲目《いなめ》の子であり、七世紀代に政治的権力を握った人物です。その彼の邸宅に関する記事が『日本書紀』の推古《すいこ》三十四年（六二六）夏五月の条に見られます。それによると、馬子が飛鳥川の傍らに家を建て、庭には小さな島を造った池を掘りました。そのため、人々から嶋大臣《しまのおおおみ》と称されていたことが読み取れます。

この邸宅は現在の奈良県明日香《あすか》村島庄《しまのしょう》周辺にあたるとされ、その周辺一帯が蘇我氏の根拠地の一つだった可能性が指摘されています。

また、同書の皇極《こうぎょく》四年（六四五）六月の条にも「嶋大臣家」の記載があり、そこから入鹿《いるか》討伐のために、中大兄皇子《なかのおおえのおうじ》が馬子の邸宅に接するかたちで宮殿を建てたことが考えられています。

方形の池、石組溝《いしぐみみぞ》などが検出されています。建物群は七世紀全般にわたって重複して建てられた状況が確認でき、大型の掘立柱建物に小型の建物数棟と塀が付設されていたことがわかっています。

検出された方形池（池底石と護岸石積）（奈良県立橿原考古学研究所提供）

●●

これらのことから、この遺跡は史料に登場する馬子の邸宅や嶋宮の実態を明らかにする上で重要視されているのです。

島庄地域全景（奈良県・明日香村教育委員会提供）

雷丘東方《いかづちのおかとうほう》遺跡《いせき》

小墾田宮《おはりだのみや》の古記録

『古事記』では「小治田宮」と表記されています。『日本書紀』の推古《すいこ》十一年（六〇三）冬十月条には、豊浦宮《とゆらのみや》（奈良県明日香村）で即位した推古天皇が小墾田宮に移ったことが記され、同書の皇極《こうぎょく》元年（六四二）十二月条では再び都として機能していたことが読み取れます。それ以降、孝徳《こうとく》天皇の大化《たいか》五年（六四九）には蘇我倉山田石川麻呂《そがのくらやまだのいしかわまろ》の長男である蘇我興志《こごし》が宮を焼こうとしたり、斉明《さいめい》元年（六五五）には小墾田宮を瓦葺きにする計画が立てられたり、天武《てんむ》元年（六七二）には壬申《じんしん》の乱の最中に小墾田の武器庫《ぶきぐら》である兵庫《つわものぐら》が争奪対象となったことが記されています。

続いて『続日本紀《しょくにほんぎ》』を見てみると、天平宝字《てんぴょうほうじ》四年（七六〇）に淳仁《じゅんにん》天皇が小墾田宮に行幸《みゆき》し、天平神護《てんぴょうじんご》元年（七六五）には称徳《しょうとく》天皇が紀伊国行幸の途中、その宮で二泊したことが記されています。

これらのことから、小墾田宮が推古朝以後、形を変えながら奈良時代まで断続的に維持されていたことが考えられています。

さらに、『日本書紀』の推古十二年（六〇四）秋九月条と同十六年（六〇八）八月条、同十八年（六一〇）冬十月条、舒明《じょめい》即位前紀の四つの記事から、宮における建物の配置もある程度、推測されています。

具体的には、南門（宮門）から入ると、前面に広がる朝庭《ちょうてい》の左右に天皇が執政する所である庁（朝堂）が建ち並び、その北には大門（閤門《うちつみかど》）が設置され、その門を通ると天皇が座す大殿《おおとの》があった、と想定されています。

発掘調査の成果からわかったこと

雷丘東方遺跡は、奈良県明日香村にある雷丘《いかづちのおか》の東南部、飛鳥川の東岸に立地します。この遺跡では、七世紀頃の苑池《えんち》に加えて、奈良時代の建物群や築地塀によって区画された倉庫群、井戸などが検出されています。その内、井戸からは「小治田宮」や「小治宮」などと墨書された土師器《はじき》二十三点が出土しました。

　さらには、年輪年代測定法によって、井戸枠材が七五八年頃に伐採されたことがわかっています。

　これらをもって奈良時代における小墾田宮の位置は決定的となり、さらには推古朝の小墾田宮の地としても有力視されています。

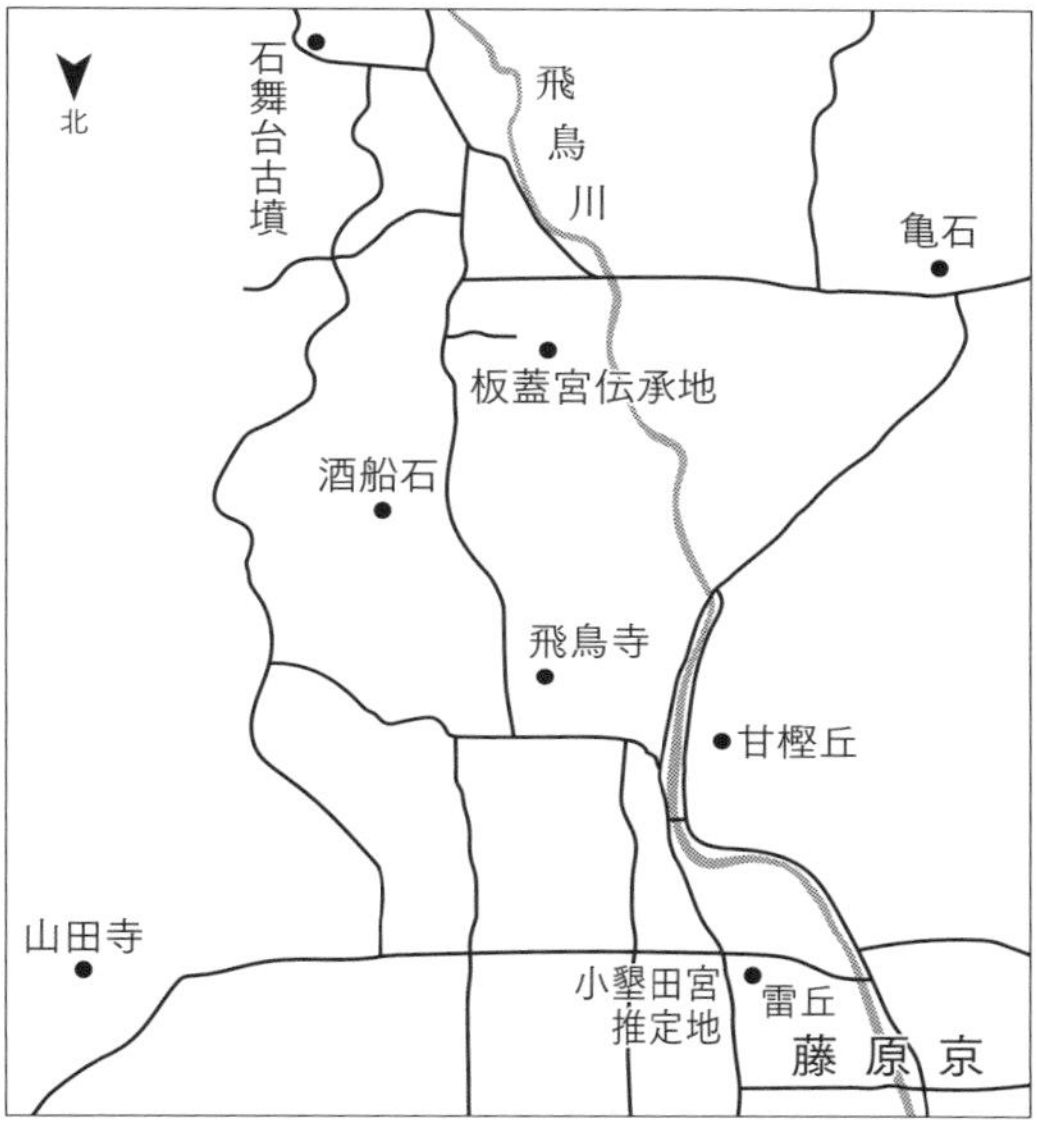

雷丘東方遺跡周辺図

伝小墾田宮跡出土の墨書土器（奈良県・明日香村教育委員会提供）

98

牽牛子塚古墳《けんごしづかこふん》

二つの部屋を持つ埋葬施設

この古墳は、奈良県高市郡《たかいち》にある明日香《あすか》村大字越《こし》の丘陵端部に立地します。「あさがお塚」とも呼ばれるこの古墳は、七世紀後半頃に築造された八角墳《はっかくふん》であり、その規模は対辺約二十二メートル、高さ四・五メートル以上を測ります。また、墳丘の調査によって、裾部には約三十センチ×約二十五センチの凝灰岩《ぎょうかいがん》の切石が敷き詰められていることが明らかとなりました。

埋葬施設には、巨大な二上山《にじょうさん》産凝灰岩の一塊をくり抜き、天井はドーム状を呈するくり抜き式横口石槨《せっかく》が採用されています。さらに、この石槨は中壁をもって左右二室が構築され、それぞれの埋葬施設では長さ約一・九二メートル、幅約〇・九メートル、高さ約十センチの棺台が確認されました。

出土した遺物は、約三十五枚もの麻布《あさぬの》を張り合わせて作られた夾紵棺《きょうちょかん》（漆棺《しっかん》）片をはじめとして金銅製棺《かん》座《ざ》金具やガラス玉、鉄製釘、黒色土器、瓦器《がき》、羽釜《はがま》などが確認されています。

また、墳丘の滑落や石槨内部の亀裂が確認できることから、築造以降に発生した地震による被災状況を知る上でも貴重な情報を提供してくれています。

『日本書紀』の記事との接点

この古墳は、その立地や埋葬施設の構造から『日本書紀』の天智《てんじ》六年（六六七）二月条の記事との関係性が注目されています。その記事とは、間人皇女《はしひとのひめみこ》と母である斉明《さいめい》天皇を小市岡上陵《おちのおかのへのみささぎ》に合葬した、という内容のものです。これに関連して、昭和五十二年（一九七七）の調査によって確認された歯牙《しが》の分析から興味深い事実が報告されています。それは、埋葬された人物の一人が三十代から四十代の女性だった可能性が高い、ということです。

これらを踏まえて、この古墳が、間人皇女と斉明天皇との合葬墓として有力視されているわけですが、未だに考古学と文献史学との間で議論が必要とされています。

いずれにせよ、墳丘の形態や出土遺物などから、この古墳が大王墓《だいおうぼ》としての条件を十分に満たしていることは間違いなく、被葬者についてもそれに応じた身分の者であったことが推測できるでしょう。

左右２室ある埋葬施設（奈良県・明日香村教育委員会提供）

●●

墳丘裾部で検出された凝灰岩の敷石の様子（奈良県・明日香村教育委員会提供）

高松塚古墳《たかまつづかこふん》

国宝・極彩色壁画を持つ古墳

この古墳は、奈良県明日香《あすか》村に所在し、藤原京南郊の丘陵上に形成されています。昭和四十七年（一九七二）から発掘調査が実施され、極彩色の壁画が発見されると、考古学・歴史学の研究者の注目を集めました。

二段に築成された墳丘は、上段直径十七・七メートル、下段二十三メートル、高さ約五メートル前後を測る円墳《えんふん》であり、墳丘裾には幅二～四メートル、深さ〇・三メートル前後の浅い周溝がめぐることもわかっています。

また、墳丘は百三十層の版築《はんちく》で構成されており、そこから搗棒《つきぼう》とムシロ目状の圧痕が確認されていることから、ムシロ状の編み物を敷いた上で版築を行っていたことが明らかとなっています。

石室《せきしつ》は二上山《にじょうさん》系白色凝灰岩《ぎょうかいがん》の切石を用いて、床石四枚、壁石八枚、天井石四枚の計十六枚で構成されています。内法寸法は南北二百六十四・八センチ、東西百三・二センチ、高さ約百十二センチ前後を測り、そこには棺台《かんだい》に加えて、内外面に麻布《あさぬの》を重ねながら黒《くろ》漆《うるし》で固めた後、外面に金箔を貼り、内面を朱塗りした木棺《もっかん》が置かれていたことが、出土した棺片から明らかにされました。

また、石室の南壁には盗掘穴があり、鎌倉時代の頃に盗掘を受けていたこともわかっています。

出土遺物には、白銅製海獣葡萄鏡《かいじゅうぶどうきょう》や銀製大刀装具、棺に使用された銅釘、壮年男性の人骨の一部、ガラス製玉類、須恵器《すえき》などがあります。築造年代は、藤原京が営まれた七世紀末から八世紀初頭とされています。

石室を彩る様々な壁画たち

石室の内部全体に漆喰《しっくい》が塗られ、その上に様々な壁画が描かれています。まず、天井には金箔で円形の星を表現し、その星と星とを朱線で繋いで星座とした天文図が確認できます。また、側壁では日像を金箔、月像を銀箔で表していました。加えて、四方の守護神獣である四神《ししん》や団扇《うちわ》などを持った女子群像、武器や道具を携えた男子群像が鮮やかな色彩で描かれています。これらの壁画は、遣隋使《けんずいし》・遣唐使《けんとうし》によってもたらされた中国の五行《ごぎょう》・陰陽《いんよう》の思想や、服飾文化の影響を受けていると考えられています。

現在は、石室内のカビの増殖や壁画の変色・退色といった問題が発生しており、その解決策として石室をいったん解体・移動したのち、修復する方法が採られています。

西壁に描かれた女子群像（文部科学省所管、奈良県・明日香村教育委員会提供）

石室・壁画の解体作業風景（奈良文化財研究所提供）

キトラ古墳《こふん》

世界最古の天文図を持つ古墳

　この古墳は、奈良県明日香《あすか》村にある阿部山《あべやま》の南側斜面、丘陵が複雑に入り込む中に形成されており、高松《たかまつ》塚《づか》古墳の南約一キロの場所、藤原京から見た場合、南に位置します。築造年代は、七世紀末から八世紀初頭とされます。

　墳丘は直径約十四メートル、高さ三・三メートルの二段築成であり、上段の直径は九・四メートル、高さ二・四メートルの小さな円墳《えんふん》です。

　墳丘内部で確認された横口式石槨《せっかく》は、奥行約二百四十センチ、幅百三・二センチ、高さ約百二十六・七センチを測り、二上山《にじょうさん》系白色凝灰岩《ぎょうかいがん》製の切石を床四枚、奥壁二枚、側壁各三枚、天井四枚で構築されています。

　出土遺物は、木棺《もっかん》の飾り金具である金銅製六花《ろっか》形飾金具や、金線によって直線やS字文を象嵌《ぞうがん》した鉄地銀《てつじぎん》張金象嵌帯執金具《ばりきんぞうがんおびとりかなぐ》、黒漆《くろうるし》で仕上げられた銀装大刀、琥珀《こはく》製・ガラス製玉類などが確認されました。他には、被葬者の人骨の一部と歯も出土しており、分析によって五十〜六十歳代の男性であることがわかっています。

　また、石槨の床・側壁・天井の全面には漆喰《しっくい》が塗られ、その側壁には四方を司る四神《ししん》や獣頭人身の十二支像が極彩色で描かれています。

　さらに台形にえぐられた天井内側の東斜面には金箔で太陽が、西斜面には銀箔で月が表現され、内側平坦面では赤道や黄道《こうどう》を表す円、少しえぐることで示された数百の星が確認できます。その内、星と星とが直線で結ばれているものもあります。それらの配置から、中国から伝わった星図に基づいて高句麗《こうくり》が自国用に作成したものが、キトラ古墳の天文図の原図だった可能性が推測されています。

　令和二年三月には、この天井に描かれた天文図が天文学史において重要な文化財であると評価され、日本天文遺産に認定されました。

七世紀の天文の記録

『日本書紀』の天武《てんむ》即位前紀によると、六七三年に即位した天武天皇は天文に詳しかったようで、同書の天武四年（六七五）春正月には、天文を観察して吉兆を占う施設「占星台《せんせいだい》」を建てたことが知られています。

キトラ古墳出土品（奈良文化財研究所提供）

また、『日本書紀』の中には、七世紀の天文現象の記録が二十一例記載されています。その内訳は、日食が十一例、月食が二例、星食《せいしょく》が二例、彗星《すいせい》関係が六例であり、例えば天武十年（六八一）九月十七日条からは火星が月の縁をかすめた星食の記録が読み取れます。

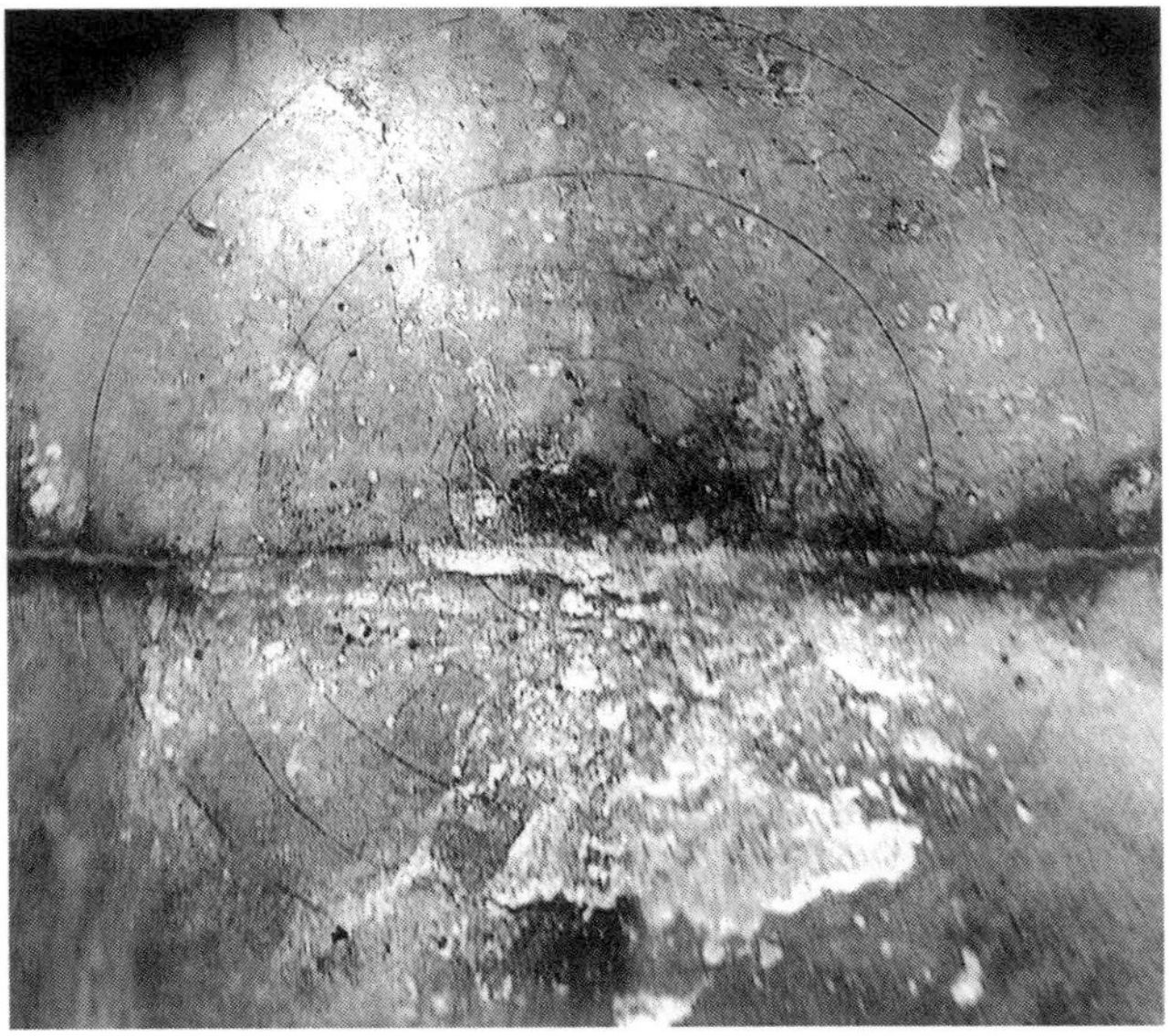

天井内側で確認された天文図（文部科学省所管、『キトラ古墳　学術調査報告書』明日香村教育委員会発行、1999年より）

さ行

た行

索　引

あ行

か行

執筆者一覧（五十音順）

尾池佑斗（おいけ・ゆうと）
一九九五年、群馬県生まれ。駒澤大学大学院人文科学研究科歴史学専攻修士課程修了。現在、ＪＡ東日本くみあい飼料株式会社勤務。主な論文に「古代における情報伝達」（『駒沢史学』九三号）。

長田雄次（おさだ・ゆうじ）
一九九五年、山梨県生まれ。駒澤大学大学院人文科学研究科歴史学専攻修士課程修了。現在、社会福祉法人世田谷区社会福祉事業団所属。主な論文に「三輪山神話の考察」（『駒沢史学』九三号）。

坂口　舞（さかぐち・まい）
一九九五年、神奈川県生まれ。駒澤大学大学院人文科学研究科歴史学専攻修士課程修了。現在、富山県立山博物館学芸員。主な論文に「日本の初期神像の成立とその表現について」（『駒沢史学』九三号）。

佐藤雄一（さとう・ゆういち）
一九八一年、熊本県生まれ。駒澤大学大学院人文科学研究科歴史学専攻博士後期課程単位取得退学。博士（歴史学）。現在、駒澤大学文学部講師。主な著書・編著に『古代信濃の氏族と信仰』（吉川弘文館）、『古代風土記の事典』（東京堂出版）など。

鈴木織恵（すずき・おりえ）
一九七三年、宮城県生まれ。駒澤大学大学院人文科学研究科歴史学専攻博士後期課程満期退学。現在、淑徳大学人文学部准教授。主な編著・論文に『古代風土記の事典』（東京堂出版）、「後宮職員令の妃・夫人・嬪条の出自規定と皇后」（『駒沢史学』九三号）、「日本古代の「適后」」（『古代文化研究』二五号）など。

瀧音　大（たきおと・はじめ）
一九八四年、東京都生まれ。早稲田大学大学院人間科学研究科人間科学専攻博士後期課程修了。博士（人間科学）。現在、早稲田大学・淑徳大学・自治医科大学非常勤講師。主な著書・論文に『原始・古代日本における勾玉の研究』（雄山閣）、「丁字頭勾玉の展開過程と地域性」（『地方史研究』六八巻二号）など。

八馬朱代（はちま・あけよ）
東京都生まれ。日本大学大学院文学研究科日本史専攻博士後期課程満期退学。博士（文学）。現在、日本大学通信教育部非常勤講師。主な論文に「円融天皇と石清水八幡宮——神社行幸を中心に」（『日本歴史』六八四号）、「白河天皇（法皇）の石清水八幡宮信仰について——白河・堀河天皇の時期を中心に」（『史叢』九二号）など。

舟久保大輔（ふなくぼ・だいすけ）
一九八九年、北海道生まれ。駒澤大学大学院人文科学研究科歴史学専攻博士後期課程単位取得退学。現在、東京都立豊島高等学校時間講師。主な論文に「『風土記』における国譲り・天孫降臨神話について」（『地方史研究』七一巻二号）など。

【監修者略歴】

瀧音能之（たきおと・よしゆき）

1953年、北海道生まれ。明治大学大学院文学研究科日本史学専攻博士後期課程中退。

博士（文学）。現在、駒澤大学文学部教授。

著書に、『出雲古代史論攷』（岩田書院、2014年）、『風土記からみる日本列島の古代史』（平凡社新書、2018年）、『風土記と古代の神々』（平凡社、2019年）、『古事記と日本書紀　謎の焦点』（青春文庫、2020年）など多数。

入門《にゅうもん》 日本書紀事典《にほんしょきじてん》

2021年11月30日　初版印刷
2021年12月10日　初版発行

監修者　瀧音能之
編著者　尾池佑斗・長田雄次・坂口舞・佐藤雄一・
鈴木織恵・瀧音大・八馬朱代・舟久保大輔
発行者　大橋信夫
発行所　株式会社 東京堂出版
〒101-0051　東京都千代田区神田神保町1-17
電話　03-3233-3741
http://www.tokyodoshuppan.com/

装　丁　臼井新太郎
組　版　有限会社一企画
印刷・製本　中央精版印刷株式会社

© Yoshiyuki Takioto, 2021, Printed in Japan
ISBN978-4-490-10922-1　C1521